THOMAS D.
WILLIAMS

Wie
kann ich
GOTT
vertrauen?

THOMAS D. WILLIAMS

Wie kann ich GOTT vertrauen?

Übersetzung aus dem Englischen
von Katrin Krips-Schmidt

Sankt Ulrich Verlag

Titel der Originalausgabe: Can God Be Trusted? Finding Faith in Troubled Times
© 2009 by Thomas D. Williams
Published by arrangement with Grand Central Publishing, New York, NY, USA
Dieses Werk wurde vermittelt durch die Literarische Agentur Thomas Schlück
GmbH, 30827 Garbsen
Mit Einverständnis des Autors leicht gekürzte Ausgabe

Bibliographische Information der Deutschen Bibliothek

Die Deutsche Bibliothek verzeichnet diese Publikation in der
Deutschen Nationalbibliographie; detaillierte bibliographische Daten
sind im Internet über http://dnb.ddb.de abrufbar.

© 2011 by Sankt Ulrich Verlag GmbH, Augsburg
Alle Rechte vorbehalten
Titelbild: © danstar/shotshop.com
Umschlaggestaltung: uv media werbeagentur
Mediengruppe Sankt Ulrich Verlag, Augsburg
Druck und Bindung: Bercker Graphischer Betrieb GmbH & Co. KG, Kevelaer
Printed in Germany
ISBN 978-3-86744-187-2
www.sankt-ulrich-verlag.de

INHALT

EINLEITUNG

Dieses Buch ist auf eine originelle Weise entstanden. Als ich gerade in New York eines meiner früheren Bücher über das geistliche Leben präsentierte – *Spiritual Progress* – stellte mir jemand eine Frage, die mich kurzzeitig aus dem Konzept brachte. Der Mann fragte mich aber nicht danach, wie es zu meinem Werk *Spiritual Progress* gekommen war, sondern er wollte wissen, ob es irgend etwas gab, worüber ich schon immer einmal schreiben *wollte,* es aber noch nicht getan hatte. Ich zögerte einen Augenblick, ein wenig verblüfft über diese Frage. Aber dann kam mir prompt die Antwort: „Auf Gott vertrauen." Ich hatte in meinem ersten Entwurf sogar ein Kapitel über das Gottvertrauen eingeplant, doch dann hatte ich keine Zeit und nicht mehr genügend freien Platz. „Das wird dann wohl Ihr nächstes Buch werden", erwiderte der Mann. In dieser Nacht lief unser kleiner Wortwechsel immer wieder von neuem vor meinem geistigen Auge ab, als ich wach in meinem Bett lag.

Zurück in Rom, teilte ich diese Idee sofort Freunden und Kollegen mit. Ich ließ mir sogar schon einen Arbeitstitel einfallen, den ich für besonders geistreich hielt – *Kann man Gott vertrauen?* – und den ich gegen das Motto der US-Währung ausspielte. Doch die Reaktion, die ich darauf hin bekam, hatte ich nie erwartet. Eines Abends war ich mit einem Freund namens Jeff beisammen, als ich ihm von meinem Projekt erzählte und ihm ganz lässig meinen Titelvorschlag vor die Füße warf.

Jeff wurde plötzlich ernst, sah mir direkt in die Augen und fragte: „Kann man das denn tatsächlich?"

„Kann man was?" setzte ich nach, wirklich irritiert von dieser Frage.

„Kann man ihm vertrauen? Kann man Gott vertrauen? Wie lautet die Antwort auf deine Frage?"

Bis zu diesem Augenblick fand ich, daß der Titel nicht viel mehr als eine einprägsame rhetorische Frage war. Eigentlich ging ich davon aus, daß die Antwort auf der Hand lag. Im Laufe der folgenden Monate wurde mir klar, daß das überhaupt nicht der Fall war.

Zugegeben, in meinen Jahren als geistlicher Berater bin ich häufig Menschen mit Vertrauensproblemen begegnet. Anscheinend hat jeder irgendwann einmal in seinem Leben Schwierigkeiten damit, sich auf Gott zu verlassen. Und unsere Vertrauensprobleme heute sind auch nicht auf Gott allein beschränkt. Völlig zu Recht heißt es, daß unsere Kultur eine tiefe Vertrauenskrise durchlebt. Man denke da beispielsweise an emotionale Beziehungen. Schauen Sie doch mal, wie die Leute die Ehe aufschieben, weil sie Angst vor ihrer eigenen Untreue und der des Partners haben! Andere unterzeichnen Eheverträge, in denen buchstäblich alles festgelegt ist, angefangen von der Aufteilung der Vermögenswerte bis hin zu der Frage, wie oft sie im Monat mit Geschlechtsverkehr zu rechnen haben. Auch bei geschäftlichen Beziehungen bedeutet ein einfacher Handschlag überhaupt nichts mehr. Wir müssen schon einen Rechtsanwalt hinzuziehen, der einen bis in Detail festgelegten Vertrag aufsetzt, in dem jeder einzelne Aspekt unserer Vereinbarung festgehalten ist, damit wir „nötigenfalls" Rechtsansprüche geltend machen können. Da wir schon so viele Male im Stich gelassen wurden, können wir unserer Regierung, unseren Ehepartnern, unseren Freunden, ja sogar unseren Eltern und Geschwistern nicht mehr vertrauen.

Doch diese Vertrauenskrise hat sich auch auf Gott ausgeweitet. Nach meinen Erfahrungen gibt es tatsächlich anscheinend nichts Schwierigeres, als sein Leben lang echtes unerschütterliches Vertrauen zu Gott zu bewahren. Die Frage nach dem Bösen, das in der Welt immer weiter um sich greift, Naturkatastrophen und das Leiden von Kindern und unschuldigen Menschen bringen unsere naive Zuversicht immer wieder aus dem Gleichgewicht. Doch genau dann, wenn wir eine persönliche Enttäuschung erfahren, beginnen wir aufrichtig zu zweifeln. Persönliche Unglücksfälle, unerfüllte Sehnsüchte und das „Schweigen" Gottes in unserem Leben – all das kann zu tiefer Verzweiflung führen. Manch einer wird dann zum „Realisten", während andere in Zynismus und Nihilismus verfallen.

Doch es ist eins, Schwierigkeiten mit dem Vertrauen zu haben – egal, wie schwer es fallen mag –, aber etwas ganz anderes, Gottes Zuverlässigkeit insgesamt in Frage zu stellen. Aus irgendeinem Grund ging ich davon aus, daß die Menschen grundsätzlich glaubten, Gott sei zuverlässig. Jeffs Frage veranlaßte mich, diese Annahme ernsthaft in Zweifel zu ziehen.

Als ich meinen elementaren Irrtum erkannte, kam ich zu der Überzeugung, daß *Wie kann ich Gott vertrauen?* anders als meine früheren Bücher sein sollte. Ich würde den Lesern nicht nur davon berichten, was ich über das Vertrauen zu Gott denke, oder sogar davon, was die Bibel darüber lehrt. Ich würde herauszufinden versuchen, was andere über das Sich-Gott-Anvertrauen und über die eigentlichen Hürden denken, denen sie gegenüberstehen, wenn sie es denn tun. Ich stellte ein kleines Forschungsteam zusammen, und so befragten wir gemeinsam Hunderte von Leuten zum Thema Vertrauen zu Gott: Junge wie Alte, Frauen wie Männer, Gläubige und Ungläubige. Die Ergebnisse waren sowohl überraschend als auch aufschlußreich. Einiges davon werde ich Ihnen im Verlauf dieses Buches präsentieren, wobei ich zwischen den Zeugnissen aus dem alltäglichen Leben meine eigenen Überlegungen und Fragen einstreue. Ich hoffe, Ihnen werden diese Befunde ebenso gefallen, wie sie mir gefallen haben.

Ich werde jedoch verraten, welche Antwort *ich* auf diese Frage habe. Ich bin schließlich kein unvoreingenommener Beobachter, der keine Meinung zu diesem Thema hätte. So werden Sie sicher nicht erstaunt sein, wenn Sie erfahren, daß ich glaube, daß Gott absolut und vollkommen zuverlässig ist. In einer Welt, die oft aus Treibsand zu bestehen scheint, ist Gott – das meine ich wirklich – das einzig felsenfeste Fundament, das es überhaupt gibt. Und ich wette: wo auch immer Sie stehen und welche persönlichen Erfahrungen Sie auch immer hinter sich haben, Sie *wollen,* daß das auch zutrifft. Sie möchten, daß ich Sie davon überzeuge, Gott vertrauen zu können. Wir alle möchten gerne glauben, daß die Welt einen Sinn hat, und daß ein Teil dieses Sinns darin besteht, daß es einen guten, liebenden Gott gibt, der alles in Ordnung bringt. Aber wir wollen uns auch nicht von irgend jemandem hinters Licht führen lassen. Wenn man Gott nicht vertrauen kann, dann möchten wir das ein und für alle Mal wissen. Es ist sinnlos, an Märchen zu glauben.

Diese Untersuchung wird versuchen, zu einem Verständnis dessen beizutragen, was wir von Gott erwarten können und was wir nicht von ihm erwarten sollten. Gewiß rühren so manche unserer Enttäuschungen mit Gott daher, daß wir das Falsche erwarten, nämlich etwas, das er uns nie in Aussicht stellte oder vorhatte uns zu geben.

Es scheint mir, daß bei allen Gründen, nicht zu vertrauen, Gott uns auch weiterhin ermutigt, ihm seine Zuversicht zu schenken. Er schaut uns in die Augen und bittet uns, ja fleht uns gar an, zu glauben. Er beteuert, daß er uns liebt, daß er einen Plan hat und daß sich am Ende für alles eine Lösung finden wird, wenn wir nur zu ihm halten.

Daher werde ich – neben den aus dem Leben gegriffenen persönlichen Erfahrungen und den bewegenden Zeugnissen, von denen ich Ihnen berichte – auch triftige Gründe für ein Vertrauen zu Gott anführen. Ich werde Ihnen einige – wie ich meine – handfeste Argumente aufzeigen, auf ihn zu bauen und sich auf ihn zu verlassen, damit einige von Ihnen ihm eine zweite Chance geben. Vielleicht können Sie mir ja eines Tages Ihre Geschichte erzählen.

Warum Vertrauen wichtig ist

Die Schattenseite des Misstrauens

Selig die Pessimisten – so heißt es bisweilen –, denn sie werden nie enttäuscht. Da ist schon etwas Wahres dran. Wer nichts erwartet, kann nicht im Stich gelassen werden. Hoffnung und Vertrauen sind Dinge, die einem irgendwie unheimlich sein können. Wir riskieren dabei, betrogen und enttäuscht zu werden. Wir riskieren, verlassen und desillusioniert zu werden. Es ist viel gefahrloser, nichts zu erhoffen, nichts zu ersehnen, nichts zu erstreben.

In unserer verrückten, durcheinandergeratenen Welt ist das Mißtrauen zu einer Art Ideal geworden. Wir wollen ja schließlich nicht von allen zum Narren gehalten werden. Wir würden alles tun, um nicht ausgenutzt zu werden wie so mancher naive Einfaltspinsel, der sich vom nächstbesten Gauner übertölpeln läßt. Also schützen und verteidigen wir uns gegen jede Art von Betrug. Wir erheben das Mißtrauen zu einer Tugend.

Von einem New Yorker Anwalt wird erzählt, wie er seinen zehnjährigen Sohn eines Tages herruft, um ihm etwas beizubringen. Er soll sich auf einen Stuhl mit dem Rücken zu seinem Vater stellen. Dann soll er die Augen schließen und sich rückwärts fallenlassen, wobei er ihm verspricht ihn aufzufangen. Zunächst zögert der kleine Junge, doch weil es ja sein Vater ist, tut er schließlich das, was er ihm sagt. Sobald er seine Augen schließt und nach hinten stürzt, macht sein Vater einen Schritt zur Seite, was dazu führt, daß sein Sohn auf den Boden fällt. Weinend rappelt sich der Kleine, der sich sehr weh getan hat, mühsam wieder hoch und starrt seinen Vater wütend an. Er fragt ihn: „Aber warum? Warum hast du das getan?" Der Vater entgegnet: „Tut mir leid, mein Sohn, aber die wichtigste Lektion, die du in deinem Leben lernen mußt, ist, daß du niemandem vertrauen kannst, noch nicht einmal deinem Vater."

Die meisten von uns finden diese Geschichte herzzerreißend. Wie kann man nur so zynisch sein, einen kleinen Jungen in einem so zarten Alter seiner Unschuld zu berauben? Doch wenn man darüber nachdenkt, erkennt man darin eine Schlüsselbotschaft der heutigen Gesellschaft. Lieber mißtraut man tausend Mal, wenn man doch hätte vertrauen können, als daß man einmal vertraut und dann doch hintergangen wird. Es gibt nur wenige Dinge, die wir mehr verachten als Leichtgläubigkeit.

Unsere feindselige Haltung gegenüber Naivität geht Hand in Hand mit unserer Liebe zur Unabhängigkeit. Das ist wirklich das amerikanische Ideal. Wir wachsen mit einer vorgegebenen Mentalität zur Selbsthilfe und Selbständigkeit auf. Wir lernen, die Dinge selbst in die Hand zu nehmen, für uns selbst zu denken und unsere eigenen Probleme allein zu lösen. Wir sind kritisch und hinterfragen, sind selbstverantwortlich und autonom. Was wir sind, haben wir aus eigener Kraft geschafft, und wir ziehen alles alleine durch.

Überlegen Sie einmal, wie wichtig es in unserer Gesellschaft ist zu zeigen, daß wir nichts umsonst bekamen. Wie viele Mütter und Väter erzählen davon, wie schwer sie es als Kinder hatten? Die Leute sprechen mit sichtlichem Stolz davon, wie sie drei Jobs gleichzeitig ausübten, um ihren Lebensunterhalt während des Studiums zu bestreiten, oder wie sie sich

Ich bin Wissenschaftler, so daß ich wirklich nicht auf so etwas [Vertrauen zu Gott] stehe. Ich glaube an die Evolution und daß Gott damit nichts zu tun hatte.
JAMES, 34 JAHRE

vom Pförtner zum Geschäftsführer ihres Unternehmens hocharbeiteten. Derartige „Vom Tellerwäscher zum Millionär"-Geschichten über persönliche große Leistungen erfüllen uns mit Bewunderung und spornen uns an, diesen Selfmade-Helden nachzueifern.

Auch unsere Filme in den Kinos wimmeln nur so von Vorbildern dieser Art: der Außenseiter, der sich mit dem System anlegt, der Einzelkämpfer, der Verbrecher zur Strecke bringt, der vor nichts zurückschreckende Journalist, der immer weiterbohrt, bis er die wahre Story ans Licht bringt. Wir ergötzen uns an diesen Berichten einzelner Personen, die es alle ganz alleine geschafft haben, trotz des Widerstandes von anderen. Ihr Argwohn anderen gegenüber wurde bestätigt, ihr Mißtrauen war gerechtfertigt. *Vertraue niemandem als dir allein.*

GEISTLICHE UNABHÄNGIGKEIT

Wir können diese Mentalität sogar auf unser geistliches Leben übertragen. Das Reden über einen Erlöser, über Vergebung und Gottes Gnade macht uns verlegen. Das ist doch was für Schwache. Sein Vertrauen auf Gott zu setzen: das ist etwas für jene, die keine anderen Alternativen mehr haben, die durch Umstände auf die Knie gezwungen werden, die sie nicht mehr unter Kontrolle haben. Wir möchten uns lieber selbst rechtfertigen. Wir wollen unsere eigenen Erlöser sein. Sag uns einfach die Regeln, und wir werden Größe erreichen – keine Größe, bei der uns Gott die Schau stiehlt, sondern eine persönliche individuelle Größe, für die wir uns bei niemandem außer bei uns selbst zu bedanken haben.

Was ist Selbstgerechtigkeit letztlich anderes als die Überzeugung, daß wir keinen – weder menschlichen noch göttlichen – Beistand nötig haben, um moralische Reinheit zu erlangen? Die Selbstgerechten sind so stolz auf ihre subjektive Gewißheit, daß sie noch nie der Gnade Gottes bedurften. Sie wissen zwar – theoretisch –, daß Gott barmherzig ist, doch sie glauben, das sei ein Chip, den sie nie einsetzen mußten, so wie ein Trapezkünstler das Auffangnetz, das unter ihm wartet, nie gebraucht hat. Sie wissen, daß sie immer noch auf die Knie fallen und um Gottes Gnade bitten könnten, wenn sie denn wirklich irgendwann einmal – was Gott verhüten möge! – seine Gnade benötigten (für ernsthafte Dinge, nicht für ihre kleinen Sünden). Doch – Gottseidank! – ist das noch nie der Fall gewesen. Sie glauben, sie hätten den sicheren Weg der Rechtschaffenheit eingeschlagen statt der Nebenstraße – dem Ausweichmanöver – derer, die um Gottes Gnade und Barmherzigkeit ersuchen mußten. Es macht sie nicht traurig, daß sie nie Gottes Vergebung erfahren haben; sie sind sogar noch stolz darauf. Barmherzigkeit ist etwas für die Schwachen, für die gewöhnlichen Christen, für die „Sünder".

Diese selbstgerechten Christen, die erleben, wie ein anderer etwas falsches tut und die darüber selbstgefällig lächeln, verkünden mit offensichtlichem Wohlgefallen, daß diese oder jene Person am Jüngsten Tag seine gerechte Strafe bekäme! Statt die Bekehrung und die Rettung der Sünder herbeizusehnen, trachten sie nach göttlicher Vergeltung. *Die Menschen müssen für ihre Taten die Verantwortung tragen. Wie man sich bettet, so muß man auch liegen.* Ihr Gott ist ein Gott der Gerechtigkeit, der seine Hände in gespannter Erwartung reibt, aufsässige Sünder zu bestrafen. Die Barmherzigkeit ist eine mißliche Ergänzung zum Evangelium, ein Entgegenkommen, um die Menschen nicht von der allumfassenden Wahrheit abzuschrecken, daß Gott *gerecht* ist. Keine Gefälligkeiten. Kein Feilschen um Entschuldigungen. Es wird nicht um Nachsicht ersucht und auch keine geübt.

Nur wenige würden ihren Glauben derart zum Ausdruck bringen, doch viele leben ihn so. Im letzten Jahr begegnete ich einem jungen Mann namens Nicola, der seine Ansichten wie folgt zusammenfaßte: „Ich glaube, Gott gibt uns eine, aber nicht zwei Chancen. Wenn wir die vertun, dann war's das. Es ist unsere Entscheidung. Und so sollten wir auch mit anderen Menschen umgehen. Gib ihnen eine Gelegenheit, damit sie sich beweisen können. Aber danach gibt es kein Zurück mehr und kein Betteln um eine zweite Chance."

Dieses spirituelle Modell ist ein natürlicher Ableger der Meinung, man sei unabhängig, so, wie ich sie soeben geschildert habe. Radikale Unabhängigkeit läßt keinen Raum mehr für ein Vertrauen zu irgend jemandem, noch nicht einmal für ein Vertrauen zu Gott. Mißtrauen gegenüber anderen und Selbstsicherheit gehören zusammen wie Eier und Speck.

RISSE IN DER THEORIE

Dennoch möchte ich gerne eine unpopuläre These aufstellen. Der Glaube, unabhängig, autark zu sein, ist ein zerstörerischer Mythos und ein schlechtes Vorbild. Er ist erstens deshalb zerstörerisch, weil es sich dabei um eine Lüge handelt. Denn so sehr wir auch gerne davon überzeugt sein möchten, daß wir alles aus uns selbst heraus geschafft haben, stimmt das doch nicht. Wir haben uns nicht selbst erschaffen, uns nicht selbst auf die Welt gebracht, uns nicht selbst ernährt, als wir klein waren, uns nicht selbst erzogen oder um uns gekümmert, als wir krank waren. Wir profitieren von Büchern, die andere geschrieben, essen Lebensmittel, die andere angebaut, nutzen Techniken, die andere entwickelt haben und genießen eine Freiheit, für die andere gekämpft haben und gestorben sind.

Doch selbst jenseits unserer objektiven Abhängigkeit von anderen ist Autarkie ein schlechtes Vorbild und ein falsches Ideal. Sie *verdient es einfach nicht,* daß man sie anstrebt. Selbst wenn wir einen Zustand absoluter Unabhängigkeit erreichen könnten, hätten wir uns damit selbst zugrundegerichtet und uns entmenschlicht. Wenn wir anderen mißtrauen, denken wir vielleicht, wir seien gescheiter als sie, doch am Ende werden wir zutiefst unglücklich. Wir bemühen uns so sehr, unabhängig zu werden, doch gerade dann, wenn wir es geworden sind, bemerken wir, daß es uns leer zurückläßt. Wir kappen unser Vertrauen anderen gegenüber, so daß wir zu Inseln werden, da wir weder anderen trauen noch anderen erlauben, auf uns angewiesen zu sein, nur um dann festzustellen, daß eine Insel eine unglückliche Seele ist.

Denken Sie mal an die Menschen, die Sie in Ihrem wirklichen Leben kennen und die diesem „Selfmademan", den ich gerade beschrieben habe, am meisten ähneln. Denken Sie an eine Person, die Sie kennen, die auf niemanden angewiesen ist, niemandem vertraut und versucht, alles Erdenkliche für sich selbst zu tun. Jemand wie Howard Hughes oder Citizen Kane. Nun stellen Sie sich einmal die Frage: *Ist dieser Mensch glücklich? Hat er das Ideal erreicht, nach dem wir alle streben sollten? Worauf mußte dieser Mensch verzichten, als er völlig unabhängig von anderen wurde? War es das wert?* Ein solcher Mensch verliert oft – auch wenn er scheinbar alles erreicht hat – tatsächlich alles, was wirklich von Bedeutung ist. „Was nützt es einem Menschen, wenn er die ganze Welt gewinnt, dabei aber sich selbst verliert und Schaden nimmt?" (Lukas 9,25).

Zugegeben, Verantwortung, Kompetenz und kritisches Denken – das sind alles noble und ehrenwerte Ziele. Einen gewissen Grad an Selbstvertrauen sollten wir schon anstreben, aber nicht bis hin zum Ausschluß von Vertrauen und gegenseitigen Beziehungen. Verantwortungsbewußtsein ist löblich, bis es den Punkt erreicht, daß wir uns *nur noch* auf uns selbst verlassen. Indem wir von anderen das Schlimmste annehmen, setzen wir uns selbst herab und verstecken uns hinter einer Mauer, die wir selbst aufgerichtet haben. Im schlimmsten Falle führt notorisches Mißtrauen zu Angst und Paranoia (denken Sie noch einmal an Howard Hughes); doch noch in ihrer abgemilderten Form beeinträchtigt es die Person und untergräbt Beziehungen.

17

Wie ist es zu dieser Situation gekommen? Wie konnten wir dahin gelangen, daß Mißtrauen keine Untugend mehr ist, die es zu überwinden gilt, sondern eine Tugend, die man anstreben sollte? Zweifellos gibt es dafür viele historische und kulturelle Gründe, neben dem Zusammenbruch der Familie in jüngster Zeit und der Tatsache, daß Versprechen allgemein nicht mehr eingehalten werden. Doch ich möchte gerne noch auf eine andere Ursache hinweisen, die zwar subtiler, aber dafür von einer noch entscheidenderen Bedeutung ist.

DER BETRUG, MIT DEM ALLES ANGEFANGEN HAT

Wenn wir uns fragen, woher das Mißtrauen kommt, müssen wir uns fragen, woher die Sünde der Menschen kam, da Sünde und Mißtrauen auf eine sonderbare Weise miteinander verbunden sind. Was führte zunächst dazu? Die Bibel erzählt uns die Geschichte vom Sündenfall, von der ersten Sünde der Menschen. Ganz gleich, was Sie über die historische Faktizität jeder berichteten Einzelheit in den ersten Kapiteln der Genesis denken mögen: es lohnt sich, über diese Erzählung einmal nachzudenken. Sie offenbart tiefe Wahrheiten über die Conditio humana und über unser gebrochenes Verhältnis zu unserem Schöpfer.

Was wir oftmals nicht erkennen ist, daß die Ur*sünde* die Frucht der Ur*lüge* ist. Der Teufel fängt ja nicht einfach damit an, daß er Eva einfach dazu verlockt zu sündigen. Er beginnt damit, ihr Fragen zu stellen und sie dazu zu bringen, Gott in Zweifel zu ziehen. Schließlich fragt er sie mit vorgetäuschter Arglosigkeit: „Hat Gott wirklich gesagt: Ihr dürft von keinem Baum des Gartens essen?" (Genesis 3,1). Der Teufel weiß ganz genau, was Gott befohlen hatte, doch er wollte, daß Eva Gottes Anweisung analysiert und deren Plausibilität in Zweifel zieht. Dann kann er einen anderslautenden Bericht anbieten, einen, der Gottes Fassung widerspricht: „Darauf sagte die Schlange zur Frau: Nein, ihr werdet nicht sterben. Gott weiß vielmehr: Sobald ihr davon eßt, gehen euch die Augen auf; ihr werdet wie Gott und erkennt Gut und Böse" (Genesis 3,4–5). Die Lüge des Teufels läßt sich so abkürzen: *Gott kann man nicht vertrauen.* Bevor Satan Eva veranlaßte zu sündigen, mußte er ihr Vertrauen zu Gott erschüttern. Er mußte Argwohn in bezug auf die Motive Gottes säen. Erst als Eva anfing, Gottes Gütigkeit anzuzweifeln, war sie bereit, ihm den Gehorsam zu verweigern. Und sobald sie Zweifel an Gott hatte, war der Sündenfall unvermeidlich.[1]

Das Erschreckende daran ist: an der Vorgehensweise des Teufels hat sich nichts geändert. Noch immer versucht er, Mißtrauen zu säen. Mehr als alles andere möchte der Teufel uns von Gott trennen, und dies kann er einzig dadurch erreichen, indem er unser Vertrauen in ihn untergräbt. Je weniger wir Gott vertrauen, desto einsamer fühlen wir uns im Universum. Doch statt „unabhängiger" zu werden, verlieren wir einfach nur den Kontakt.

> *Ich glaube nicht, daß man Gott vertrauen sollte. Gott hat es nicht nötig, daß man ihm vertraut. Wir müssen unsere eigenen Entscheidungen treffen, und das ist alles. Gott kann machen, was er will.*
> SIMON, 28 JAJRE

MISSTRAUEN ZERSTÖRT DAS SOZIALE GEFÜGE

Die Lüge des Teufels hat aber nicht nur unser Vertrauen zu Gott zerstört; es hat auch unser gegenseitiges Vertrauen zueinander ruiniert. Echte Gemeinschaft beruht auf Vertrauen. Ohne Vertrauen kann keine Gesellschaft lange bestehen. Denken Sie daran, was in Ländern hinter dem Eisernen Vorhang während der langen Herrschaft des Kommunismus geschehen ist. Ich habe mit einem Mann gesprochen, der sein ganzes Leben in der Sowjetunion verbrachte. Er sagte mir, daß man im kommunistischen Rußland niemals wußte, wo die Spione waren. Die Menschen gaben Informationen über ihre Nachbarn, ihre Eltern, ihre Kinder, ihre Kollegen und ihre Lehrer weiter. Jeder, dem man begegnete, war ein potentieller Informant der Regierung. Die Menschen lebten unter ständigem Terror, weil sie niemals wußten, wem sie vertrauen konnten. Damals lernte man, daß man seine Gedanken nie einem anderen mitteilen durfte und hinter verschlossenen Türen leben sollte.

Der Mann, der mir all das berichtete, erzählte mir auch, daß er es selbst heute noch – Jahre später – schwierig findet, Vertrauen zu fassen. Er findet es schwer, Menschen in die Augen zu schauen, aus Angst, sie würden darin etwas entdecken und es weitergeben. Angst und Mißtrauen gehören zusammen. In Mißtrauen zu leben bedeutet: in Angst zu leben. Wir wagen nicht zu vertrauen, weil wir Angst vor dem haben, was geschehen könnte, wenn der andere uns hintergehen könnte.

Wir sollten aber nicht glauben, daß dieses traurige Szenario sich lediglich in totalitären Staaten abspielt. Auch unsere demokratische Gesellschaft ist auf Vertrauen angewiesen und geht in die Brüche, wenn das Mißtrauen die Oberhand gewinnt. Um das an einem Beispiel aus dem Alltag zu verdeutlichen: Schauen Sie mal, wie Unternehmen um das Vertrauen der Öffentlichkeit buhlen. Sie bringen sich fast um, um das Vertrauen der Kunden zu erlangen und zu behalten. Das ist ganz wichtig für ihr Image und ihren Profit. Es gibt keine bessere langfristige Absatzgarantie als Kundentreue, die auf Vertrauen in ein Unternehmen und seine Produkte beruht.

Eine einfache Untersuchung von Werbeslogans bedeutender Produkte und Dienstleistungen offenbart einen erstaunlichen Rückgriff auf diesen Vertrauensaspekt. In ihrer Werbung behauptet die Abtreibungsorganisation Planned Parenthood, daß sie über Sexualität und Beziehungen „Informationen [anbietet], denen Sie vertrauen können". Das Unternehmen Everpure, das

Wasserfilter vertreibt, verkauft „Wasser, dem Sie vertrauen können". SolidSkate stellt „Longboard Skateboards [her], denen Sie vertrauen können." Die Firma Kan Herb offeriert „chinesische Kräuterprodukte, denen Sie vertrauen können". Cyberauthorize redet nicht lange um den heißen Brei herum, sondern behauptet einfach, es sei das „Unternehmen, dem Sie vertrauen können". Eigentlich ist es heutzutage schon fast unmöglich, eine Firma zu finden, die ihre Vertrauenswürdigkeit als entscheidenden Grund für den Kauf ihrer Produkte oder die Inanspruchnahme ihrer Dienstleistungen nicht preist.

Deshalb investieren Unternehmen riesige Summen an Forschungsgeldern und Werbemitteln, um zu beweisen, daß ihre Produkte vertrauenswürdig seien. Als Kind war ich es gewohnt, im Fernsehen Werbung für Kaugummi der Marke Trident zu sehen, bei der gebieterisch verkündet wurde: „Vier von fünf befragten Zahnärzten empfehlen zuckerfreien Kaugummi für ihre Patienten, die Kaugummi kauen." Ich muß sagen, daß dieser Werbespruch tatsächlich Einfluß auf mich hatte. Seit Jahren kaue ich nichts anderes als zuckerfreien Kaugummi. Doch jetzt weiß ich nicht, ob diese Behauptung wirklich wahr ist. Wie viele Zahnärzte hat man befragt, um den Wert „vier von fünf" zu erhalten? Ich habe natürlich noch nie wirklich einen Zahnarzt gefragt, ob er das Kauen zahnfreier Kaugummis empfiehlt (obwohl ich nicht daran zweifle). Worum es aber geht: dieser Werbespruch hat mich herumgekriegt, und seitdem kaue ich zuckerfreien Kaugummi.

Doch auch das Gegenteil ist wahr. Nichts geht über das *Mißtrauen* von Kunden, um den Erfolg eines Unternehmens zu Fall zu bringen. Erinnern Sie sich noch an die Paracetamol-Hysterie im Herbst 1982? In Chicago starben sieben Menschen nach der Einnahme von Paracetamolkapseln der Marke Extra Strength Tylenol, die mit Kaliumzyanid versetzt waren. Als Folge dieses Vorfalls stoppte der Paracetamol-Mutterkonzern Johnson & Johnson sofort die weitere Produktion sowie den Vertrieb.

Ebenso wurde ein landesweiter Rückruf von Paracetamol-Produkten veröffentlicht. Damals waren schätzungsweise 31 Millionen Gläser im Umlauf mit einem Einzelhandelsverkaufswert von mehr als 100 Millionen Dollar. Daraufhin brach der Markanteil von Paracetamol von 35 auf 8 Prozent ein.[2] Nach enormen Anstrengungen, das Kundenvertrauen wieder zurückzugewinnen, konnte sich das Unternehmen mit der Zeit am Markt wieder durchsetzen, doch nicht allen Firmen gelingt das so.

Wir erkennen also, daß Mißtrauen uns nicht nur als Individuen beeinträchtigt, sondern auch unsere Gesellschaft zersetzt. Die Menschen sind nun einmal Beziehungswesen, dafür geschaffen, um in der Gemeinschaft zu leben und zusammenzuarbeiten. Der Klebstoff, der uns aneinander bindet, ist gegenseitiges fundamentales Vertrauen. Mißtrauen löst diesen Klebstoff wieder auf und läßt uns allein und isoliert zurück. Weit davon entfernt, eine Tugend zu sein, ist das Mißtrauen eine Form von Krebs, der langsam an unserem persönlichen und sozialen Wohlbefinden nagt.

Dieses Leiden zu diagnostizieren, ist der erste Schritt. Wir müssen aber auch das Heilmittel finden. Wenn Mißtrauen nicht der richtige Weg ist, was ist es dann? Was bietet uns Vertrauen wirklich, außer daß wir uns vermehrt preisgeben und daß wir verwundbarer werden? Warum ist Vertrauen ein besserer Weg? Das soll unser Thema im nächsten Kapitel sein.

Weshalb sich das alles lohnt

Ob wir wollen oder nicht: wir alle müssen anderen Menschen aus irgendwelchen Gründen vertrauen. C. S. Lewis bemerkte klug: „Neunundneunzig Prozent aller Dinge, die wir glauben, glauben wir aufgrund einer (...) Autorität."[3] Wir besitzen weder die Zeit noch die Fähigkeit, jeden einzelnen Sachverhalt, den wir in der Zeitung oder in Geschichtsbüchern lesen, zu überprüfen. Wir können nicht in jede Stadt und nicht in jedes Land auf der Landkarte reisen, um uns von deren Existenz persönlich zu überzeugen. Wir können nicht alles über medizinische Dinge wissen, um in gesundheitlichen Fragen über uns und unsere Familie in richtiger Weise zu urteilen und zu entscheiden, und wir können auch keine Experten bei Klempnerarbeiten, Autoreparaturen, im Finanz- und Anlagewesen, in der Rechtswissenschaft und bei der Softwareprogrammierung sein und somit imstande, uns auf jedem dieser Gebiete selbst durchzuschlagen.

Sogar Naturwissenschaftler, die sich damit brüsten, skeptisch auf alles zu sein, was nicht empirisch bewiesen werden kann, leben versunken in einer Glaubenswelt. Welcher Chemiker hat schon persönlich das Atomgewicht jedes Elements des Periodensystems nachgeprüft? Welcher Biologe hat Mitglieder jeder Pflanzen- oder Tierart erforscht, über die er mit absoluter Gewißheit und mit fester Überzeugung eine Theorie entwickelt? Bei vielem von dem, was Naturwissenschaftler für wahr halten, verlassen sie sich auf das Wort und die Erfahrung anderer. Und was für die Naturwissenschaft gilt, gilt für jedes andere Fach ebenso.

Aus der Geschichte kennen wir ein besonders typisches Beispiel dafür. Letztlich beruhen sämtliche historischen Kenntnisse der Welt auf Autorität und Vertrauen. Kein heute lebender Historiker war Zeuge der Alpenüberquerung Hannibals, war bei der Schlacht von Waterloo dabei oder hat am Ersten Kontinentalkongreß teilgenommen. Die gesamte Geschichtswissenschaft basiert auf dem Vertrauen in das Wort anderer. Vertrauen und das Angewiesensein auf andere sind, ganz einfach, unabdingbar für die menschliche Existenz.

Doch Vertrauen ist auch riskant. Viele würden es niemals vorziehen zu vertrauen, wenn sie andere Möglichkeiten hätten. Wir suchen Sicherheit, und das ist ja auch ganz richtig so. Wir möchten gerne wissen, daß die Dinge geregelt sind und daß man sich um uns kümmert. Das gehört zu dem, was wir als Verantwortung bezeichnen. Wir planen im voraus und überlassen so wenig wie möglich dem Schicksal oder dem Zufall. Natürlich würden wir lieber wissen als glauben, lieber sehen als vertrauen, lieber jetzt besitzen als auf die Zukunft zu hoffen. So ist die menschliche Natur nun einmal.

Stellen wir uns doch für einen Augenblick eine Welt vor, in der Vertrauen nicht nötig wäre. Behaupten wir mal, wir könnten tatsächlich das Bedürfnis nach Vertrauen ausklammern und uns in all diesen Lebensbereichen ganz allein um uns selbst kümmern, ohne uns jemals auf das Wort eines anderen verlassen zu müssen. Wäre diese Welt dann ein besserer Ort? Das ist eine wichtige Frage sowohl für unsere menschlichen Beziehungen als auch für unsere Beziehung zu Gott. Überlegen Sie sich das einmal für einen Moment. Sollten wir als Idealvorstellung die Dinge so arrangieren, daß wir unser Bedürfnis anderen zu vertrauen, minimieren? Wenn es menschlich möglich wäre, sollten wir dann versuchen, das Vertrauen insgesamt aus unserem Leben zu bannen?

Wenn Sie Ihr Bedürfnis, Gott oder irgendeinem Menschen zu vertrauen, radikal beseitigen *könnten,* würden Sie das tun? Wäre das ein Triumph oder eine Niederlage?

Das ist eine schwierige Frage. Es läuft alles darauf hinaus, ob wir das menschliche Vertrauen als ein notwendiges Übel oder als etwas Gutes ansehen, das an sich anzustreben wert ist. In vielerlei Hinsicht scheint Vertrauen mangelhafte Erkenntnis und eine letzte Zuflucht zu sein. Wir versuchen es dann mit Vertrauen, wenn wir selbst nicht in der Lage sind, etwas empirisch zu überprüfen.

Doch ist Vertrauen in einem tieferen Sinn nicht irgendwie auch Teil dessen, was uns wahrhaft menschlich macht? Ist es nicht ein integraler Bestandteil unserer Freundschaften, unserer Beziehungen und unseres geistlichen Lebens, ohne das gerade unsere Menschlichkeit vertrocknen und verdorren würde?

Mehr Vertrauen, mehr Menschlichkeit

Vertrauen verbindet Menschen in einer Weise, wie es keine andere menschliche Handlung vermag. Es ist nicht das gleiche für zwei Menschen, ob sie miteinander arbeiten oder spielen oder ob sie sich gegenseitig *vertrauen.* Vertrauen schafft eine Verbindung, die auf keine andere Weise erzeugt werden kann. Genau genommen wäre eine Freundschaft ohne Vertrauen überhaupt keine echte Freundschaft, sondern einfach nur ein Nützlichkeitsverhältnis. An jemanden glauben zu können, führt zum Glauben an das Gute an sich.

Wenn wir jedoch einige Male enttäuscht worden sind, denken wir vielleicht, das sei alles nur eine Utopie. Natürlich hätten wir so gerne Familien, in denen jeder dem anderen vertraut (und wo dieses Vertrauen auch stets belohnt würde!). Wir würden so gerne in einer Umgebung arbeiten, in der Vertrauen zwischen den Kollegen herrscht und Glaubwürdigkeit auf der Tagesordnung steht. Wir möchten gerne in einer Gesellschaft leben, in der wir uns nicht vor anderen in acht nehmen oder ihnen gegenüber argwöhnisch sein müßten, in der wir unsere Türen offen stehen lassen und den Mitmenschen stets die besten Motive unterstellen könnten. Doch die traurige Realität ist leider die, daß dies nicht unserer Welt entspricht. Wir können anderen nicht immer vertrauen. Wir müssen bedacht und vernünftig sein. Wir müssen unsere Verwundbarkeit schützen.

Eigentlich verspüren wir ja eher einen Wunsch danach, daß *andere vertrauenswürdig sind,* als daß wir selbst den Wunsch nach Vertrauen hätten. Wir möchten gerne, daß sie ihre Versprechen halten und treu zu ihrem Wort stehen. Wir möchten, daß sie sich verantwortlich und verpflichtet fühlen, und nicht flatterhaft, eigennützig oder manchmal geradezu rücksichtslos und gemein sind. Doch egal, wie treuherzig wir auch sind: wir werden andere nicht ändern können. Warum sollten wir uns darüber also den Kopf zerbrechen? Wenn mein Vertrauen andere nicht vertrauenswürdig machen kann, was ist Vertrauen dann überhaupt wert? Am Ende – so scheint es – ist das, was wir brauchen, eher mehr *Vertrauenswürdigkeit* als mehr Vertrauen.

Ich behaupte, daß das Vertrauen bessere Menschen aus uns macht. So wie eine gewohnheitsmäßige Abneigung zu ver-

trauen uns herabsetzt und herabwürdigt, macht uns die Bereitschaft zu vertrauen größer und besser und eine wahre menschliche Gemeinschaft erst möglich. Das bedeutet nicht, daß wir
jedem vertrauen oder das gleiche von jedem Menschen erwarten sollen. Vertrauen ist tatsächlich erst eine Reaktion auf Vertrauenswürdigkeit und sollte nicht gezeigt werden, wenn diese
nicht vorhanden ist. Doch auch *Vertrauenswürdigkeit* gibt es, in
verschiedenen Abstufungen, überall um uns herum. Letztendlich und in vollkommener Weise finden wir sie bei Gott. Unsere Offenheit zu vertrauen öffnet uns der Realität, daß andere
Menschen rechtschaffen und gut sind.

Der Film *A Beautiful Mind* aus dem Jahre 2001 machte auf
eine wunderschöne Weise darauf aufmerksam. Der Film beruht auf der wahren Lebensgeschichte von John Nash, einem
hervorragenden Mathematiker und Nobelpreisträger. Nash
(dargestellt von Russell Crowe) leidet an paranoider Schizo-
phrenie und erlebt Wahnvorstellungen, bei denen er Menschen
sieht und hört, die in Wirklichkeit nicht existieren. Unfähig,
zwischen Realität und Phantasie zu unterscheiden, findet es
Nash fast unmöglich, sein Leiden in den Griff zu bekommen.
Die einzige Möglichkeit für ihn, zu erfahren, was real ist, entwickelt sich schließlich durch das Vertrauen zu seiner Frau Ali-
cia (Jennifer Connelly). Er bittet sie einfach darum, ihm dabei
zu helfen, das Reale vom Unwirklichen zu unterscheiden. Auf
diese Weise werden Liebe und Vertrauen zu seiner einzigen zu-
verlässigen Verbindung mit der realen Welt, zu seinem einzigen
Rettungssteg, an den er sich klammert. Trotz seines funkeln-
den Geistes ist es nicht seine Intelligenz, sondern das Vertrauen
zu einem anderen Menschen, das Nash wieder gesund macht
und ihn in der realen Welt bewahrt.

Vertrauen ist ein zutiefst menschlicher Akt. Es gibt unse-
rem Menschsein erst seine Fülle und macht uns vollkommen.
In seinen faszinierenden Reflexionen über das Verhältnis von
Glaube und Vernunft äußerte Papst Johannes Paul II. einen

wichtigen Gedanken hinsichtlich der Natur des Vertrauens. Vertrauen zu anderen Menschen, so meinte er, sei eben keine unvollkommene Form von Erkenntnis, sondern offenbare eher einen wesentlichen Aspekt des Menschseins, das nicht in bloßen empirischen Erkenntnissen aufzufinden ist:

> Im Glauben vertraut sich ein jeder den von anderen Personen erworbenen Erkenntnissen an. Darin ist eine bedeutungsvolle Spannung erkennbar: einerseits erscheint die Erkenntnis durch Glauben als eine unvollkommene Erkenntnisform, die sich nach und nach durch die persönlich gewonnene Einsicht vervollkommnen soll; andererseits erweist sich der Glaube oft als menschlich reicher im Vergleich zur bloßen Einsichtigkeit, weil er eine Beziehung zwischen Personen einschließt und nicht nur die persönlichen Erkenntnisfähigkeiten, sondern auch die tiefergehende Fähigkeit ins Spiel bringt, sich anderen Personen anzuvertrauen, indem man eine festere und innige Verbindung mit ihnen eingeht.[4]

Wenn das stimmt, dann ist Vertrauen nicht nur eine Notlösung. Nicht nur, daß es für uns einspringt, wenn andere, direktere Kenntnisse nicht vorhanden sind, sondern es ist legitim und wert, daß man es um seinetwillen anstrebt. Ohne Vertrauen fehlt in unserem Leben irgend etwas. *Doch* – so denken Sie jetzt vielleicht – *lohnt es sich denn wirklich?* Auch wenn Vertrauen eine einzigartige menschliche Erfahrung ist: was ist, wenn das Vertrauen nicht begründet ist? Was ist, wenn Vertrauen enttäuscht wird?

Es hat keinen Sinn, das herunterzuspielen. Von jemandem enttäuscht zu werden, dem man vertraut, ist etwas Furchtbares, es ist vermutlich eine der schlimmsten Erfahrungen, die ein Mensch durchmachen kann. Eine der ergreifendsten Szenen im 1995 gedrehten Spielfilm *Braveheart* dreht sich genau um diese Art von Verrat. Der schottische Patriot William Wallace (Mel Gibson) hat mit seiner provisorischen Armee gegenüber der britischen Besatzungsmacht an Boden gewonnen. Schließlich erhält er den Beistand der aufsässigen schottischen Edelmänner, die nun trotz ihrer Verbundenheit mit England für ihre Heimat kämpfen. Der Anführer der Adligen ist Robert the Bruce, der Wallace seine volle Unterstützung zugesagt hat.

Auf dem Schlachtfeld wirft Wallace einen gegnerischen Ritter von seinem Pferd. Er marschiert siegreich zu ihm hinüber und reißt ihm den Helm vom Kopf, um seine Identität festzustellen. Zu seiner totalen Bestürzung stellt Wallace fest, daß sein angeblicher Freund und Bundesgenosse Robert the Bruce gegen ihn gekämpft hatte. Der Blick auf das Gesicht von Wallace ist ergreifend. Ihm wird schwindlig, er verliert die Orientierung, er taumelt verwirrt umher, weiß nicht mehr, wo er ist. Der Verrat hat seine Willenskraft auf eine Weise zugrunde gerichtet, wie es kein Feind jemals vermocht hätte. Er hat ihn all seiner Kraft und seines Elans beraubt. Es ist wie bei Jesus selbst, als er von seinem Jünger Judas verraten wurde, oder wie das, was der Psalmist erlebte:

> Denn nicht mein Feind beschimpft mich,
> das würde ich ertragen;
> nicht ein Mann, der mich haßt,
> tritt frech gegen mich auf,
> vor ihm könnte ich mich verbergen.
> Nein, du bist es, ein Mensch aus meiner Umgebung,
> mein Freund, mein Vertrauter,
> mit dem ich, in Freundschaft verbunden,
> zum Haus Gottes gepilgert bin inmitten der Menge.
> (PSALM 55,13–15)

Wie sieht demnach die Lösung aus? Wie können wir diese Erfahrung vermeiden, die zu schmerzvoll ist, um sie in Worte zu kleiden? Wir haben nur zwei Möglichkeiten. Entweder wir können das Risiko vermeiden, indem wir niemals zulassen, daß jemand diese Macht über uns hat, oder wir können das Risiko annehmen und uns damit anfällig für ebendieses Leid machen. Der Buddhismus entscheidet sich für die erste Alternative, indem er nach dem Nirwana als letztem Ziel trachtet. Bisweilen halten wir das Nirwana für die absolute Glückseligkeit, für ein Paradies der Freude, ähnlich wie die christlichen Auffassungen vom Himmel. Doch das entspricht keineswegs der buddhistischen Vorstellung. Das Wort Nirwana kommt aus dem Sanskrit und bedeutet im wörtlichen Sinne „Verwehen" und bezeichnet die Auslöschung der Leidenschaften. Es ist ein Seelenfrieden, der durch das Ersticken aller Begierden erreicht wird. Das Leiden verschwindet, weil das Verlangen verschwindet. An die Stelle leidenschaftlicher Sehnsucht tritt völlige Teilnahmslosigkeit und bietet den Frieden, nichts mehr zu begehren (und es auch nicht mehr zu bekommen). Dies ist eine Möglichkeit, zu Gleichmut und Gelassenheit zu gelangen. Aber christlicher Glaube ist das nicht.

Wer keine Träume oder Sehnsüchte hat, wird zwar nie Enttäuschung erfahren, aber er wird auch nie die Freude der Erfüllung erleben. Jesus vertraute und wurde immer wieder verraten. Petrus verleugnete ihn dreimal, doch nach der Auferstehung finden wir Christus wieder mit Petrus an seiner Seite, und er bestätigt ihn in seinem Auftrag, Christi Schafe und Lämmer zu weiden. Jesus fühlte sich am Kreuz verlassen, aber er betete noch: „Vater, in deine Hände lege ich meinen Geist" (Lukas 23,46).

Den Christen wird gesagt, daß sie hoffen und träumen und nach großen Dingen streben sollen. Sie sollen sogar an Gottes eigenen Träumen teilhaben. Als Gott seinen Geist ausgießt, werden „Eure Söhne und Töchter (...) Propheten sein, eure Alten werden Träume haben und eure jungen Männer (...) Visionen" (Joel 3,1). Paulus mahnt uns, „nach den höheren Gnadengaben" (1 Korinther 31) zu streben. Jesus spornt uns an, zu bitten, damit uns gegeben werde (siehe Lukas 11,9). Außerdem sind wir dazu aufgerufen, unsere Träume und Sehnsüchte zu läutern, damit sie mit Gottes Träumen für uns übereinstimmen.

Alfred Tennyson schrieb: „Es ist besser, geliebt und verloren zu haben, als niemals je geliebt zu haben." Wir vergessen oft, daß Tennyson hier im *Kummer* und nicht in Freude schrieb; die Zeile, die dem unmittelbar voransteht, lautet: „Ich halte das für wahr, was auch immer geschehe; ich empfinde das so, wenn ich mich am meisten gräme."5 Tennysons Worte werden durch die alltägliche Erfahrung bestätigt. Eltern, die ein Kind verloren haben, werden dennoch nie wollen, dieses Kind von vornherein nicht auf die Welt gebracht zu haben. Eine Frau, die ihren Mann verloren hat, wird es dennoch nie wollen, nie geheiratet zu haben. Zu lieben bedeutet ein gebrochenes Herz zu riskieren, doch selbst unter dem Einfluß dieses Liebeskummers ist es besser, geliebt zu haben.

Zu lieben heißt, sich bloßzustellen, sich verletzbar zu machen, sich zu verschenken, sich auf ein Scheitern einzustellen. Das ist die Natur der Liebe. Zu lieben bedeutet sich zu sorgen, und zu sorgen heißt, sein Herz in Gefahr zu bringen. Vertrauen ist so ähnlich wie Liebe, da es im Zentrum dessen steht, was es heißt zu lieben. Und hier ist es besser, vertraut zu haben und verraten worden zu sein, als niemals je nicht vertraut zu haben. Oder wie Samuel Johnson schrieb: „Es ist besser Unrecht zu erleiden, als Unrecht zu tun, und es ist besser, manchmal verraten zu werden, als nicht zu vertrauen."6

Zu Recht vertrauen – wo Vertrauen angemessen ist – ist etwas sehr Gutes. Aber denken Sie daran, daß ein Treuebruch nicht der einzig mögliche Ausgang ist. Es gibt auch noch die Kehrseite der Medaille. Zu vertrauen und festzustellen, daß sein Vertrauen mit Redlichkeit belohnt wird, ist eine der schönsten Erfahrungen, die ein Mensch machen kann. Daß man vertraut und daß einem im Gegenzug selbst vertraut wird, Zutrauen zu einem anderen Menschen zu haben und zu entdecken, daß er sich unseres Zutrauens würdig erweist – das hebt uns in unserem Menschsein empor und bindet uns an andere, wie es keine andere Erfahrung vermag.

Selten wird man beim Menschen jedoch restloses Vertrauen antreffen. Es existiert auf verschiedenen Ebenen und in unterschiedlichen Abstufungen. In der Regel ist es eher ein partielles *(ich verlasse mich/vertraue darauf, daß mein Mitarbeiter John mich um fünf Uhr vertritt)* als ein uneingeschränktes, bedingungsloses Vertrauen *(ich vertraue Betty einfach)*. Partielles Vertrauen bedeutet eine Bereitschaft zu glauben, daß jemand in einem bestimmten Bereich gewissen Erwartungen gerecht wird. Sie müssen Ihrem Finanzberater vertrauen, daß er Ihnen hinsichtlich Aktien und Anleihen gute Ratschläge erteilt, doch Sie würden ihn nicht unbedingt um Rat fragen oder um Hilfe bitten bei der Lösung von Eheproblemen oder in bezug auf eine medizinische Behandlung Ihrer kranken Mutter.

Vertrauen ist – in gewisser Weise – eine *Tugend*. Die Integrität eines Menschen wird zu Recht durch das geschuldete Vertrauen anerkannt und belohnt. Dennoch sollten wir uns das in Gedächtnis zurückrufen, was der große griechische Philosoph Aristoteles über die Tugenden äußerte: sie stellen ein Gleichgewicht zwischen zwei Extremen dar. Der Mut, sagt Aristoteles, ist die Mitte zwischen den Extremen der Tollkühnheit und der Feigheit, und die Tugend der Großzügigkeit liegt zwischen den entgegengesetzten Eigenschaften der Verschwendungssucht und des Geizes.[7] Im Fall des Vertrauens sieht es ähnlich aus. Niemand sollte einfach nur so Vertrauen spenden, doch ebenso sollten wir es auch nicht grundlos versagen. So, wie jemand so lange unschuldig ist, bis man ihm seine Schuld nachgewiesen hat, und wir eher hundert Schuldige freiließen, bevor wir einen Unschuldigen verurteilten, so sollten wir den Menschen auch einen Vertrauensvorschuß anbieten. Doch zum Vertrauen gehört auch Mut dazu, da wir uns preisgeben und ein Risiko auf uns nehmen. Wenn wir einem anderen vertrauen, gibt es immer die Möglichkeit, daß derjenige uns enttäuscht. Wir setzen nicht nur das aufs Spiel, was wir ihm anvertraut haben; wir riskieren auch den Schmerz, den sein Treuebruch hervorrufen könnte.

Was riskieren wir, wenn wir vertrauen? Das kommt darauf an. Manchen Leuten vertrauen wir in kleinen Dingen. Wir geben ihnen etwas Geld und bitten sie, uns ein paar Lebensmittel aus dem Supermarkt mitzubringen. Hierbei beschränkt sich das Risiko auf den Betrag, den wir ihnen anvertraut haben. Und wenn sie mit unseren 50 Euro wegliefen, wäre das unser Gesamtverlust – nichts weiter. Bisweilen vertrauen wir anderen unsere Geheimnisse an, unsere innigsten Gedanken oder unsere schmerzlichsten Erinnerungen. Hierbei ist das Risiko schon beträchtlich größer.

> *Ich schäme mich irgendwie es zu sagen, doch zu diesem Zeitpunkt in meinem Leben vertraue ich wirklich niemandem. Es lohnt sich nicht mehr. Zu viele Menschen haben mich im Stich gelassen. Zu viele Menschen haben mich enttäuscht. Ich habe mich und das reicht.*
> MARTIN, 55 JAHRE

Wir haben uns verletzbar dadurch gemacht, daß wir jemandem Dinge mitgeteilt haben, die wir niemals bekannt machen würden, da wir wissen, daß derjenige sie veröffentlichen könnte, wenn er denn wollte. Manchmal riskieren wir sogar noch mehr. Bei der Ehe – um vielleicht das beste Beispiel heranzuziehen – tun wir uns auf Gedeih und Verderb mit einem anderen Menschen zusammen und binden unser Leben und unser Glück an seines. Wir vertrauen darauf, daß unser Ehepartner treu ist, daß er uns immer lieben wird, daß er in guten und in schlechten Zeiten zu uns hält. Das ist außerordentlich schwierig.

Zum Vertrauen gehört der Glaube an die Möglichkeit des Guten. Wir müssen offen sein, sogar gewillt sein, an das Gute im anderen zu glauben, um zu vertrauen. Wenn wir den anderen ständig schlechte Motive unterstellen, macht uns das unfähig, wirklich zu vertrauen. Wir müssen hin und wieder einfach glauben, daß sie bereit und imstande sind, das zu erfüllen, was wir von ihnen erwarten.

Vertrauen und geistliches Leben

Wenn Vertrauen in unserem Verhältnis zu anderen Menschen unbedingt erforderlich ist, so gilt das sogar noch mehr für unsere Beziehung zu Gott. Ohne Vertrauen können wir in unserem geistlichen Leben keinen einzigen Schritt vorwärtstun. Während ständiger Zweifel und Mißtrauen unser geistliches Leben stagnieren lassen, ist Vertrauen der fruchtbare Boden, auf dem es gedeiht.

Die Bibel stellt den ersten Patriarchen – Abraham – als Vorbild für Vertrauen dar. Er war das Gegenteil des weltlich gesinnten Selfmade-Mannes. Er war der Godmade-Mann. Sein Glaube an Gott war nicht theoretisch oder spekulativ, er war praktisch und real. Es war ein Glaube in Aktion. Das war das, was ihn so großartig, so erhaben gemacht hat.

Doch es war auch nicht einfach. Abrahams Vertrauen spielt sich wie ein dreiteiliges Schauspiel ab, bei dem jeder Teil dramatischer als der vorangehende ist. Zunächst verlangt Gott von Abraham, daß er seine Heimat verlasse, um in ein weit entferntes Land zu gehen, von dem er nichts wußte. Sein Glaube an Gott forderte von ihm, eine Entscheidung zu treffen: *Gehe ich oder gehe ich nicht?* Auf Gott zu vertrauen bedeutete ein enormes Opfer, nämlich, all das zu verlassen, was er kannte und liebte. Mit fünfundsiebzig Jahren war Abraham auch nicht mehr der Jüngste, und der Umzug sollte nicht leicht sein. Gott machte sich noch nicht einmal die Mühe, ihm mitzuteilen, wohin er gehen sollte. Er sagte Abraham nur, er solle „in das Land, das ich dir zeigen werde" (Genesis 12,1) gehen. Abraham wußte über diesen Ort nicht das Geringste; er wußte noch nicht einmal, wo er lag oder wann er dort ankäme.

2. Akt. Als nächstes gibt Gott Abraham ein Versprechen, und er möchte, daß er an ihn glaubt. Er teilt ihm mit, daß er trotz seines fortgeschrittenen Alters und der Kinderlosigkeit seiner Frau unvorstellbar fruchtbar sein werde. Gott führt Abraham hinaus und sagt: „Sieh doch zum Himmel hinauf und zähl die Sterne, wenn du sie zählen kannst. ... So zahlreich werden deine Nachkommen sein" (Genesis 15,5). Und weiter heißt es: „Abram glaubte dem Herrn und der Herr rechnete es ihm als Gerechtigkeit an" (Vers 6). Gott, der das Herz des Menschen kennt, wußte, daß Abraham wirklich glaubte. Abraham sagte nicht einfach: „Ja, ist schon in Ordnung" zu Gott; er vertraute seinen Worten und handelte danach.

3. Akt. Zum Schluß stellt Gott Abrahams Vertrauen auf eine noch radikalere Weise auf die Probe. Nachdem er Abraham versprochen hat, daß er seine Nachkommen durch seinen einzigen Sohn Isaak bekäme, verlangt Gott unvermutet von Abraham, Isaak ihm als Opfer darzubringen. Trotz des unermeßlichen Schmerzes, den das in ihm auslöst, läßt Abraham sich in seinem Vertrauen zu Gott nicht beirren. Obwohl er nicht sieht und nicht versteht, vertraut er weiter. *Gott ist gut, Gott muß wissen, was er tut.* Am Ende wird Abrahams Vertrauen belohnt. Gott hält ihn zurück und verbietet Abraham, seine Hand an Isaak zu legen.

Als der Apostel Paulus über Abrahams Glauben in Aktion nachdenkt, stellt er eine wichtige Frage: Was hat Abraham, unser leiblicher Stammvater, erreicht? Hat es sich für Abraham gelohnt, Gott zu vertrauen? Das ist eine sehr gute Frage. Wenn wir Gott vertrauen sollen, lohnt sich dann wirklich die Mühe? Und Paulus antwortet, daß es Abrahams Glaube und sein Vertrauen war, was ihn vor Gott *gerecht* machte:

Gegen alle Hoffnung hat er voll Hoffnung geglaubt, daß er der Vater vieler Völker werde, nach dem Wort: So zahlreich werden deine Nachkommen sein. Ohne im Glauben schwach zu werden, war er, der fast Hundertjährige, sich bewußt, daß sein Leib und auch Saras Mutterschoß erstorben waren. Er zweifelte nicht im Unglauben an der Verheißung Gottes, sondern wurde stark im Glauben und er erwies Gott Ehre, fest davon überzeugt, daß Gott die Macht besitzt zu tun, was er verheißen hat. Darum wurde der Glaube ihm als Gerechtigkeit angerechnet.

(RÖMER 4,18–22)

Abrahams größter Gewinn waren nicht zahlreiche Nachkommen, auch nicht seine neue Heimat Kanaan oder irgendeine andere materielle Belohnung, die Gott ihm angeboten hat. Sein größter Gewinn war seine eigene „Gerechtigkeit", seine Rechtschaffenheit, vor Gott. Nichts gefällt Gott so sehr wie Vertrauen. Es vereint uns mit ihm und schafft Liebe.

Nichts gefällt Gott so sehr wie Vertrauen. Es vereint uns mit ihm und schafft Liebe.

Da Vertrauen ein wichtiger Bestandteil menschlicher Erfahrungen ist, ist es ebenso ein Teil der Heiligkeit. Thomas Merton schrieb: „Bei der [Heiligkeit] geht es nicht darum, *weniger* menschlich, sondern menschlicher als andere Menschen zu sein. Dies führt zu einer größeren Fähigkeit an Rücksichtnahme, Leiden, Verständnis, Mitgefühl, aber auch an Temperament, Freude, an der Wertschätzung der guten und schönen Dinge des Lebens."[8]

Vertrauen zu Gott schenkt uns eine Standhaftigkeit, die keine andere Gewißheit bieten kann. Es verleiht Zuverlässigkeit, Verwurzelung, Stabilität und Stärke. Wie bei einem Haus, das statt auf Sand auf festem Felsen erbaut ist, findet derjenige, der auf

Gott vertraut, in ihm ein festes Fundament. Er wird nicht von den Stürmen des Schicksals hinweggefegt, sondern bleibt stark, in guten wie in schlechten Zeiten. Er wird in Notsituationen nicht mutlos und auch nicht übermäßig frohgemut in Zeiten des Wohlstands werden. So schrieb Paulus: „Seid fröhlich in der Hoffnung, geduldig in der Bedrängnis, beharrlich im Gebet" (Römer 12,12). Dieses Vertrauen läßt sich wunderschön durch ein Gebet veranschaulichen, das der große Thomas von Aquin Jahrhunderte zuvor verfaßte:

Lass mich in Glück und Unglück treu zu dir stehen:
im Glück demütig, im Unglück stark und ungebeugt.
Nur was zu dir mich führt, soll meine Freude sein;
Nur was von dir mich trennt, soll mich betrüben.
Gib, daß ich niemand zu gefallen suche
und keinem zu mißfallen fürchte als dir allein.
Was vergänglich ist, o Herr, das sei gering in meinen Augen,
doch kostbar sei mir alles, was dein ist, um deinetwillen;
und über alles andere sollst du selbst mir kostbar sein,
o Herr, mein Gott.
Jede Freude ohne dich sei mir zuwider;
laß mich nichts suchen als dich allein.
Für dich zu arbeiten, sei meine Freude,
und eine Ruhe ohne dich sei eine Last.
Gib, daß ich oft mein Herz zu dir erhebe
und mit Reue und erneutem Vorsatz Sühne leiste,
wenn ich gefehlt. [9]

An diesem Gebet des hl. Thomas erkennen wir, daß Vertrauen zu Gott der Seele Frieden schenkt. So schreibt Jesaja: „Wer dem Herrn vertraut, weicht nicht von der Stelle" (28,16). Doch wie oft weichen wir von der Stelle! Wir werden arg in Mitleidenschaft gezogen, wie ein kleines Boot auf dem Ozean werden wir zu Opfern der Versuchungen und Drangsale in unserem Leben. Ein unerschütterliches Vertrauen in Gott schenkt uns eine innere Ruhe, einen Schutz gegen die vielen Stürme unseres Lebens. Jesus verspricht denen, die ihm folgen, einen Frieden, aber nicht einen Frieden „wie die Welt ihn gibt" (Johannes 14,27). Der Friede, den Jesus gibt, ist keine vorübergehende Atempause inmitten eines Gefechts oder ein zeitweiliger Waffenstillstand in ansonsten turbulenten Zeiten. Er ist eine tiefe Gelassenheit, die wir konstant in uns empfinden, ein Friede, der nicht wieder von uns genommen werden kann.

Weshalb fühlen wir uns so unbehaglich? Weshalb sind wir besorgt? Es gibt freilich verschiedene Ursachen für unsere innere Unruhe. Wegen der schlimmen Zeiten, in denen wir leben, verlieren wir manchmal den Mut und sind verwirrt. Manchmal werden wir unruhig und ängstlich wegen unserer finanziellen Situation. Und manchmal – wenn wir nicht das bekommen, was wir gerne möchten – sind wir enttäuscht und frustriert. Und wenn uns andere im Stich gelassen haben, verlieren wir unseren Seelenfrieden. In jeder dieser Situationen brauchen wir den Frieden, den allein Jesus geben kann. Dieser Friede ist die Frucht unseres grenzenlosen Vertrauens zu ihm und in unsere feste Überzeugung, daß wir an seiner Seite niemals ins Wanken geraten können. Er ist der Freund, der uns nie verlassen wird.

Daher bringt Vertrauen Gerechtigkeit und Seelenfrieden mit sich, doch das ist noch nicht alles. Vertrauen ermöglicht uns, daß wir uns auf wichtige Dinge konzentrieren und belanglosere Angelegenheiten beiseitelassen können. Wenn auf unsere Bedürfnisse eingegangen wird, haben wir die nötige Zeit und Energie, um uns wichtigeren Fragen zu widmen. Jesus rät uns, ihm zu vertrauen, unser Leben in seine Hand zu legen und uns dafür dem besonders großen Auftrag der Verkündigung seines Evangeliums zu widmen. Sehen Sie, was er uns sagt, wie wir in unserem Leben die Prioritäten setzen sollen, indem wir auf die göttliche Vorsehung vertrauen:

> Und er sagte zu seinen Jüngern: Deswegen sage ich euch: Sorgt euch nicht um euer Leben und darum, daß ihr etwas zu essen habt, noch um euren Leib und darum, daß ihr etwas anzuziehen habt. Das Leben ist wichtiger als die Nahrung und der Leib wichtiger als die Kleidung. Seht auf die Raben: Sie säen nicht und ernten nicht, sie haben keinen Speicher und keine Scheune; denn Gott ernährt sie. Wieviel mehr seid ihr wert als die Vögel! Wer von euch kann mit all seiner Sorge sein Leben auch nur um eine kleine Zeitspanne verlängern? Wenn ihr nicht einmal etwas so Geringes könnt, warum macht ihr euch dann Sorgen um all das übrige? Seht euch die Lilien an: Sie arbeiten nicht und spinnen nicht. Doch ich sage euch: Selbst Salomo war in all seiner Pracht nicht gekleidet wie eine von ihnen. Wenn aber Gott schon das Gras so prächtig kleidet, das heute auf dem Feld steht und morgen ins Feuer geworfen wird, wieviel mehr dann euch, ihr Kleingläubigen! Darum fragt nicht, was ihr essen und was ihr trinken sollt, und ängstigt euch nicht! Denn um all das geht es den Heiden in der Welt. Euer Vater weiß, daß ihr das braucht. Euch jedoch muß es um sein Reich gehen; dann wird euch das andere dazugegeben. Fürchte dich nicht, du kleine Herde! Denn euer Vater hat beschlossen, euch das Reich zu geben.
>
> (LUKAS 12,22–32)

Unsere Gewißheit, daß Christus letztlich den Sieg über Sünde und Tod davontragen wird, und unsere Zuversicht in seine persönliche Fürsorge uns gegenüber ermöglicht uns, für sein Reich tätig zu werden. Er führt uns an seiner Hand. Mit ihm an un-

39

serer Seite können wir nie das verlieren, was das Allerwichtigste ist. Die vertrauende Seele macht sich keine Sorgen über materielle Belange, sondern kümmert sich besonders um das, was wirklich von Bedeutung ist.

Schließlich ist das Vertrauen zu Gott auch unbedingt notwendig für ein Wachsen im geistlichen Sinne. Gott wollte es einfach nicht auf irgendeine andere Weise. Gott verlangt von uns, Unmögliches zu tun, stürzt uns in Situationen, die unsere menschlichen Fähigkeiten völlig übersteigen, und zwingt uns, daß wir uns entweder mit blindem Vertrauen zu ihm vorankämpfen oder daß wir das Handtuch werfen. Er tut das, weil er weiß, daß uns nichts näher zu ihm bringt als bedingungsloses Vertrauen in seine bedingungslose Liebe. Er versichert uns, daß er unser Vertrauen verdient – er, der treue Freund, der uns nie trostlos zurücklassen wird. Freunde lassen uns vielleicht allein; Kameraden lassen uns möglicherweise im Stich; sogar Geschwister, Eltern und Kinder können uns untreu werden, aber er nie.

Hingabe, ein vertrauter Umgang und Nähe kennzeichnen das geistliche Leben einer Seele, die ihr Vertrauen aufrichtig auf Gott setzt. Er ist ein guter Vater, ein liebender und fürsorglicher Vater. Wie leicht wird unsere Beziehung zu Gott – ohne ein solches Vertrauen – durch Distanz, Mißtrauen, Legalismus, Kälte, Förmlichkeit und Zurücknahme geprägt. Wo kein Vertrauen ist, gibt es auch keine Vertrautheit. Seelen, die vertrauen, nähern sich Gott im Gebet, weil sie wissen, daß sie erhört werden. Auch wenn sie Gott im Gebet nicht *spüren*, sagt ihnen ihr Glaube doch, daß er da ist. Seelen, die vertrauen, erbitten mehr, erwarten mehr und wagen mehr. Ihr Vertrauen verleiht ihnen eine heilige Freiheit des Geistes und eine frohe Zuversicht. Gott ist ihr Fels.

Seelen, die vertrauen, erbitten mehr, erwarten mehr und wagen mehr. Ihr Vertrauen verleiht ihnen eine heilige Freiheit des Geistes.

40

Vielleicht denken Sie ja jetzt: *Das ist ja alles sehr schön, aber ist das wirklich so? Ist es wahr? Ist es überhaupt möglich, selbst wenn wir erkennen, wie herrlich Vertrauen ist und wir seinen Wert begreifen? Wie können wir wirklich unterscheiden zwischen einem guten zuträglichen Vertrauen und einer bedürftigen Abhängigkeit, oder zwischen gesundem Vertrauen und leichtgläubigem Unverstand? Was macht Vertrauen eigentlich aus und woran können wir erkennen, daß wir welches haben?* Sehen wir uns das einmal an.

Vertrauen und Vertrauenswürdigkeit

Wenn ich ein Museum besuche, versuche ich immer gerne herauszubekommen, wer ein bestimmtes Kunstwerk gemalt hat, bevor ich den Namen des Künstlers lese. Manch ein Maler – wie Renoir, Velázquez oder Rembrandt – hat einen derart unverwechselbaren Stil, daß ich mich nur selten vertue. Ich kann Ihnen vielleicht nicht sagen, warum (sind es die Farben? Die Formen? Ist es die Pinselführung? Oder eine Kombination all dessen?), doch von wem das Werk stammt, erkenne ich fast immer.

Vertrauen ähnelt dem sehr. Vielleicht wissen Sie nicht, wie Sie es definieren sollen, aber Sie erkennen Vertrauen, wenn Sie es selbst erfahren. Darüber hinaus erkennen Sie es, wenn Sie selbst vertrauen. Vertrauen ist womöglich etwas ganz Ähnliches wie andere Erfahrungen – wie Treue, Hoffnung, Erwartung und Optimismus –, doch es gibt einige wesentliche Unterschiede, die das Vertrauen davon abheben. Die vermutlich beste Möglichkeit also, zu verstehen, was Vertrauen eigentlich ist, besteht darin, es anderen Haltungen gegenüberzustellen, denen es ähnelt.

Vertrauen contra Optimismus

Ein menschliches Verhalten, das dem Vertrauen sehr nahekommt, ist der Optimismus. Diese beiden sind tatsächlich so nah miteinander verwandt, daß man sie leicht einander verwechseln kann. Optimismus ist die Neigung, stets die Sonnenseite der Dinge zu sehen. Wie das Wort besagt, hat er etwas mit *Optik* zu tun, er ist ein Prisma, durch das wir die Realität betrachten. Je nach anlagebedingter Neigung ist für einen Optimisten das Glas halbvoll, während es für den Pessimisten halbleer ist. Ein Optimist zeichnet sich durch einen gewissen Schwung aus, mit dem er Niederlagen besiegt und Triumphe auf ein Höchstmaß steigert. Das kann wie Vertrauen erscheinen, da ein optimistischer Mensch stets das beste von den Umständen und von seinen Zeitgenossen annimmt.

Natürlich gibt es am Optimismus nichts auszusetzen. Eigentlich führt der christliche Glaube zwangsläufig zu einem gewissen Optimismus, da die Christen ja sozusagen den letzten Ausgang nicht deshalb erwarten, um zu sehen, „wer gewinnt", sondern sie hegen die innige Überzeugung, daß der letzte Triumph bereits durch Christi Tod und Auferstehung erzielt wurde. Somit kann mit unserem Vertrauen zu Gott sogar ein gesunder Optimismus *verbunden* sein, obwohl es nicht dasselbe ist. Wenn wir von der persönlichen Liebe Christi zu uns überzeugt sind und der Macht seiner Gnade vertrauen, können wir gar nicht anders als eine positivere Auffassung vom Leben und dem, was uns zustößt, haben als jemand, für den das Universum ein zufälliges Durcheinander ohne Sinn und Bedeutung ist.

Zudem führt unsere christliche Überzeugung, daß Gott fähig und bereit ist, sogar das Böse zum Guten zu wenden, zu einer positiveren Perspektive auf selbst offensichtlich negative Geschehnisse. So sagt Paulus: „Wir wissen, daß Gott bei denen, die ihn lieben, alles zum Guten führt, bei denen, die nach seinem ewigen Plan berufen sind" (Römer 8,28). Das sind gute Gründe dafür, optimistisch zu sein!

Trotzdem sind Optimismus und Vertrauen nicht dasselbe. Vertrauen ist zwangsläufig und im Grunde etwas Zwischenmenschliches. Wir vertrauen *jemandem*. Optimismus ist eine gewohnheitsmäßige Art, Dinge zu betrachten und zu interpretieren, die gar nichts mit Gott oder anderen Menschen zu tun haben müssen. Manch einer ist einfach optimistisch von Natur aus, ausgestattet mit einem sonnigen Gemüt, und neigt stets dazu, in allen Situationen das beste zu erwarten, unabhängig von den Fakten. Optimismus kann sogar naiv sein oder, noch schlimmer, blind, was seine Weigerung angeht, die Kehrseite von Dingen und Personen zu betrachten. Vertrauen entspringt – auf der anderen Seite – dem Glauben an einen Menschen, der sich dessen selbst als würdig erwiesen hat.

VERTRAUEN CONTRA GLAUBE

Oftmals verwenden wir *Vertrauen* als Synonym für *Glauben*. Wenn wir sagen, daß wir an jemanden glauben, dann hört sich das ganz ähnlich an wie daß wir diesem Menschen vertrauen. Doch da gibt es einen bedeutenden Unterschied. Zum Vertrauen gehört das Wagnis. Wir glauben vielleicht an einen anderen Menschen, doch wir beginnen erst dann wirklich zu vertrauen, wenn wir uns in eine prekäre Lage begeben. Vertrauen ist – wenn Sie so wollen – Glauben in Aktion. Es ist ein Glauben, der einen Schritt ins Dunkle getan hat. Erst wenn etwas von uns auf dem Spiel steht, haben wir wirklich angefangen, uns gegenseitig zu vertrauen.

Im Unterschied zu bloßem Glauben, der womöglich auf einer theoretischen Ebene stehenbleibt, zeigt sich das Vertrauen selbst in einer Bereitschaft, etwas Kostbares in die Hände eines anderen zu legen. Mit anderen Worten, zum Vertrauen gehört stets das *Anvertrauen*. Es bedeutet auch immer, daß man etwas zu verlieren hat.

Ein einfaches, aber vielsagendes Beispiel dafür sind Babysitter. Auch wenn ein guter Babysitter vielleicht keinen Universitätsabschluß hat oder keinen defekten Vergaser reparieren kann, muß er doch unbedingt über eine grundlegende Eigenschaft verfügen: er muß vertrauenswürdig sein. Der Grund dafür liegt auf der Hand. Sie vertrauen ihm den wertvollsten Schatz an, den Sie besitzen: Ihre Kinder. Babysitter müssen verantwortungsvoll genug sein, um diesen Auftrag ernst zu nehmen und ihn einwandfrei auszuführen. Kinder sind zu kostbar, als daß man sie der Obhut jedes x-Beliebigen überlassen könnte. Zum Vertrauen gehört also ein enormes Risiko, wenn Sie Ihre Kinder der Fürsorge eines anderen anvertrauen. Natürlich werden Sie versuchen, das Risiko zu minimieren – Sie werden klare Anweisungen und wichtige Telefonnummern hinterlassen und Informationen über Ihren Aufenthaltsort –, doch letztlich gibt es nach wie vor ein echtes Risiko, und Vertrauen ist da unvermeidlich.

Da das Risiko nun einmal dazugehört, bietet Vertrauen keine absolute Garantie. Wenn wir schon sicher sein könnten, daß derjenige, dem wir vertrauen, uns niemals im Stich ließe, wäre es kein Vertrauen mehr. Es wäre etwas anderes. Wenn wir etwa jemandem nicht vertrauen, dann fordern wir allerlei Bedingungen. Wenn wir ihm Geld borgen, bitten wir ihn um eine Bürgschaft. Wenn er eine Lieferung zusagt, verlangen wir einen Vertrag, in dem juristische Sanktionen für den Fall angedroht werden, daß er seinen Auftrag nicht erfüllt. Das ist kein Vertrauen, sondern eine Rückversicherung.

Das mit dem Vertrauen verbundene Risiko ist vielfältig. Natürlich riskieren Sie einerseits das, was Sie dem anderen anvertraut haben. Wenn Sie jemandem Geld borgen, setzen Sie diesen Betrag aufs Spiel, wenn Sie darauf vertrauen, daß er das Geld zurückzahlt. Aber andererseits riskieren Sie auch den Schmerz eines Treuebruchs, jener Untreue, die mehr verletzen kann als der Verlust selbst. Es kann sogar die Gefahr bestehen, daß Sie Ihr Vertrauen an die Menschheit verlieren, da es wirklich schwer ist, auch weiterhin zu vertrauen, wenn man immer und immer wieder enttäuscht wurde.

Doch wie alle Risiken wird Vertrauen auch belohnt. Wenn sich das Vertrauen als wohlbegründet erweist, macht sich das Risiko bezahlt und wir werden in unserem Glauben an den anderen bestärkt. Wenn ein anderer sich für uns einsetzt, ist unser Schatz sicher, und wir sind in unseren Überzeugungen gestärkt worden.

Das gilt ebenso für unser geistliches Leben. Wir können sagen, wir *glauben* an Gott (nicht nur daran, daß es ihn gibt, sondern auch, daß er unser Vertrauen verdient), doch wir vertrauen Gott erst, wenn wir uns wirklich auf ihn verlassen. Vertrauen zu Gott wird dann Realität, wenn wir ihm etwas Kostbares anvertrauen.

Ich bin in meinem Leben viele Male enttäuscht worden, aber ich habe auch Menschen kennengelernt, die absolut treu zu mir standen. Ich hatte tolle, loyale Freunde, denen ich völlig vertrauen konnte. Ich glaube, das hat mich davon abgehalten, eine Zynikerin zu werden. Es reicht zu erkennen, daß Treue möglich ist, und dann hat man einen Grund zu glauben.
SHEILA, 60 JAHRE

VERTRAUEN CONTRA ERWARTUNGSHALTUNG ODER BERECHNUNG

Des weiteren kann man zwischen einer bloßen Erwartungs- oder berechnenden Haltung und einem echtem zwischenmenschlichen Vertrauen unterscheiden. Wir verlassen uns auf viele Menschen und auf viele Dinge. Wir verlassen uns darauf, daß unser Auto am Morgen anspringt; wir verlassen uns darauf, daß unser Rauchmelder losgeht, wenn ein Feuer ausbricht; wir verlassen uns darauf, daß Äste unser Gewicht aushalten, wenn wir auf ihnen balancieren. Doch im eigentlichen Sinne *vertrauen* wir diesen Dingen ja nicht. Wir sind wütend und enttäuscht, wenn sie uns im Stich lassen, aber wir fühlen uns nicht von ihnen *hintergangen* oder *verraten*. Wir empfinden es als Hintergehen oder als Verrat, wenn ein anderer sich nicht für uns einsetzt, obwohl er es gekonnt und gesollt hätte.

Auch wenn Vertrauen eine Erwartungshaltung voraussetzt *(ich erwarte, daß sich der andere auf eine bestimmte Art und Weise verhält)*, sind diese beiden Verhaltensweisen nicht ganz identisch. Eine Erwartungshaltung bringt eine *subjektive Gewißheit* zum Ausdruck, daß irgend etwas geschehen wird, ohne daß dies unbedingt Vertrauen einbezieht. Ich kann von einem Menschen erwarten, daß er sich auf eine bestimmte Weise verhält, ohne daß ich ihm überhaupt vertraue. Denn es kann sein, daß man bei ihm von vornherein *zuverlässig* weiß, wie er reagiert, ohne daß er deshalb unbedingt vertrauenswürdig sein muß. Es kann sein, daß wir die Reaktion eines anderen auf eine bestimmte Weise vorausberechnen können, ohne ihm dabei ihm geringsten zu vertrauen. Jemand, der stets egoistisch handelt, kann berechenbar sein, da wir dann ganz gut wissen, wie er sich unter bestimmten Umständen verhalten wird. Dennoch *vertrauen* wir diesem Menschen *nicht*.

So gehen auch gute Kriminalbeamte vor. Sie versuchen die Vorgehensweise des Straftäters, den sie verfolgen, herauszufinden, um seinen nächsten Schritt vorherzusagen. Sofern der Verbrecher nicht völlig unberechenbar ist, können die Kriminalbeamten Vorlieben und Verhaltensmuster feststellen, und so können sie vorhersehen, wie er künftig agieren wird. Doch auch hier hat eine solche Berechenbarkeit nichts mit Vertrauen zu tun.

Vielleicht arbeiten Sie ja für einen unausstehlichen und unredlichen Vorgesetzten, der Sie – wenn er könnte – schrecklich behandeln würde, doch der redliche, fürsorgliche Inhaber der Firma hält ihn davon ab. Er hat Ihrem Vorgesetzten verboten, Sie schlecht zu behandeln und Sie gebeten, es mitzuteilen, falls dieser es doch tut. In diesem Fall behandelt Sie der Vorgesetzte möglicherweise gut. Sie können sich darauf verlassen, weil ihn seine Angst vor einem Verweis bei der Stange hält. Dennoch *vertrauen* Sie diesem Menschen *keineswegs.* Und wenn er Sie dann eines Tages schlecht behandeln sollte, sind Sie vielleicht enttäuscht, aber Sie würden sich nicht *hintergangen* fühlen, weil Sie ihm ja kein Vertrauen entgegengebracht haben.

Vertrauen contra Hoffnung

Von all den hier aufgezählten Doppelgängern ist die christliche Hoffnung vielleicht diejenige Tugend, die dem Vertrauen am meisten ähnelt. Wir hoffen auf Gott, weil wir ihm vertrauen, und wir vertrauen ihm, weil wir auf ihn hoffen. Doch ist Hoffnung auch nicht ganz dasselbe, hauptsächlich deswegen, weil sie so viele andere Bedeutungen hat. So kann man beispielsweise *etwas* erhoffen, aber man vertraut *jemandem.* Während Hoffnung einen *Wunsch* zum Ausdruck bringt, daß etwas geschehen werde, bezeichnet Vertrauen einen *Glauben* hinsichtlich einer anderen Person. Hoffnung schließt einen Glauben an das Gute im anderen und an seine Treue mit ein. Deswegen können wir uns eine Lohnerhöhung *erhoffen* oder unseren Gehaltsscheck erwarten, doch *vertrauen* können wir wirklich nur einem anderen *Menschen.*

Auch hierbei können wir das daran erkennen, wie wir reagieren, wenn sich unsere Hoffnungen zerschlagen. Jemand, der sich etwas erhofft (etwa einen sonnigen Tag für ein Picknick), ist vielleicht enttäuscht oder niedergeschlagen, wenn es beginnt, in Strömen zu regnen, doch er wird sich nicht *hintergangen* fühlen. Wenn man sein Vertrauen jedoch auf einen Menschen setzt, der es dann enttäuscht, ist das Gefühl verraten worden zu sein, unvermeidbar.

Hoffnung kann sich einfach auf ein gewünschtes Ergebnis beziehen, ohne irgendeinen Hinweis auf einen Spender. *Ich hoffe, meine Erkältung vor der großen Konferenz am Freitag überwunden zu haben. Ich hoffe auf eine Gehaltserhöhung. Ich hoffe, daß der Präsident einen würdigen Richter an den Obersten Gerichtshof beruft.* Keines dieser Beispiele, die sich auf die Hoffnung beziehen, hat etwas mit Vertrauen zu tun! Untersuchen wir einmal das jeweilige Verhältnis zum Vertrauen bei jedem einzelnen der drei Beispiele für die Ebenen der Hoffnung, wie sie im folgenden aufgeführt sind.

1. Kurzfristige, materielle Hoffnungen

Manchmal sind unsere Hoffnungen tatsächlich einfach nur Anliegen, die als Hoffnung ausgegeben werden. Es sind Wünsche nach zukünftigen Ereignissen, ohne irgendeine feste Erwartung, daß sie eintreten. Die Aussage „Ich hoffe, ich gewinne beim Roulette", drückt noch keinerlei Gewißheit aus, daß ich beim Roulette wirklich gewinnen werde, sondern lediglich den Wunsch zu gewinnen. Einige typische Beispiele für diese Art von Hoffnung (die wenig mit echtem Vertrauen zu tun hat) wären die folgenden:

- Ich hoffe, ich bekomme den Job.
- Ich hoffe, am Wochenende scheint die Sonne.
- Ich hoffe, er lädt mich ein.
- Ich hoffe, sie mag mich.
- Ich hoffe, ich bestehe alle meine Prüfungen.
- Ich hoffe, ein langes Leben zu haben.

2. Als Hoffnung getarnte Angst

Eine zweite Kategorie von Hoffnungen, die immer noch nicht viel mit Vertrauen zu tun haben, sind die, die Angst zum Ausdruck bringen. In den meisten Fällen könnten wir unsere Hoffnungen im Grunde genommen anders formulieren. Wir sprechen das, was wir befürchten, als Hoffnung aus, daß es nicht passieren möge! Einige Beispiel dafür könnten sein:

- Ich hoffe, ich werde nicht krank.
- Ich hoffe, ich werde nicht entlassen.
- Ich hoffe, sie kommt nicht dahinter.

- Ich hoffe, daß nichts schiefgeht.
- Ich hoffe, das Flugzeug stürzt nicht ab.
- Ich hoffe, an meinem freien Tag regnet es nicht.

3. Echte christliche Hoffnung

Wahre christliche Hoffnung unterscheidet sich von den vorhergehenden Beispielen in zwei wesentlichen Punkten und ist dem Vertrauen viel näher. Erstens ist die christliche Hoffnung hinsichtlich des Inhalts im allgemeinen weniger auf oberflächliche und materielle Dinge ausgerichtet, sondern eher auf tiefergehende, geistliche Güter. Die christliche Hoffnung ist daher geistlicher, zeitloser und altruistischer als die weltliche Hoffnung.

Zweitens ist die christliche Hoffnung kein vager Wunsch, daß irgend etwas passiert (oder auch nicht), sondern es ist Zutrauen zu Gott. Sie beruht auf dem Vertrauen zu Gott – zu seiner Liebe, seiner Macht und Treue. Ich denke, Sie werden den Unterschied ganz gut an den folgenden Beispielen erkennen:

- Ich hoffe, er bringt sein Leben wieder in Ordnung.
- Ich hoffe, sie versöhnt sich wieder mit ihrer Mutter.
- Ich hoffe, dieses Projekt hilft vielen Menschen, in ihrem Leben einen Sinn zu entdecken.
- Ich hoffe, daß meine Arbeit heute Gott gefällt.
- Ich hoffe, meine Laster zu überwinden und in der Tugend zu wachsen.
- Ich hoffe, daß jeder, den ich kenne, gerettet wird und das ewige Leben erlangt.
- Ich hoffe, Gott schenkt mir die Gnade und die Kraft, das richtige zu tun, wie auch die Weisheit, das richtige zu sagen.

Es stimmt, daß einige dieser Beispiele einfach ein Anliegen oder einen Wunsch widerspiegeln könnten, doch wenn sie Ausdruck christlicher Hoffnung sind, beinhalten sie außerdem ein Vertrauen auf Gottes Beistand. Wir hoffen nicht nur, daß Dinge passieren, wir hoffen auf Gott, daß er sie geschehen lasse. In gewisser Weise spiegeln diese Ausdrucksformen christlicher Hoffnung das Vaterunser: „Dein Reich komme. Dein Wille geschehe, wie im Himmel so auf Erden" (Matthäus 6,10). Es ist ein Wunsch, aber auch eine Bitte, daß Gott es aufgrund seiner Güte und seiner Macht verwirkliche. Da Vertrauen im Grunde genommen etwas Zwischenmenschliches ist, braucht es einen Glauben an die andere Person. Wenn das Vertrauen wohlbegründet ist, bedeutet das, daß der andere das Zutrauen, das wir zu ihm haben, verdient hat. Wir haben gesehen, daß bloße Zuverlässigkeit oder Berechenbarkeit noch nicht ausreichen, um wahres Vertrauen zu verdienen. Doch wenn es nicht diese Eigenschaften sind, was sind dann die wesentlichen Elemente der Vertrauenswürdigkeit?

Die Kehrseite des Vertrauens

So wichtig Vertrauen auch ist, es muß verdient werden. Es ist nichts Lobenswertes daran, unklugerweise zu vertrauen, wenn wir gar keinen Anlaß dazu haben. Auch wenn es immer besser ist, eher das beste als das schlimmste von anderen anzunehmen, sollte unser Vertrauen wohlüberlegt und nicht naiv sein. Doch wie erfahren wir, wem, wann und wo wir vertrauen können? Vertrauen sollte dem Vertrauenswürdigen geschenkt werden. Das ist anscheinend eine Tautologie, und irgendwie stimmt das auch. Vertrauen verhält sich zu *vertrauenswürdig* wie Liebe zu *liebenswürdig* oder Glaube zu *glaubwürdig*. Es entspricht sich. Die beiden gehören zusammen. Wenn wir also unser Vertrauen verschenken, stehen die zentralen Fragen an: wer ist vertrauenswürdig und woran können wir Vertrauenswürdigkeit erkennen?

Vertrauenswürdigkeit ist – wie ihre nahe Verwandte, die Glaubwürdigkeit – eine *Tugend* oder auch ein Zusammenschluß von Tugenden. Es ist eine moralische Eigenschaft. Es ist eine habituelle Verhaltensweise, ein dauerhafter Aspekt des moralischen Charakters eines Menschen. Wie wir schon aus der Bezeichnung schließen können, bedeutet diese wörtlich „des Vertrauens würdig sein" und beschreibt jemanden, der Sie nicht im Stich lassen wird. Wie die Tugend der Freundschaft ist auch die Vertrauenswürdigkeit nicht auf ihr eigenes Interesse bedacht, sondern übernimmt das Gute des anderen als ihr eigenes Gutes und verteidigt es, schützt es und will es weiter ausbauen.

Da die Vertrauenswürdigkeit eine Tugend ist, die eine ganze Reihe verschiedener Eigenschaften mit sich bringt, können wir sie in ihre Bestandteile zerlegen. Wo alle diese Teile anzutreffen sind, können wir ziemlich sicher sein, daß wir es mit einer vertrauenswürdigen Person zu tun haben. Wir werden erfahren, auf wen wir unser Vertrauen setzen können. Wenn wir das wissen, besitzen wir das nötige Rüstzeug, um Kandidaten daraufhin zu untersuchen, ob sie unser Vertrauen verdienen.

KOMPETENZ

Eine Schlüsselkomponente der Vertrauenswürdigkeit ist Kompetenz. Sie wagen, das, was Ihnen wertvoll ist, einem Menschen anzuvertrauen, der das, was er vorhat, auch in der Lage ist durchzuführen. Es gibt genügend Träumer, die zwar ernsthaft meinen, was sie versprechen, aber doch keine Möglichkeit haben, es auch zustandezubringen. Sie werden Ihren kaputten Fernseher wohl eher einem ausgebildeten Techniker als einem wohlgesinnten Nachbarn anvertrauen, der nichts von Elektronik versteht. Sie würden keinen Bergführer nehmen, der keine Ahnung von den Wanderwegen hat. Sie würden Ihr Kind keiner Tagesmutter anvertrauen, die konfus und vergeßlich ist. Trotz ihrer guten Absichten sind solche Leute Ihres Vertrauens nicht würdig.

Kompetenz bezeichnet die Fähigkeit einer Person, das zu tun, was man von ihr erwartet. Diese Kompetenz ist wahrscheinlich auf einen bestimmten Bereich beschränkt (wie Fernsehreparaturen oder Bergführungen). Da Vertrauen Risiken miteinschließt, möchten Sie nicht etwas Wertvolles riskieren, es sei denn, es besteht eine realistische Sicherheit: dann wäre es in Ordnung. Einem Plappermaul (das nichts für sich behalten kann) vertrauen Sie nicht Ihre Geheimnisse an, und eine wichtige Aufgabe übertragen Sie nicht jemandem, der unfähig ist, diese zu erfüllen (seine Inkompetenz wiegt schwerer als sein guter Wille). Wenn andere nicht die erforderliche Kompetenz besitzen, ist unser Vertrauen zu ihnen nicht fundiert.

Als ein Indiz für Vertrauenswürdigkeit ist Kompetenz von einer gewissen Bedeutung, doch sie allein reicht noch nicht aus. Und dies aus zwei sehr wichtigen Gründen. Zunächst kann es sein, daß ein Mensch zwar kompetent, aber unredlich ist. Vielleicht vertrauen Sie Ihren kaputten Fernseher einem unredlichen Techniker an, der ihn statt zu reparieren verkauft (obwohl er ihn reparieren könnte, wenn er wollte!). Vielleicht engagieren Sie einen Bergführer, der sämtliche Scheine und Referenzen vorweisen kann, bloß um dann festzustellen, daß er ein Betrüger ist. Offenbar ist noch etwas mehr als Kompetenz erforderlich, damit ein Mensch vertrauenswürdig wird.

Außerdem heißt das nicht, daß jemand durch einen Mangel an Sachverstand nun *gar nicht mehr vertrauenswürdig* sei. Ich bezweifle, daß ich irgend jemandem auf der Welt mehr als meinem Vater und meiner Mutter vertraue, doch ihr technisches Fachwissen ist nicht umfassend. Sie sind weise und verständig und besitzen eine Menge gesunden Menschenverstand, aber ihre Kenntnisse in Medizin, Wirtschaft, Astronomie, chinesischer Geschichte und im Verfassungsrecht– um nur einige Bereiche zu nennen – sind begrenzt. Doch so real diese Begrenzungen auch sind, ich würde nie daran denken, meine Eltern als „nicht vertrauenswürdig" zu bezeichnen. Ich besuche bei ihnen vielleicht keine Vorlesungen über Neurowissenschaft, würde ihnen aber mein Leben anvertrauen.

Hierbei können wir eine sinnvolle Unterscheidung übernehmen, wie sie von Nancy Nyquist zwischen „ voller Vertrauenswürdigkeit" im Gegensatz zur „speziellen Vertrauenswürdigkeit" getroffen wurde.[10] „Volle Vertrauenswürdigkeit" bringt eine allumspannende moralische Eigenschaft der Person selbst zum Ausdruck statt einen bestimmten Kompetenzbereich, der eine besondere Vertrauenssphäre genau beschreibt. Meine Eltern haben vielleicht nicht 100 Prozent spezielle Vertrauenswürdigkeit auf allen Gebieten, aber sie besitzen mein volles Vertrauen. Dies führt uns zur zweiten Eigenschaft, das Vertrauen verdient.

GUTER WILLE

Das vielleicht wichtigste an der Vertrauenswürdigkeit ist der gute Wille. Eine wirklich vertrauenswürdige Person handelt nicht aus Eigeninteresse heraus, sondern aus Wohlwollen anderen gegenüber. Sie sucht nicht das eigene Wohl, sondern das des anderen. Wenn ein anderer aus reinem Eigennutz heraus handelt, dann kann sich das vorübergehend mit meinen eigenen Interessen decken, aber dafür gibt es keine Garantien. Ich kann einen Rechtsanwalt beauftragen, der hart für mich arbeitet, aber nicht, weil es ihm wirklich um mich und meine Belange geht, sondern weil er seinen eigenen Ruf im Blick hat und mich als Klienten behalten möchte. Wenn ich das erkenne, kann ich mit dem Rechtsanwalt zusammenarbeiten, aber ich kann keine Vertrauensbeziehung zu ihm unterhalten.

Ein weiteres wichtiges Element der Vertrauenswürdigkeit ist *Ehrlichkeit.* Wir vertrauen Menschen, die die Wahrheit sagen, und mißtrauen Lügnern. Ein unehrlicher Mensch macht vielleicht Versprechen, die er nicht zu halten beabsichtigt, wohingegen ein ehrlicher Mensch Ihnen sagt, wie es nun einmal ist, und nur das verspricht, was er auch halten kann.

Vorhin habe ich erwähnt, daß es unklug wäre, die Reparatur eines kaputten Fernsehers einem wohlmeinenden Nachbarn anzuvertrauen, der nicht über die nötigen Kenntnisse verfügt. Eigentlich würden wirklich vertrauenswürdige Leute ein solches Vertrauen noch nicht einmal *annehmen,* da sie keine Versprechen machen, die sie nicht halten können. Sie würden nicht anbieten, Ihr TV-Gerät wieder in Ordnung zu bringen, wenn sie sich nicht sicher wären, daß sie es können. Ein vertrauenswürdiger Mensch würde keine Beschäftigung als Bergführer annehmen, wenn er einen solchen Auftrag nicht kompetent durchführen könnte. Ein vertrauenswürdiger Mensch würde auch nicht anbieten, Sie im Auto nach Hause zu bringen, wenn er nicht fahren könnte oder keinen Führerschein hätte. Die Aufrichtigkeit verlangt selbst ein gewisses Maß an Bescheidenheit, die Grenzen seiner Kompetenz anzuerkennen und nur das zu versprechen, was man auch tatsächlich erfolgreich durchführen kann.

Menschen, die derart aufrichtig sind, werden auf eine besondere Weise vertrauenswürdig. Wir vertrauen ihnen dann nicht nur in bezug auf ihre speziellen Fachgebiete; wir vertrauen ihnen auch, daß sie uns sagen, wenn irgend etwas zu hoch für sie ist. Sie werden nicht schwindeln und uns erzählen, daß sie etwas könnten, was sie doch nicht beherrschen. Sie schützen unsere Interessen, indem sie nur ein Vertrauen akzeptieren, das sie auch verdienen.

Die Eigenschaft der Aufrichtigkeit geht Hand in Hand mit einem weiteren wichtigen Charakterzug vertrauenswürdiger Menschen. Sie sind *persönlich integer* und ihren eigenen Prinzipien treu. Eine Person ohne Prinzipien kann nie wirklich vertrauenswürdig sein; man kann sie kaufen oder verkaufen. Bei einem integren Menschen kann man sich verlassen, daß er konsequent nach seinen ethischen Richtlinien handelt.

Sogar ohne persönliches Wohlwollen kann moralische Integrität manchmal ausreichen, um sich gegenseitig zu vertrauen. So kann es vielleicht sein, daß jemand Sie als Individuum zwar nicht besonders beachtet, möglicherweise *kennt* er Sie noch nicht einmal, doch wenn er integer ist, wird er sich fair, redlich und verantwortungsbewußt verhalten, wenn er mit Ihnen zu tun hat. Auf eine gute Empfehlung hin könnten wir einem anderen Menschen vertrauen, dem wir noch nicht einmal begegnet sind, solange wir wissen, daß es sich dabei um einen rechtschaffenen Menschen handelt. Wie die Vertrauenswürdigkeit umfaßt auch die moralische Integrität mehrere Tugenden. Die allerwichtigste ist die Tugend, unbeirrbar zu seinen moralischen Grundsätzen zu stehen.

Ob jemand integer ist, muß sich im Lauf der Zeit erst herausstellen. Wir alle haben schon einmal von dem sogenannten „geläuterten" Hochstapler gehört, der schmeichelt und schwört, es habe bei ihm in der Vergangenheit einige Mißgeschicke gegeben, doch bei Ihnen sei das ganz anders. Er meint das tatsächlich auch so, zumindest in diesem Augenblick. Er hat seine Irrwege erkannt. Oder vielmehr: Sie haben ihn verändert, und er könnte Sie nie im Stich lassen, so wie er es mit den anderen zuvor getan hat. Wie viele gebrochene Herzen und wie viele Firmenpleiten gehen wohl auf das Konto eines solchen Verhaltens! Echte Integrität sprießt nicht so schnell wie eine Pusteblume, von einem Tag zum anderen. Wie ein gewaltiger Mammutbaum wird sie erst im Lauf der Zeit fest und stark.

Außerdem kommt und geht wahre moralische Integrität nicht, je nachdem, mit wem wir es zu tun haben. Jemand, der bei bestimmten Leuten vertrauenswürdig ist, bei anderen aber nicht, ist letztlich doch nicht vertrauenswürdig. Das ist dann wie der sprichwörtliche Ehrenkodex der sizilianischen Mafia, bei dem man sich loyal gegenüber den Mitgliedern der Familie verhält, jedoch skrupellos und sogar gemein allen anderen gegenüber. Hier ist keine wirkliche moralische Integrität vorhanden. Die Rahmenbedingungen brauchen sich nur zu ändern (Sie werden aus der Familie ausgestoßen), und der Kerl, der gestern noch Ihr bester Freund war, würde Ihnen heute bereitwillig ein Messer in den Rücken stoßen.

Nachdem wir uns die Eigenschaften angesehen haben, die eine Person vertrauenswürdig machen, sind wir nun bereit, nach Kandidaten Ausschau zu halten, die unser Vertrauen verdienen. Vor allen Dingen wollen wir wissen, ob Gott den Anforderungen entspricht. Doch bevor wir Gottes Vertrauenswürdigkeit untersuchen, sollten wir die genauer betrachten, die mit ihm konkurrieren. Wenn nicht Gott, wem (oder was) vertrauen wir dann? Schauen wir einmal, wie Gottes Rivalen dieser Aufgabe gewachsen sind.

VERLASS DICH AUF MICH

GOTTES RIVALEN IN PUNKTO VERTRAUEN

Nehmen wir einmal an, Sie hätten zwanzigtausend Euro gespart und überlegen sich, wo Sie das Geld deponieren sollen. Sie könnten es einfach zu der Bank bringen, auf der Ihre Eltern und Großeltern ebenfalls ihre Konten haben. Sie ist ganz in der Nähe, und es ist ganz praktisch so. Vielleicht kennen Sie ja sogar den Bankdirektor und einige der Angestellten. Sie können bescheidene Zinsen bekommen und genießen eine gewisse Sicherheit.

Doch vielleicht sind Sie ja neu in der Stadt oder wollen einfach nur eine bessere Wahl treffen. Sie fragen sich zum Beispiel, ob Sie woanders möglicherweise mehr Zinsen bekommen. Was dann? Vermutlich analysieren Sie eine Reihe wichtiger Faktoren. Welchen Zinssatz zahlt die Bank bei Spareinlagen? Hat sie Geldmarktkonten? Was ist mit individuellen Rentenkonten? Welche Gebühren sind zu zahlen? Bietet die Bank Überprüfungen von Sparkonten an? Wie ist es mit Online-Banking? Und natürlich wollen Sie wissen, ob das Institut eine Einlagensicherung hat.

Im Endeffekt ähneln sich die meisten Banken jedoch. Da das Bankwesen ein gesetzlich geregelter Gewerbezweig mit relativ viel Konkurrenz ist, können Sie sich ziemlich sicher sein, daß Ihr Geld sicher ist und verschiedene Banken ähnliche Konditionen anbieten. Die Sache ist jedoch die, daß Sie verantwortungsbewußt sind und sich umsehen, bevor Sie Ihre Ersparnisse einem Geldinstitut anvertrauen. Sie suchen eine vertrauenswürdige

Bank, die Ihr Vermögen schützt, eine Versicherung bietet und guten Willen zeigt. Sie müssen davon überzeugt sein, daß ihre Mitarbeiter Sie nicht betrügen, sondern Ihre Gewinne zu steigern suchen und daß ihre Finanzberatung zuverlässig und in Ihrem Interesse ist.

Unser Geld einer Bank anzuvertrauen, ist eine Sache, doch unser Leben ist noch viel mehr wert als unser Geld. Wem vertrauen wir unser emotionales, psychisches, intellektuelles, körperliches und spirituelles Wohl an? Ist Gott unter allen Vertrauenskandidaten die beste Wahl?

Wem sollen wir vertrauen?

Wenn wir erkennen, daß niemand eine Insel ist und daß am Ende jeder von uns irgend jemandem oder irgend etwas vertrauen muß, stellt sich die Frage: *wer soll das sein?* In der heutigen Welt gibt es viele Anwärter darauf, und Gott ist nicht der einzige, der um unser Vertrauen wirbt. Viele potentielle Kandidaten wetteifern um die Ehre, der Fels zu sein, auf dem wir unser Leben bauen können, und jeder versucht uns davon zu überzeugen, daß er allein unser Vertrauen und unsere Hingabe verdient. Jeder verspricht irgend etwas anderes, doch letztlich wollen sie alle, daß wir glauben, daß wir durch sie das Glück und die Sicherheit finden, nach denen wir suchen.

Wenn Sie jemals die Zeichentrickadaption von Rudyard Kiplings Klassiker *Das Dschungelbuch* gesehen haben, erin-

Ein typischer Jugendlicher sagte folgendes dazu: In Sozialkunde lernten wir, daß es viele verschiedene Religionen auf der Welt gibt und daß keine wirklich sicher weiß, was richtig und was falsch ist. Ich meine, wir sollten uns an irgend etwas halten, bei dem wir uns alle einig sind, wie Wissenschaft oder Wirtschaft. Was darüber hinausgeht, läßt sich nur vermuten.
RAYMOND, 16 JAHRE

nern Sie sich sicherlich an die unvergeßliche Figur Kaa, eine lispelnde Schlange, die vergeblich versucht, den kleinen Mogli zu verspeisen. Neben ihrem Vermögen, ihre Opfer hinterhältig zu umschlingen, ist Kaas wichtigste Waffe ihre Hypnosefähigkeit. An einer Stelle im Film starrt sie Mogli mit hypnotisierenden, sich drehenden Augen an und fängt an, sanft zu singen: „Vertraue mir", bis Mogli bewußtlos wird. Genauso stelle ich mir vor, wie sich die vielen Konkurrenten um unser Vertrauen bewerben. Sie versuchen, uns einzulullen, in einem falschen Sicherheitsempfinden zu wiegen, nur um uns zu verschlingen, wenn wir erst einmal ihrem berauschenden Charme erlegen sind.

Gott sollte nicht die letzte Zuflucht für unser Vertrauen sein, und wir sollten uns nicht deshalb an ihn wenden, weil es keinen anderen gibt, an den wir uns wenden können. Wir sollten ihm vertrauen, weil er treu ist und unser Vertrauen absolut verdient. Zugleich hilft es uns bei der Erkenntnis, daß kein anderer das garantieren kann, was Gott garantiert. Wenn wir zu verstehen beginnen, daß viele von denen, die uns Gesundheit und Glück versprechen, nichts weiter als Betrüger und Scharlatane sind, ist es einfacher, uns selbst Gott zu überantworten.

Die Bibel kennt zahlreiche Bezeichnungen für jene, die viel versprechen, aber wenig oder nichts halten: „[Wölfe], die in Schafskleidern zu euch kommen" (Matthäus 7,15), „falsche Propheten" (Matthäus 24,11) und „Schwindler... und Betrüger" (2 Timotheus 3,13). Doch ich denke, meine Lieblingsdarstellung findet sich im Buch, das vom Propheten Jeremia verfaßt wurde. Er beschreibt unsere falschen Quellen der Sicherheit als „Zisternen mit Rissen" (2,13), die kein Wasser halten.

Zisternen mit Rissen

Und das sind Jeremias Worte:

> Hat je ein Volk seine Götter gewechselt? Dabei sind es
> gar keine Götter. Mein Volk aber hat seinen Ruhm ge-
> gen unnütze Götzen vertauscht.
> Entsetzt euch darüber, ihr Himmel, erschaudert gewal-
> tig – Spruch des Herrn.
> Denn mein Volk hat doppeltes Unrecht verübt: Mich
> hat es verlassen, den Quell des lebendigen Wassers, um
> sich Zisternen zu graben, Zisternen mit Rissen, die das
> Wasser nicht halten.
>
> (Jeremia 2,9.11–13)

In den Tagen des alten Israel war eines der ersten Dinge, die
ein Volk tat, als es ein neues Land besiedelte, daß es Türme
errichtete und Zisternen aushob – Wasserspeicher, um Regenwasser darin zu sammeln, damit das Volk jederzeit frisches
Wasser zum Trinken hatte. Für das Überleben waren diese
Sammelbecken unentbehrlich, da Wasser in der Wüste der
kostbarste Rohstoff war. Die Menschen mußten wissen, daß
sie dieses Wasser immer finden konnten, wenn sie es brauch-
ten. Ein Brunnen mit Rissen stellte ein riesiges Problem dar,
da all das darin gesammelte Regenwasser in den Erdboden
sickern würde. Eine Zisterne mit Rissen war ein ausgetrock-
neter Speicher, ein leeres Versprechen, eine inhaltslose Fata
Morgana.

Der Herr weist darauf hin, daß sein Volk ihn – die wahre
Quelle des lebendigen Wassers – verlassen hat und daß es ihn
wegen verlogener Wasserquellen, die ihr Wort nicht halten
können, verraten hat. Diese „Idole", diese falschen Götter,
können Israel nicht bewahren und haben Israels Vertrauen
nicht verdient.

Jesus gebraucht im Johannesevangelium im Bericht über seine Begegnung mit der Samariterin am Brunnen in Sychar ein ähnliches Bild (vgl. Johannes 4). Dort sagt Jesus zu ihr, als er von dem Wasser in Jakobs Brunnen spricht: „Wer von diesem Wasser trinkt, wird wieder Durst bekommen; wer aber von dem Wasser trinkt, das ich ihm geben werde, wird niemals mehr Durst haben; vielmehr wird das Wasser, das ich ihm gebe, in ihm zur sprudelnden Quelle werden, deren Wasser ewiges Leben schenkt" (Johannes 4,13–14).

Ich weiß, ich sollte Gott vertrauen, doch ich finde das wirklich schwer. Gott soll ein guter und liebender Vater sein, aber ich habe Probleme damit, ihn als das zu erkennen. Mein Vater war ein abscheulicher Mensch, und das Wort Vater ruft in mir nur fürchterliche Erinnerungen von Mißhandlung und Vernachlässigung wach. Ich möchte ja gerne glauben. Wirklich. Vielleicht wird der Heilige Geist mich eines Tages damit versöhnen, doch momentan ist es ein solcher Kampf.
ANNE, 31 JAHRE

Jesus stellt die vorübergehende Natur des Wassers aus Jakobs Brunnen der des „lebendigen" Wassers gegenüber, das er verspricht. Das natürliche Wasser der Quelle mag den Durst eines Menschen für den Augenblick stillen, doch schon bald wird er wieder durstig werden und muß zurückkehren. Das ist das beste, was wir von den vielen irdischen Bewerbern auf unser Vertrauen erhoffen können. Sie können uns für einen Moment sättigen, für eine gewisse Zeit bewirten, doch schließlich erweisen sie sich alle als nicht vertrauenswürdig.

Wenn man schon nicht seiner eigenen Mutter vertrauen kann ... (wem dann?)

Im Buch des Propheten Jesaja finden wir eine sogar noch eindrucksvollere Gegenüberstellung. Dort vergleicht Gott seine eigene Treue mit der einer Mutter und stellt die gewagte Behauptung auf, daß er treuer ist als sie jemals sein könne. Natürlich halten wir unsere eigene Mutter für den vertrauenswürdigsten Menschen auf Erden. Ich selbst weiß, daß meine Mutter mich niemals hintergehen, mich niemals im Stich lassen könnte und nur das beste für mich will – ich vertraue ihr absolut. Dennoch versichert Gott, daß seine Treue sogar noch größer sei als ihre.

Der Herr tröstet und spricht uns Mut zu, so wie eine Mutter ihr Kind tröstet. In seinen Armen finden wir Sicherheit und Frieden, weil wir wissen, daß uns nichts Böses widerfahren kann, solange er uns hält:

> Denn so spricht der Herr: Seht her:
> Wie einen Strom leite ich den Frieden zu ihr
> und den Reichtum der Völker wie einen
> rauschenden Bach.
> Ihre Kinder wird man auf den Armen tragen
> und auf den Knien schaukeln.
> Wie eine Mutter ihren Sohn tröstet,
> so tröste ich euch;
> in Jerusalem findet ihr Trost.
> (Jesaja 66,12–13)

Und denen, die sich verlassen fühlen oder an Gottes göttlicher Fürsorge zweifeln sollten, widmet er ein ähnliches Bild. Er betont, daß seine treue Liebe sogar die Liebe unserer eigenen Mutter übertrifft. Auch wenn wir uns nicht vorstellen können, daß unsere Mutter uns etwas Böses tut; selbst wenn sie uns im

Stich ließe: er wird uns nie enttäuschen. Selbst wenn sie uns vergessen würde: er wird uns nie vergessen.

> Doch Zion sagt: Der Herr hat mich verlassen,
> Gott hat mich vergessen.
> Kann denn eine Frau ihr Kindlein vergessen,
> eine Mutter ihren leiblichen Sohn?
> Und selbst wenn sie ihn vergessen würde:
> ich vergesse dich nicht.
> Sieh her: Ich habe dich eingezeichnet in meine Hände,
> deine Mauern habe ich immer vor Augen.
> (Jesaja 49,14–16)

Hierbei müssen wir leider an die tragische Wirklichkeit der Abtreibung denken, bei der viele Mütter in der Tat ihre leiblichen Kinder vergessen. Was den Israeliten zu schrecklich schien, um es sich vorzustellen, ist nun zu einer entsetzlichen Alltagsrealität geworden. Und wieder einmal besteht Gott darauf: „Und selbst wenn sie ihn vergessen würde, ich vergesse dich nicht."

Gottes Konkurrenten

Wer oder was sind also diese „Zisternen mit Rissen", die das Wasser nicht halten? Wer oder was sind diese Rivalen, die mit Gott um unser Vertrauen wetteifern? Für jeden einzelnen von uns können das unterschiedliche Dinge sein. Wir alle brauchen jemanden oder irgend etwas, auf den oder das wir uns stützen können. Und selbst wer meint, daß all sein Vertrauen in Gott läge, der sollte sein Gewissen darauf hin prüfen, ob er nicht von Zeit zu Zeit Scheinsicherheiten den Vorrang gibt.

Ohne zu meinen, daß meine Liste möglicher Konkurrenten um unser Vertrauen erschöpfend wäre, kann ich mich zu
einigen, die recht typisch zu sein scheinen, äußern.

BILDUNG

Für einige ist es ihre Bildung, die ihnen ein Gefühl von Sicherheit gibt. Menschen, die über einen Hochschulabschluß verfügen und auf ihrem Gebiet kompetent sind, meinen oftmals, daß
ihr Wissen sie vor Schwierigkeiten bewahre, denen andere begegnen. Sie bekommen eine Stelle, so daß ihr Arbeitsplatz so gut
wie sicher ist. Sie fühlen sich unter anderen Leuten wohl in der
Gewißheit, daß sie ebenso klug, wenn nicht noch klüger als die
anderen sind. Tatsächlich kann Bildung ein Gefühl der Überle-
genheit vermitteln, sogar ein Gefühl, unbesiegbar zu sein.

Auch wenn Bildung an sich etwas Gutes ist, kann sie den
Menschen doch nicht helfen, wenn sie krank sind oder wenn
sie von ihrem Ehepartner sitzengelassen werden. Welche Kraft
oder welchen Trost kann Bildung spenden, wenn ein Kind
stirbt, oder wenn wir das Alter erreichen, in dem wir von unserer Zukunft anscheinend nur noch wenig zu erwarten haben?

WOHLSTAND

Für andere wiederum ist es der Wohlstand, der den größ-
ten Angriff auf Gottes Position darstellt. Wir werden noch
Gelegenheit haben, dieses Thema weiter zu vertiefen, daher
genügt es zu sagen, daß Jesus diesen Mitbewerber um unser
Vertrauen bei zahlreichen Anlässen aufs heftigste verurteilte.
Geld leistet offenbar den größten Widerstand zur Herrschaft
Christi in unserem Leben. In unserer Welt regiert Geld in der
Tat, und jemand mit finanziellen Mitteln kann nahezu alles

bekommen, was er will. Es ist leicht zu verstehen, wie reiche Menschen sich allmächtig und unabhängig fühlen können und ein geringeres Bedürfnis nach Gottes Schutz und Beistand verspüren. Wenn die Erfahrung der Armut uns zwingt zu vertrauen, dann hat die Erfahrung, reich zu sein, den gegenteiligen Effekt.

Wohlstand kann unsere Leiden erleichtern und uns in diesem Leben einen gewissen Komfort sichern, doch letztlich wissen wir, daß wir alle dem Tod als arme Menschen ins Auge schauen, mit nichts als unserer Persönlichkeit, unserer Lebensgeschichte, unserem Glauben und unserer Liebe.

Unsere Netzwerke

Ein weiterer Mitbewerber um unser Vertrauen sind unsere Verbindungen, unsere Fähigkeit, uns zu vernetzen, und unsere Überzeugungskraft. Wie der materielle Wohlstand kann uns ein Netz von mächtigen Freunden und Kollegen ein falsches Sicherheitsgefühl geben. Wir haben immer jemanden, den wir anrufen, jemanden, an den wir uns wenden können, Huldbezeugungen, die wir anhäufen, und Gehilfen, die wir für unsere Sachen einspannen können. Und selbst wenn einige davon uns im Stich lassen, wissen wir, daß wir durch unsere gesellschaftlichen Umgangsformen Anschluß an neue Freunde finden, die die ehemaligen ersetzen.

Manch einer ist davon überzeugt, daß alles, was man braucht, um in der Welt gesellschaftlich aufzusteigen, die richtigen Kontakte und Empfehlungen seien. „Wen man kennt", kann nach Meinung der Leute sogar wichtiger sein als „wer man als Mensch ist". Ich kenne Menschen, die unsägliche Energie investieren, um in die richtige Gesellschaft hineinzukommen, um dort die richtigen Leute zu treffen, in der Hoffnung, dies werde ihnen eine rosige Zukunft sichern.

Auch wenn diese Freunde uns irgendwann im Stich lassen werden, nicht zuletzt weil sie sterblich und verwundbar sind wie wir, stellen sie uns auf kurze Sicht ein Sicherheitsnetz bereit, das uns vor vielen Leiden der Welt abzuschirmen scheint. Doch auch hier führt ein intensiver, strenger Blick auf die Realität zu dem zwangsläufigen Schluß, daß Freunde zwar ein großer Segen, aber schlechte Erlöser sind. Sie können uns nicht die ewige Sicherheit bieten, nach der wir uns sehnen.

GENIALITÄT

Bei anderen Menschen wiederum sind Genialität und Sachverstand das, was Gottes Platz als würdigsten Bewerber um ihr Vertrauen am meisten bedroht. Sie besitzen eine nahezu katzenartige Fähigkeit, stets Boden unter ihren Füßen zu haben, egal unter welchen Umständen. Nachdem sie das ein paar Mal erfahren haben, verlassen sich solche Leute immer mehr auf sich selbst und weniger auf Gott, überzeugt davon, daß ihnen nichts passieren kann.

Unser persönlicher Erfolg kann uns glauben machen, wir bräuchten Gott nicht. Es scheint, wir würden das alleine schaffen. Wir fangen an zu glauben, daß wir selbst die Quelle unseres Glücks seien. Doch am Ende wird sich auch das als falsch herausstellen. Vor dem Tod können wir uns nicht herausreden. Die Weisheit des Herrn bei Jeremia 17,5–7, daß der Mann verflucht sei, der auf das Fleisch vertraut, und der Mann gesegnet sei, der auf Gott vertraut, findet Bestätigung bei den törichten Leuten, für die persönliche Genialität wie ein Patentrezept für sämtliche Übel wirkt, sowie als Schlüssel, der alle Türen öffnet. Eines Tages wird dieser Sachverstand über Gebühr auf die Probe gestellt werden: wo werden dann die Menschen nach Zuflucht suchen?

Für wieder andere sind Gottes Rivalen mehr theoretische Abstraktionen wie die Wissenschaft, der Fortschritt, die Evolution oder die Politik. Wenn die Menschen ihr Vertrauen auf solche Ideologien oder geistigen Konstrukte legen, die versprechen, all ihre Probleme zu lösen und alle ihre Fragen zu beantworten, wird das bei ihnen sicher zu einem Gefühl der Ernüchterung führen. Natürlich ist die Wissenschaft etwas Gutes, aber wie viele andere gute Dinge wird sie destruktiv, wenn sie bis zum Äußersten getrieben wird oder wenn man von ihr fordert, sie solle eine Rolle spielen, die sie unmöglich ausfüllen kann.

Die Wissenschaft und ihre praktische Anwendung – die Technik – läßt uns die Schönheit des menschlichen Verstandes und seine Fähigkeit erkennen, die Natur zu verstehen und sie zu beherrschen. Doch die Wissenschaft ist ein Söldner, und kein wahrer Freund, und sie kann leicht dazu benutzt werden, den Menschen – statt ihn zu befreien – zu unterjochen. So wie die Pockenschutzimpfung und das Auto die Frucht wissenschaftlichen menschlichen Könnens ist, so sind es auch die Wasserstoffbomben und die Mensch-Tier-Chimären, und so sollten wir zweimal überlegen, bevor wir unsere Seele unter die Obhut der Wissenschaft stellen. Die Wissenschaft hat keine Antwort auf die wichtigsten Fragen des Lebens, auf das Wie und Warum, die letztendlich die Frage nach dem Sinn des Lebens entscheiden.

Mit diesen wenigen Beispielen sind die potentiellen Mitbewerber um unser Vertrauen jedoch noch nicht erschöpfend behandelt. So haben wir beispielsweise nicht den Götzen Macht erwähnt, sei es nun militärische Gewalt oder der gesellschaftliche, politische oder intellektuelle Einfluß, der von denen ausgeübt wird, die das Sagen haben. Auch haben wir uns nicht mit jenen Optimisten befaßt, die sich einfach mit den Stürmen des Schicksals abfinden, weil sie überzeugt von ihrem Glück oder bereit sind, mit den Karten zu spielen, die an sie verteilt werden. Und natürlich haben wir auch nicht an der Oberfläche der Probleme vieler Menschen gekratzt, die sich abergläubischen Bräuchen wie Horoskopen anvertrauen oder der Realität durch Drogen, Sex oder unablässigen Lärm entfliehen.

Was wir bisher jedoch – so hoffe ich – feststellen konnten ist, daß keiner dieser falschen Götter in der Lage ist, die ihnen zugeteilte Aufgabe zu erfüllen, wenn Menschen ihre letzte Hoffnung auf sie setzen. Letzten Endes müssen wir jemandem vertrauen, der stärker ist als der Tod und über das Grab hinausgeht; anderenfalls kann derjenige, dem wir vertrauen, nicht mehr als eine bestimmte Anzahl von Jahren an Fröhlichkeit versprechen, nach denen der ungewisse Augenblick der vollständigen Auflösung oder einer erschreckenden Abrechnung kommen wird. Es muß etwas Reales und Solides sein, etwas Zuverlässiges und Treues, und kein launenhafter Mitstreiter, der uns so schnell wie möglich im Stich läßt, sobald sich ein besseres Angebot ergibt. Außerdem muß das Objekt unseres bedingungslosen Vertrauens moralisch gefestigt sein und sich für unser allerletztes Wohl einsetzen. Falls es selbst anfällig für Versagen und Zerfall ist, wird es nicht beständig und stabiler sein als wir selbst.

Die Frage, die sich nun erhebt ist, ob der Gott der Bibel und sein Sohn Jesus Christus diese Funktion ausüben können. Ist Gott der Aufgabe, unser Fels und unsere letzte Zuflucht zu sein, gewachsen? Können wir ihm absolut vertrauen? Überprüfen wir das!

Ist Gott dieser Aufgabe gewachsen?

Die Frage, die dieses Buch zu beantworten sucht, ist doch: So viele Menschen oder Dinge könnten das Objekt unseres Vertrauens sein, warum also ausgerechnet Gott? Warum sollten wir ihn vorziehen? Was macht Gott zu so etwas einzigartig Besonderem?

Manch einer würde heutzutage behaupten, daß Gott der *schlecht*möglichste Kandidat für unser Vertrauen sei. Vielleicht wissen Sie ja, wie der Evolutionsbiologe Richard Dawkins den Gott der Bibel beschreibt. Er hält seine offenkundige Verachtung für Gott nicht zurück. Nach Dawkins ist der Gott des Alten Testaments „die unangenehmste Gestalt in der gesamten Literatur: Er ist eifersüchtig und auch noch stolz darauf; ein kleinlicher, ungerechter, nachtragender Überwachungsfanatiker; ein rachsüchtiger, blutrünstiger, ethnischer Säuberer; ein frauenfeindlicher, homophober, rassistischer, Kinder und Völker mordender, ekliger, größenwahnsinniger, sadomasochistischer, launisch-boshafter Tyrann."[11]

Zum Glück für Dawkins existiert Gott ja gar nicht, so daß er diesem „Tyrannen" nie begegnen muß. Als engagierter Atheist hat Dawkins keine Verwendung für Gott und schenkt sein Vertrauen daher lieber der Wissenschaft, sogar dann, wenn die Wissenschaft keine Finger rühren und seelenruhig zuschauen wird, wenn er – Dawkins – in das Nichts hinübergeht. Für Atheisten gibt es die Möglichkeit nicht,

Gott zu vertrauen, da Gott ja nicht existiert. Sie haben keine andere Wahl, als sich nach etwas anderem umzusehen.

Doch was ist mit uns Gläubigen? Oder mit jenen, die von Gott sowieso nicht überzeugt sind? Um eine passende Vorstellung von Gottes Eignung zu bekommen, müssen wir auf die Bestandteile der Vertrauenswürdigkeit zurückkommen, die wir im Kapitel „Vertrauen und Vertrauenswürdigkeit" besprochen haben. Dort haben wir festgestellt, daß Kompetenz, guter Wille, Wahrhaftigkeit und moralische Integrität alles wesentliche Elemente für Vertrauenswürdigkeit sind. Vielleicht überrascht es ja nicht, daß sich Gott ganz gut macht, wenn wir ihn an diesen Maßstäben messen. Eigentlich macht er sich so gut, daß er unser Vertrauen letztlich mehr als jeder andere mühelos zu verdienen scheint. Schauen wir mal, weshalb das so ist.

> *Ich zweifle sehr stark daran, daß Gott existiert. Wenn es ihn gäbe, wäre die Welt ein schönerer Ort. Wenn ich mich so umschaue, sehe ich nicht die Hand eines liebenden Gottes, sondern statt dessen Chaos und Durcheinander.*
> SEBASTIAN, 26 JAHRE

GOTTES KOMPETENZ

Um es ganz klar zu sagen: Gott ist die Kompetenz in Person. Er ist unendlich kompetenter als jedes andere Wesen, und er ist nicht nur ein sachkundiger Spezialist auf nur einem Gebiet und unqualifiziert auf anderen. Seine Kompetenz erstreckt sich auf sämtliche Bereiche der menschlichen Existenz und noch darüber hinaus. Im allgemeinen sagen wir dazu, daß Gott *allmächtig* ist. Das bedeutet, daß es buchstäblich nichts gibt, was er nicht tun kann. Nichts kann ihn aus der Fassung bringen, nichts ihn überlisten, nichts ihn überraschen. Wir werden es nie erleben, daß sich Gott an die Stirn faßt und sagt: „Na sowas, daran habe ich ja überhaupt noch nicht gedacht!" Nie wird er völlig machtlos vor einem Hindernis stehen und sich fragen, wie er das wohl beiseiteschaffen kann. Das meinen wir, wenn wir sagen, daß Gott allmächtig ist: es gibt nichts, was er nicht tun kann. Oder in den Worten der Schrift: „... für Gott aber ist *alles* möglich" (Matthäus 19,26, meine Hervorhebung).

Im Apostolischen Glaubensbekenntnis bekennen wir, daß Gott der Schöpfer des Himmels und der Erde und aller Dinge, der sichtbaren und der unsichtbaren, ist. Wir glauben, daß er ewig ist, daß er bereits da war, bevor alles andere entstanden ist. Wir glauben, daß er allwissend ist – daß er alles weiß, was einmal war, was ist und was sein wird. Die eine zuverlässige Schlußfolgerung, die wir aus all dem ziehen sollten, lautet, daß er unendlich kompetent ist.

Vielleicht meinen Sie jetzt: *das mag ja alles schön und gut sein, wenn es um die Erschaffung des Universums und der Erlösung der Welt geht, und darum, wie alle möglichen Probleme der Menschheit gelöst werden sollen. Doch was ist mit meiner kleinen Welt? Was kann Gott tun, um meine Probleme zu lösen?*

Die Antwort darauf: Gottes Macht erstreckt sich auch auf die akuten Probleme, denen jeder einzelne von uns begegnet. Wahre Kompetenz befaßt sich sowohl mit den größten Schwierigkeiten als auch mit den kleinsten Details, und genau das erleben wir bei Gott. Jesus sagte, daß Gott jeden Spatzen kennt, der auf die Erde fällt, und daß er alle Haare auf unseren Köpfen gezählt hat (siehe Matthäus 10,29–30). Der Gott der Bibel sitzt nicht in irgendeinem Elfenbeinturm, ohne sich jeder kleinsten Einzelheit unseres Lebens bewußt zu sein. Nein. Für Gottes Kompetenz im Universum gilt dasselbe wie für unser Leben und für unsere Probleme.

Der vielleicht wichtigste – und der gewiß trostreichste - Aspekt hinsichtlich seiner Kompetenz ist es, daß Gott imstande ist, Dinge wieder in Ordnung zu bringen, die in die Brüche gegangen sind. Wir glauben, daß Gott Mißstände wieder richten, Übel ungeschehen und alles wieder gutmachen kann. Kein anderer kann das von sich behaupten. Er kann das Chaos aus unserem Leben beseitigen und es zu etwas Schönem wandeln. Er hebt die Scherben unserer zerschlagenen Existenz auf und leimt sie nicht einfach nur wieder zusammen. Er macht uns ganz neu. Wie ein geborstenes Schwert, das über dem Feuer neu geschmiedet und umgeformt wird, so werden auch wir im Feuer seiner Liebe neu gestaltet.

Eine der wichtigsten Lehren des Kreuzes Christi ist, daß sich Gottes Macht bis zum Undenkbaren erstreckt: er kann das Böse zum Guten wenden. Wir müssen uns selbst fragen: *Wenn Gott imstande ist, das schlimmste Übel der gesamten Menschheitsgeschichte – die Ermordung seines Sohnes – zum Mittel seiner Erlösung umzuwandeln, was kann er dann nicht alles mit meinem Leben tun? Was habe ich kaputtgemacht, das er nicht reparieren kann? Was habe ich zerstört, das er nicht wieder instandsetzen kann? Was habe ich besudelt, das er nicht wieder herrlich machen kann?*

Gottes guter Wille

Doch Gottes Kompetenz ist noch nicht Grund genug, um ihm zu vertrauen. Es reicht nicht, daß Gott alles tun *kann,* daß ihm nichts im Wege stehen kann. Er muß all diese guten Dinge auch *wollen.* Wenn wir ihm vertrauen sollen, muß er unser Wohl wollen und nur unser Wohl. Und auch hierbei bekommt Gott die Bestnoten für den *guten Willen,* der für die Glaubwürdigkeit unerläßlich ist. Sein guter Wille uns gegenüber ist absolut und unerschütterlich. Er kann das Böse nicht wollen. Er möchte nur unser Wohl. Selbst wenn wir ihm den Rücken zukehren, liebt er uns beharrlich weiter. Mehr als jede Mutter oder jeder Vater handelt Gott in jedem Augenblick aufrichtig in unserem besten Interesse. Er läßt uns nicht im Stich, er kann uns nicht hintergehen.

Gott hat seinen guten Willen nicht für seine besonderen Freunde reserviert und versagt ihn auch nicht den übrigen Menschen. Daher beschreibt Jesus seinen Vater als jemanden, der „seine Sonne aufgehen [läßt] über Bösen und Guten" (Matthäus 5,45), der „gütig [ist] gegen die Undankbaren und Bösen" (Lukas 6,35), weil er nicht den Tod des Bösen will, sondern daß „er auf seinem Weg umkehrt und am Leben bleibt" (Ezechiel 33,11). Gott ist nicht nur gerecht, und er behandelt uns nicht so, wie wir es verdienen (Gott sei Dank!). Er behandelt uns unendlich viel besser, als es uns zusteht. Keiner von uns – selbst der beste – verdient seine Liebe oder seinen guten Willen. Es ist ein freiwillig gemachtes Geschenk.

Der größte Beweis für Gottes guten Willen ist seine Bereitschaft, uns seinen Sohn zu schenken, sein eigenes Leben, um unser Heiland zu sein. „Denn Gott hat die Welt so sehr geliebt, daß er seinen einzigen Sohn hingab, damit jeder, der an ihn glaubt, nicht zugrunde geht, sondern das ewige Leben hat. Denn Gott hat seinen Sohn nicht in die Welt gesandt, damit er die Welt richtet, sondern damit die Welt durch ihn gerettet wird" (Johannes 3,16–17). Es gab keinen anderen Grund für Christus, Mensch zu werden, keinen etwaigen Nutzen für Gott außer unserer Erlösung. Gott liebt uns wirklich unentwegt und beharrlich, kein Opfer ist für ihn zu groß, um uns seine Liebe zu zeigen.

Manche Menschen fragen sich ernsthaft, wie sie Gott vertrauen können, nachdem sie gegen ihn gesündigt haben. Wie sollten sie weiter auf seine Liebe und seinen guten Willen hoffen, da sie doch deren nicht länger würdig sind? Das Problem hier ist vielschichtiger, als wir es zunächst vermuten, und reicht hin bis zu unserer Vorstellung von der Liebe Gottes. Wer auf diese Weise argumentiert *(Gott kann mich nicht mehr lieben, weil ich es nicht mehr wert bin)*, glaubt somit, daß er zuvor der Liebe Gottes würdig war. Doch was hat sich eigentlich verändert? Er meint, Gott liebte ihn, weil er es irgendwie verdient hätte. Eine solche Auffassung könnte vom christlichen Verständnis Gottes gar nicht weiter entfernt sein.

Obwohl es stimmt, daß Gott vielleicht keinen „guten Grund" hat, mich zu lieben, weil ich ein solcher Sünder bin, ist es ebenso wahr, daß er keinen guten Grund dafür hat, mich zu lieben, bevor ich ihn beleidigt hatte. Der Grund für Gottes Liebe liegt nicht in uns, sondern in Gott. Wir verdienen Gottes Wohlwollen überhaupt nicht. Wir verdienen seine leidenschaftliche Liebe für uns gar nicht. Ebensowenig verlieren wir sie durch unsere Sünden. Wir werden uns diesen Gedanken später noch einmal genauer ansehen, für jetzt reicht es festzuhalten, daß Gottes guter Wille uns gegenüber unerschütterlich und bedingungslos ist. Er hat nur unser *Bestes* im Sinn.

GOTTES WAHRHAFTIGKEIT

Was können wir mehr von Gott verlangen, als daß er kompetent ist und uns gegenüber einen guten Willen hat? Wir müssen fordern, daß er wahrhaftig, daß er aufrichtig ist. Wie wir noch sehen werden, ist Gott die Wahrheit in Person, er ist außerstande zu lügen. Er kann sich nicht selbst widersprechen. Jesus nannte sich selbst „die Wahrheit" (Johannes 14,6) und stellte die jüdischen Anführer in Frage: „Wer von euch kann mir eine Sünde nachweisen? Wenn ich die Wahrheit sage, warum glaubt ihr mir nicht?" (Johannes 8,46). Niemand kann ihn einer Lüge überführen, weil er stets die Wahrheit spricht. Zudem sagte er zu Pontius Pilatus: „Ich bin dazu geboren und dazu in die Welt gekommen, daß ich für die Wahrheit Zeugnis ablege. Jeder, der aus der Wahrheit ist, hört auf meine Stimme." (Johannes 18,37).

Was bedeutet das eigentlich für uns? Es bedeutet, daß Gott keine Angebote oder Versprechen machen wird, denen er nicht nachkommen wollte. Wir können uns auf sein Wort verlassen.

Trotzdem scheint das nicht immer der Fall zu sein. Geht nicht bei denen, die Gott lieben, so vieles schief? Widerspricht das nicht seiner Zusage, sich uns gegenüber stets zuverlässig zu verhalten? Robert Stofel hat dazu folgendes zu sagen:

> Seine Versprechen bewahrheiten sich anscheinend nicht immer. Wenn wir diese Passagen lesen, so glauben wir, daß Gott meint, was er sagt. Er will uns beschützen, punkt. Wir werden dem Krebs nicht erliegen. Wir werden keinen Autounfall haben, und so weiter. Doch oftmals ist das nicht der Fall. Verstehen wir Gottes Schutz falsch? Spricht Gott mit gespaltener Zunge – in einer Welt, die für ihre Selbstgerechtigkeit und ihre Sünden bekannt ist? Präsentiert Gott falsche Hoffnungen?[12]

Ich schätze Jesu Wahrhaftigkeit. Ich habe genug von Menschen, die mich anlügen oder die Wahrheit verschleiern. Ich will einfach wissen, was stimmt. Jesus sagte ein paar unangenehme Sachen über das Kreuz und das Gericht, und noch eine Menge anderer Dinge, doch letztlich wissen wir, wo wir stehen.
MICHAEL, 35 JAHRE

Auf diese Fragen werden wir später noch im Detail eingehen. Wir werden uns ansehen, was Gott verspricht und was er nicht verspricht. Häufig stammt unsere Enttäuschung Gott gegenüber daher, daß wir Dinge erwarten, die er gar nicht geben will. Außerdem werden wir untersuchen, wie es sich anfühlt, von Gott verlassen zu sein und was das für unser geistliches Leben bedeutet. Vorerst halten wir fest, daß Gottes Versprechen in diesem kurzen Leben nicht alle eingelöst werden. Viele seiner Zusagen werden sich erst im kommenden Leben erfüllen. Doch viele andere Versprechen werden ihre Erfüllung hier auch finden, und das müssen wir einmal näher betrachten.

Zum Schluß müssen wir noch über Gottes Integrität nachdenken. Ist er – neben seinem guten Willen uns gegenüber – sich selbst gegenüber treu? Stellt er an sich selbst bestimmte Forderungen, die uns hinsichtlich seiner Wahrhaftigkeit Gewißheit schenken?

Beginnen wir mit einem wichtigen Grundsatz des Apostels Paulus. Er schreibt, daß selbst „Wenn wir untreu sind, bleibt er doch treu, denn er kann sich selbst nicht verleugnen" (2 Timotheus 2,13). Gott bietet den Menschen einen Bund an, doch seine Treue auf seiner Seite der Abmachung kann nicht von unserer Treue abhängig sein. Das würde Gott nicht treuer machen, als wir es sind. Gott hält zu uns, weil er sich selbst treu und zugleich uns gegenüber treu ist, trotz unserer Treulosigkeit. Er ist das Vorbild, der Maßstab jeglicher Integrität.

Die Passagen aus der Heiligen Schrift, die das bestätigen, sind einfach viel zu zahlreich, als daß man sie alle aufzählen könnte, doch ich möchte an dieser Stelle einige erwähnen, um Ihnen einen Eindruck zu vermitteln. Die Bibel schildert Gott als unveränderlich in seiner Rechtschaffenheit sowie als gerecht in all seinen Werken.

> Ich will den Namen des Herrn verkünden.
> Preist die Größe unseres Gottes!
> Er heißt: der Fels. Vollkommen ist, was er tut;
> denn alle seine Wege sind recht.
> Er ist ein unbeirrbar treuer Gott,
> er ist gerecht und gerade.
>
> (DEUTERONOMIUM 32,3–4)

Gott kennt keine Falschheit, kein Schwanken, keine moralische Unschlüssigkeit, keine Zweideutigkeit. Er ist in jeder Hinsicht absolut redlich. Auch der Psalmist ruft aus: „Der Herr ist treu in all seinen Worten, voll Huld in all seinen Taten" (Psalm 145,13). Und Paulus schreibt einfach: „Aber der Herr ist treu; er wird euch Kraft geben und euch vor dem Bösen bewahren" (2 Thessalonicher 3,3). Das Zeugnis der Schrift ist einheitlich: Gott bleibt seinem Wort treu, er ist sich selbst und seinem Volk treu.

Was wir in der Heiligen Schrift bestätigt finden, finden wir auch in unserer eigenen Erfahrung wieder. Ich persönlich habe Gott immer als treu erfahren. Manchmal war er lieb wie eine Mutter, ein anderes Mal unnachgiebig wie Stahl. Doch bei alldem ist er treu. Bei alldem ist er Liebe. Nie widerspricht er sich selbst, und nie entzieht er seine Liebe.

Ich glaube, daß wir oft unmögliche Forderungen an Gott stellen, um an ihn zu glauben. Doch was erfordert es eigentlich, damit wir wirklich an ihn glauben und ihm bedingungslos vertrauen? Was könnte er für uns tun, das er noch nicht getan hat? Ich glaube, daß wir uns manchmal wie die Hohenpriester verhalten, die zu dem gekreuzigten Christus aufschauen und ausrufen: „Der Messias, der König von Israel! Er soll doch jetzt vom Kreuz herabsteigen, damit wir sehen und glauben" (Markus 15,32). Doch das ist das einzige, das er nicht tun wird. Er wird uns seine Liebe nicht entziehen.

Das Vertrauen Jesu zu Gott

Das vielleicht wichtigste Argument dafür, auf Gott zu vertrauen, ist das Vorbild, das wir in Jesus erkennen. Jesus zeigte uns, daß ein absolutes Vertrauen zu Gott möglich ist. Vielleicht denken Sie ja: *Hoppla! Jesus war ja selbst Gott! Natürlich vertraute er ihm!* Nicht so schnell. Jesus war auch Mensch, und er hatte mit den gleichen Schwierigkeiten zu kämpfen, denen auch wir ausgesetzt sind. Und so lesen wir auch im Brief an die Hebräer: „Obwohl er der Sohn war, hat er durch Leiden

den Gehorsam gelernt; zur Vollendung gelangt, ist er für alle, die ihm gehorchen, der Urheber des ewigen Heils geworden" (Hebräer 5,8–9).

Immer wieder bekundet Jesus sein grenzenloses Vertrauen in die Liebe des Vaters. Er vertraut ihm wirklich so, wie ein Sohn seinem guten Vater vertraut. Bevor Jesus Lazarus von den Toten auferweckt, erhebt er seine Augen zum Himmel und betet: „Vater, ich danke dir, daß du mich erhört hast. Ich wußte, daß du mich immer erhörst; aber wegen der Menge, die um mich herumsteht, habe ich es gesagt; denn sie sollen glauben, daß du mich gesandt hast" (Johannes 11,41–42). Er weiß, daß er stets erhört wird. Er offenbart ein Herz, das zutiefst von der Vertrauenswürdigkeit des Vaters überzeugt ist.

Trotz seiner Schwierigkeiten mit dem Willen des Vaters verlor Jesus nie sein Vertrauen zu ihm. In seiner Treue zu Gott litt er aufrichtig und hätte sich danach gesehnt, daß der Kelch an ihm vorübergehe (siehe Matthäus 26,39), doch das war nicht die Absicht Gottes. Dennoch zweifelte Jesus deswegen nicht an der Liebe des Vaters zu ihm. Und selbst als er sich am Kreuz von allen – sogar von seinem Vater – verlassen fühlte, betete er: „Vater, in deine Hände lege ich meinen Geist".

Und Jesus wurde in seinem Vertrauen bestätigt. Im Brief an die Hebräer lesen wir etwas sehr Befremdliches: „Als er auf Erden lebte, hat er mit lautem Schreien und unter Tränen Gebete und Bitten vor den gebracht, der ihn aus dem Tod retten konnte, und er ist erhört und aus seiner Angst befreit worden" (Hebräer 5,7). Auf den ersten Blick scheint es so, als sei Jesus nicht erhört worden; doch tatsächlich beschloß der, „der ihn aus dem Tod retten konnte", es nicht zu tun! Auf welche Weise wurde er erhört? Es war das genaue Gegenteil. Einige Minuten später trafen Soldaten ein und transportierten ihn ab – in sein Leiden und seinen Tod.

Als Abraham bereit war, Isaak zu opfern, kam ein Engel und hielt seine Hand zurück. Bei Jesus geschah das jedoch nicht.

Kein Engel erschien. Jesus blieb von der Strafe nicht verschont. Und obwohl er den Tod durchlaufen hat, hatte dieser keine Macht über ihn. Der Vater erweckte ihn von den Toten. Wofür Jesus besonders intensiv und bedingungslos gebetet hatte, war, daß der Wille des Vaters geschehe. Und er wurde erhört.

Das Nachdenken über das Vertrauen Christi als Mysterium kann ein entscheidendes Licht auf unser eigenes Vertrauen werfen, das wir zu Gott haben. Unser Vertrauen zu ihm – echtes Vertrauen – ist ein schönes Abenteuer, das ohne Gottes Gnade gar nicht denkbar wäre. Gott tatsächlich und unbegrenzt vertrauen zu können, ist ein Geschenk. Doch gleichzeitig ist es auch ein Geschenk, das wir Gott überreichen. Schauen wir einmal, wie das vor sich geht.

VERTRAUEN ALS GESCHENK AN GOTT

Oftmals fragen wir uns, welche Vorteile Vertrauen *für uns* haben kann, sind uns aber nicht darüber bewußt, daß Vertrauen zugleich ein Geschenk ist, das wir Gott überreichen. Was schenkt man im Grunde einem Gott, der alles hat? Was können wir ihm wohl anbieten, das er nicht bereits besitzt? Er kann unsere Geschenke vielleicht gar nicht gebrauchen!

Erinnern wir uns an die Worte Gottes, wie sie der Psalmist zum Ausdruck bringt, wenn er wortgewandt den blanken Überfluß unserer Gaben und Opfer an Gott deutlich macht:

> Nicht wegen deiner Opfer rüg ich dich,
> deine Brandopfer sind mir immer vor Augen.
> Doch nehme ich von dir Stiere nicht an
> noch Böcke aus deinen Hürden.
> Denn mir gehört alles Getier des Waldes,
> das Wild auf den Bergen zu Tausenden.
> Ich kenne alle Vögel des Himmels,
> was sich regt auf dem Feld, ist mein Eigen.
> Hätte ich Hunger, ich brauchte es dir nicht zu sagen,
> denn mein ist die Welt und was sie erfüllt.
> Soll ich denn das Fleisch von Stieren essen
> und das Blut von Böcken trinken?
>
> (PSALM 50,8–13)

Doch eine Sache gibt es, die Gott nicht hat und die er sich leidenschaftlich wünscht: unser Vertrauen. Es scheint, als sei unser Vertrauen nur etwas für uns selbst, und größtenteils stimmt das schon. Wenn wir Gott vertrauen, dann haben wir alles zu gewinnen. Gleichzeitig dürstet es Gott nach unserem Vertrauen. Nichts scheint sein Herz mehr zu kränken, als wenn wir es unterlassen, ihm zu vertrauen.

Christen fragen sich oft, wie sie Gott noch mehr lieben können. Wir wissen, daß Jesus die christliche Moral in seinem Gebot zusammenfaßte, den Herrn, unseren Gott, mit ganzem Herzen, mit ganzer Seele, mit all unseren Gedanken und all unserer Kraft und unsere Nächsten wie uns selbst lieben zu sollen (vgl. Markus 12,29–31). Nun ist der zweite Teil davon – die Liebe zum Nächsten – ja relativ unkompliziert. Was unser Nächster braucht, das wissen wir. Wir können ihm zu Hilfe kommen. Wir können ihn so behandeln, wie wir gerne behandelt werden möchten. Doch der erste Teil von Jesu Großem Gebot der Liebe ist vielschichtiger. Auf die Frage, was es heißt, Gott mit ganzem Herzen zu lieben und wie wir das praktizieren sollen, reagieren wir oftmals, indem wir uns konsterniert am Kopf kratzen.

Einige Antworten darauf kennen wir natürlich. Wir wissen, daß wir Liebe zu Gott bekunden, indem wir ihn loben, seinen Namen verherrlichen und seine wunderbaren Werke besingen. Wir zeigen unsere Liebe, indem wir ihm für seine Gaben danken. Das vielleicht wichtigste ist, daß wir unsere Liebe zu Gott dadurch beweisen, daß wir seinen Willen in unserem Leben bereitwillig annehmen, daß wir auf eine Weise versuchen zu leben, die ihm gefällt. Schließlich sagte Jesus: „Wenn ihr mich liebt, werdet ihr meine Gebote halten" (Johannes 14,15). Unser Gehorsam dem Willen Gottes gegenüber ist eine hervorragende Möglichkeit, unsere Liebe zu ihm in die Tat umzusetzen.

Aber es gibt noch eine andere Möglichkeit, an die wir wahrscheinlich gar nicht unbedingt denken. Wenn wir ihm vertrauen, lieben wir ihn dafür. Für jemanden, der liebt, gibt es keine größere Freude, als daß man ihm vertraut. Überlegen Sie mal, wie traurig es wäre – und leider häufig auch ist –, wenn Menschen, die von Gott leidenschaftlich geliebt werden, an diese Liebe nicht glauben oder ihr nicht vertrauen. Denken wir einmal an Mütter oder Väter, die ihr ganzes Leben selbstlos ihren Kindern opfern, um dann später zu entdecken, daß die Kinder an ihrer Liebe zweifeln. Kann irgend etwas anderes noch tragischer und schmerzvoller sein?

Oft scheint es mir, daß die Bibel ein erweitertes Zeugnis der Liebe Gottes für die Menschen ist – für Sie und für mich. Es ist so, als riefe er auf jeder einzelnen Seite laut aus, wie sehr er uns liebt, und als bettelte er darum, daß wir seiner Liebe vertrauen. Durch die Propheten und Könige, durch die Psalmen und Chroniken und ganz besonders durch seinen eingeborenen Sohn ruft er uns zu, daß es *nichts* gibt, das er nicht für uns tun würde, so sehr liebt er uns. Und angesichts all dessen will er in erster Linie, daß wir ihm Vertrauen entgegenbringen. Er möchte, daß wir an seine Liebe glauben. Und wenn wir so reagieren, werden wir zu einem Balsam für sein Herz und zu einem Trost für seine Wunden der Liebe.

Wenn wir Gott lieben wollen, wie wir es sollen, gibt es keinen besseren Ausgangspunkt dafür, als ihm unser Vertrauen zu schenken. Und wenn wir wirklich im Vertrauen wachsen wollen, müssen wir uns ebenso bemühen, Sünden gegen das Vertrauen zu vermeiden, und damit alles, das unser Vertrauen beeinträchtigen kann, das er verdient.

Ich fühle mich manchmal schuldig, wenn ich merke, daß ich Gott nicht vertraut habe und wenn dann doch alles gut ausgeht. Ich glaube, ich sollte daraus lernen, daß er mein Vertrauen ständig verdient. Ich weiß, daß es ihn kränken muß, wenn ich an seiner Liebe zu mir zweifle.
MICHAELA, 13 JAHRE

85

Sünden gegen das Vertrauen

Oftmals scheint es normal, daß „menschliche" Reaktionen auf Probleme tatsächlich einen Mangel an Vertrauen zu Gott widerspiegeln. Unsere Sorgen und Befürchtungen, unsere Zweifel und Ängste, unser Mißmut und unser Kummer, unsere Entmutigungen und unser selbstsüchtiges Verhalten – wird dadurch nicht eine Haltung des Mißtrauens gegenüber Gott und seiner Vorsehung und Liebe offenbar? Natürlich handelt es sich dabei nicht immer um sündhafte Einstellungen, und häufig sind es eben bloß spontane Gefühle statt frei von uns gewählt. Doch wenn wir diese Haltungen und Reaktionen benennen, können wir bewußter gegen sie angehen, und auf diese Weise sind wir möglicherweise imstande, ein stärkeres Vertrauensverhältnis aufzubauen. Wenn wir Gott wirklich lieben wollen, ist es ganz wichtig, unser Mißtrauen zu überwinden. Untersuchen wir einmal vier dieser Einstellungen, die unser Vertrauen zu Gott gefährden können.

Angst

Eine dieser „natürlichen" Reaktionen auf schlechte Nachrichten, schwere Zeiten oder einfach nur Unsicherheit in bezug auf die Zukunft, nennt man *Angst*. Mit Angst bezeichnet man ein seelisches Unbehagen oder eine Seelenqual, was durch eine Furcht vor einer Bedrohung oder einem Unglück ausgelöst wird. Wir erleben dieses Gefühl, wenn unsere Seele entweder von einem realen oder einem eingebildeten Leid aufgewühlt wird. Das reicht von Abschlußprüfungen über schwierige romantische Beziehungen bis hin zu Krankheiten. Angst steht in einem engen Zusammenhang mit Besorgnis, Zweifel und Furcht. Wir sind beunruhigt, wir zweifeln, wir sind ängstlich über das, was die Zukunft uns wohl bringen wird. *Was wird mit uns geschehen? Wird alles gut ausgehen? Werden wir die nächste Hürde nehmen? Wie wird es mit mir weitergehen, wenn dieses oder jenes geschieht?*

Wiederum kann es sein, daß derartige Empfindungen weiter nichts als eine spontane Reaktion auf das Nachdenken über mögliche künftige Unannehmlichkeiten sein kann. Wenn wir schwere Zeiten vorhersehen, fangen wir natürlich an, uns zu fürchten und uns unwohl zu fühlen. Doch genau hierbei erweist sich das Vertrauen zu Gott als so unentbehrlich. Der Gedanke, daß Gott uns liebt, daß er stets bei uns ist, daß er niemals eine Versuchung, die unsere Kräfte übersteigt, zulassen wird, und daß jede irdische Schwierigkeit im Vergleich mit der Ewigkeit naturgemäß von kurzer Dauer ist – all das gibt uns Kraft, unsere Probleme mit Tapferkeit und Mut anzugehen. Ein standhafter Glaube an Gottes Vorsehung und seine Fürsorge bewahrt uns davor, allzu besorgt zu sein, und erhält uns den Seelenfrieden.

Der Zweifel kann freilich entweder gut oder schlecht sein. Wir alle machen Zweifel durch, wenn wir im Glauben reifen. Arglosigkeit weicht einem legitimen Infragestellen, was sich oftmals wiederum zu einem festeren Glauben entfaltet. Wenn Gott seine Vertrauenswürdigkeit bereits gezeigt hat, handelt es sich allerdings um hartnäckige Zweifel, um Zweifel, die weiterbestehen, die dann allmählich unser Vertrauen und unsere Liebe zersetzen. Wir sind alle dazu berufen, nach der Wahrheit zu streben, und – wenn wir sie gefunden haben – an ihr unermüdlich festzuhalten. Gott verdient unser Vertrauen, und wenn wir das erkannt haben, sollten wir nie mehr zu unseren Zweifeln zurückkehren.

Auch die Furcht ist eine nahe Verwandte der Angst. Auch sie hat eine positive und eine negative Seite. Johannes sagt, daß die vollkommene Liebe die Furcht vertreibt (siehe 1 Johannes 4,18), und das gleiche muß ebenfalls für das vollkommene

Vertrauen gelten. Wenn wir absolut vertrauen, was haben wir dann noch zu befürchten? Doch die Bibel spricht von zwei unterschiedlichen Arten von Befürchtungen, die Katharina von Siena als „sklavische Furcht" *(timor servilis)* und als „kindliche Furcht" *(timor filialis)* bezeichnet.[13] Die sklavische Furcht – die Furcht eines Sklaven vor seinem Herrn – ist die Furcht vor der Bestrafung und vor dem Herrn selbst. Ein Sklave weiß, daß sein Leben von seinem Gebieter kontrolliert wird, und er fürchtet, daß dieser möglicherweise in einem bösen Sinne über ihn verfügt. Ein Sklave hegt Mißtrauen, weil er sich als nützliches Werkzeug im Eigentum eines anderen befindet und nicht als Kind geliebt wird.

Die kindliche Furcht – die Furcht, die von einem Sohn oder einer Tochter empfunden wird – ist etwas anderes. Sie wird als „Anfang der Weisheit" (Sprichwörter 9,10) geschildert und außerdem als Gabe des Heiligen Geistes. Wieso das? Wie macht die Gottesfurcht uns weise? Als Tugend bedeutet die „Gottesfurcht" einfach nur, daß wir Gott als unseren Bezugspunkt für all unsere Entscheidungen nehmen. Ob ihm unsere Handlungen gefallen oder mißfallen, wird zu unserer vordringlichen Sorge, die höhersteht als das, was andere über uns denken oder was wir durch Entscheidungen womöglich gewinnen oder verlieren. Den Herrn zu fürchten bedeutet, uns in erster Linie um ihn zu kümmern und keinem anderen mit der Treue zu dienen, die nur ihm zusteht.

In diesem Zusammenhang können wir besser verstehen, was der Psalmist meinte, als er schrieb: „Alle, die ihr den Herrn fürchtet, vertraut auf den Herrn! Er ist für euch Helfer und Schild" (Psalm 115,11). Hier wird das Vertrauen der Furcht nicht als Gegensatz gegenübergestellt, sondern als deren Ergänzung. Gerade wer den Herrn fürchtet (ihn verehrt und respektiert), ist aufgerufen, ihm zu vertrauen. Verehrung und Gehorsam allein reichen nicht aus. Was Gott in erster Linie möchte, ist unser Vertrauen.

Daher konnte der Psalmist außerdem schreiben: „Ich vertraue auf Gott und fürchte mich nicht. Was können Menschen mir antun?" (Psalm 56,4). Gott sei unser Anfang und unser Ende, der Eine, dem wir alles geben und von dem wir alles erwarten: das ist die Kernaussage der Botschaft des Psalmisten. Der Apostel Paulus hat genau dieses Thema aufgegriffen, als er schrieb: „Ist Gott für uns, wer ist dann gegen uns? Er hat seinen eigenen Sohn nicht verschont, sondern ihn für uns alle hingegeben – wie sollte er uns mit ihm nicht alles schenken?" (Römer 8,31–32).

KLAGEN

Sich zu beklagen, ist menschlich – oder man hält es zumindest für etwas Menschliches, weil es so häufig vorkommt. Ich hatte jedoch das große Glück, in meinem Leben Menschen zu begegnen, die sich niemals beklagen. Leider gehöre ich nicht zu ihnen. Ich bringe meine negativen Gefühle, wenn man mich enttäuscht hat oder wenn irgend etwas nicht nach meinen Vorstellungen gelaufen ist, ohne weiteres zum Ausdruck. Doch ich habe Menschen – zumindest einige wenige – getroffen, von denen man nie ein negatives Wort hört. Sie sind psychisch anscheinend nicht imstande, sich auf die negativen Aspekte der Dinge zu konzentrieren, sondern betrachten statt dessen sogleich die positiven. Sie äußern niemals Unzufriedenheit oder Unmut und scheinen unglückliche Zwischenfälle ebensogut zu ertragen wie sie glückliche Fügungen annehmen.

Der Grund, weshalb ich das Sich-Beklagen zu den Feinden

Mein größter Fehler ist, daß ich wirklich kritisch bin – mir, meinen Freunden und sogar Gott gegenüber. Ich möchte gerne lernen, wie man alles annimmt, was er mir gibt, ohne mich zu beklagen, doch anscheinend finde ich bei allem immer, daß irgend etwas nicht stimmt.
BRIAN, 22 JAHRE

89

des Vertrauens zähle, ist ein dreifacher. Zunächst konzentriert sich jemand, der sich beklagt (wir kennen alle diese Art von Leuten), hartnäckig auf das Negative. Er ist offenbar nie zufrieden mit seinem Los; etwas fehlt immer, etwas stimmt nie so ganz. Das ist auf einer geistlichen Ebene problematisch, weil es uns dazu führt, die Gegenwart von Gottes Gnade und seiner Liebe in unserem Leben auf ein Minimum herabzusetzen und damit seine reichlichen Gaben zu übersehen. Statt seine offenkundige Liebe für uns wahrzunehmen – selbst in den Zeiten der Versuchung –, heben wir die Schwierigkeiten unserer eigenen Existenz hervor. Wir alle haben natürlich Probleme, doch sich zu beklagen bedeutet, daß wir es vorziehen, unsere Unzufriedenheit mit den Zuständen zu bekunden. Das zerstört unser Vertrauen zu Gott und fördert in unserem Leben einen abgestumpften Blick auf sein Handeln.

Zweitens ist das Sich-Beklagen wiederum eng mit der Undankbarkeit verwandt, da beide unterlassen, den Überfluß an Gaben anzuerkennen, mit denen Gott uns täglich überschüttet. Eine gewohnheitsmäßige Unzufriedenheit mit dem Leben kann nicht gleichzeitig neben einem dankbaren Herzen bestehen, das alles als freiwillig geschenktes Zeichen der aufmerksamen Fürsorge Gottes für seine Kinder betrachtet. Ein dankbarer Mensch kann gar nicht über sein großes Glück hinwegkommen, daß Gott ihn erwählt hat, der Empfänger seiner Liebe zu sein. Er bekennt, dessen unwürdig zu sein.

Wenn einem Armen ein Zimmer in einem Königsschloß angeboten würde, bezweifle ich sehr, daß er sich über die Möblierung oder die Farbgestaltung der Räume beklagte! Dankbarkeit erzeugt Vertrauen, da sie sich auf Gottes Güte konzentriert, die alles zu unserem Wohl regelt. Auf die gleiche Weise bringt Undankbarkeit insofern Mißtrauen hervor, daß sich der undankbare Mensch schlecht umsorgt fühlt und keinen Grund hat, in der Zukunft irgend etwas besseres zu erwarten.

Drittens offenbart das Klagen eine weltliche Sichtweise auf die Dinge, die das verborgene Wirken der Vorsehung nicht zur Kenntnis nimmt. Statt sich selbst zu fragen, was Gott möglicherweise im Sinn hat, wenn er bestimmte Umstände zuläßt (wenn man sich mal daran erinnert, wie er in der Vergangenheit schreckliche Unglücke zum Segen werden ließ!), sieht der Nörgler nur die unmittelbaren Nachteile oder den Ärger an seiner Situation. Außerdem gelingt es ihm nicht zu erkennen, wie fruchtbar dieses Opfer sein könnte.

An dieser Stelle erlaube ich mir, recht deutliche Worte zu gebrauchen, wobei ich mich damit rechtfertige, den Apostel Paulus zu zitieren. In seinem Brief an die Philipper schreibt Paulus: „ denn viele … leben als Feinde des Kreuzes Christi" (Philipper 3,18). Dabei bezieht er sich ausdrücklich auf die, die „Irdisches [...] im Sinn" haben (3,19). Wenn wir Unbehagen als unseren größten Widersacher betrachten, meiden wir natürlich das Kreuz, selbst dann, wenn Christus es für uns als Mittel der Heiligung und Fruchtbarkeit im Sinn hat.

Aus diesen Überlegungen sollten Sie allerdings nicht schließen, daß Ihre einzige Alternative als Christ darin bestehe, „es auf sich zu nehmen". Eine positive, vertrauende Einstellung macht uns nicht blind gegenüber den wirklichen Härten des Lebens oder den Rückschlägen, die wir in persönlicher oder kirchlicher Hinsicht erleben. Christus erwartet nicht von uns, daß wir uns auf unserer Reise durch dieses Tal der Tränen unverbesserlich optimistisch oder stoisch verhalten. Überdies hat Gott größtes Mitgefühl für unsere Tränen und unsere inständigen Bitten – wie es die großen Patriarchen und Heiligen bewiesen haben. Er empfindet mit uns und steht uns bei in unserem Elend. Was er allerdings verlangt ist, daß wir uns in unserer Notlage an ihn und keinen anderen wenden, und daß wir uns unerschütterlich auf seine Liebe zu uns verlassen.

Muß ich auch wandern in finsterer Schlucht,
ich fürchte kein Unheil;
denn du bist bei mir,
dein Stock und dein Stab
geben mir Zuversicht.

(Psalm 23,4)

Entmutigung

Ein weiterer Feind des Vertrauens ist die Entmutigung. Unser
Leben ist oft kein Spaziergang, und so kann eine Ansammlung
von persönlichen Fehlschlägen, ungünstigen Umständen und
sehr schweren Unglücksfällen leicht zu Niedergeschlagenheit
führen. Obwohl Ungemach, das von außen kommt, unsere
Entschlossenheit oftmals wappnen und uns zu weiteren Taten
antreiben kann, haben interne Schwierigkeiten wie moralisches
Versagen und Unbeständigkeit in geistlicher Hinsicht häufig
den gegenteiligen Effekt. Wie schnell verlieren wir doch unseren Enthusiasmus in Zeiten der Trockenheit oder wenn wir in
unserem geistlichen Leben nicht viel Fortschritt erkennen! Wie
verlockend ist es doch aufzugeben, wenn wir fallen, besonders
dann, wenn wir wiederholt fallen!

Doch der Herr bittet uns nicht *trotz*, sondern gerade *wegen*
unserer Schwachheit, Vertrauen zu haben. Unsere Not stößt
ihn nicht ab; sie rührt sein Herz zu Mitgefühl. Er hilft allen,
die ihr Vertrauen auf ihn setzen.

Nichts anderes schwächt uns so sehr wie die Entmutigung.
Sie zehrt an unserer Kraft und unserer Schaffensfreude und
zieht uns so richtig tief herab, indem sie das vom Heiligen Geist
geschenkte Licht und den Lebensmut aussperrt.[14] Selbst wenn
wir schon ganz tief gesunken sind, ganz schlimme Dinge getan oder uns seit langem von Gott abgewandt haben, ist Hoffnung nicht nur eine Option, sie ist ein dringendes Erforder-

nis. Er ruft uns stets zu sich zurück, möchte unentwegt unsere Freundschaft und bietet allezeit seine Barmherzigkeit jedem an, der sie braucht.

Wenn wir uns das Gefühl der Entmutigung einmal näher anschauen, werden wir einiges entdecken, das uns vielleicht überrascht. Zunächst einmal resultiert es nicht aus einem Übermaß an *Demut,* sondern einem Übermaß an *Stolz.* Oftmals haben wir eine so hohe Meinung von uns, daß wir einfach mutlos werden, sobald wir den Anforderungen, die wir an uns selbst stellen, nicht genügen. Wir bauschen unsere eigene Bedeutung auf, als ob unsere Schwachheit und unsere Sünden irgendwie gewichtiger als Gottes Güte und Barmherzigkeit wären.

Doch manchmal zeigt sich Entmutigung auch, weil wir uns selbst gar nicht besonders gut kennen. Wir haben eine allzu hoch geschraubte Vorstellung von uns selbst und von unserer eigenen Tugendhaftigkeit, so daß wir uns – wenn wir fallen – überrascht, irritiert und beschämt fühlen, und wir wollen dann aufgeben. Doch der Schmerz hierbei rührt nicht so sehr daher, daß wir gescheitert sind und Gott gekränkt haben, sondern er hat seine Ursache in unserer verletzten Selbstliebe. Wir sind peinlich berührt und gedemütigt, wenn wir uns so schwach erleben.

Auf Gott zu vertrauen bedeutet, unseren Fokus von *unserer* Bedeutungslosigkeit auf seine Größe und Erhabenheit zu verlagern. Entmutigung tritt dann auf, wenn wir aufhören, Gott anzuschauen (für den alle Dinge möglich sind) und uns auf uns selbst und unser eigenes Elend fixieren. Manchmal scheint es sogar, als sei Entmutigung die „angemessene" oder „demütige" Reaktion auf ein Scheitern, als ob ein freudiges Vertrauen auf Gott irgendwie mit der Realität unserer eigenen Gebrechlichkeit kollidiere.

In solchen Situationen ist es besonders hilfreich, Gefühle der Entmutigung als eine *Versuchung* zu behandeln. Sich selbst zu bemitleiden und der Mutlosigkeit zu gestatten, Macht über einen zu gewinnen, hilft niemandem. Es hilft *uns* nicht, es gefällt *Gott* nicht, und *anderen* nützt es auch nichts. Eigentlich ist der einzige, der durch unsere Mutlosigkeit als Sieger hervorgeht, der Teufel, der sich daran ergötzt, wenn er sieht, daß wir an der Liebe und Barmherzigkeit Gottes zweifeln.

Denken Sie an Petrus, wie er auf dem Wasser geht und gerade ein Wunder erlebt. Im Evangelium heißt es: „Als er aber sah, wie heftig der Wind war, bekam er Angst und begann unterzugehen" (Matthäus 14,30). Mit anderen Worten: Sobald er seinen Blick von Christus abwandte und anfing, sich umzuschauen, um seine Probleme und seine eigene menschliche Unfähigkeit zu betrachten, das zu tun, was er da eigentlich tat, begann er unterzugehen. Unser Mut und unser Vertrauen gehen von Gottes Stärke und seiner Treue aus, nicht von uns selbst. Es ist seine Macht, die uns aufrichtet und uns befähigt, vieles zu tun, das wir niemals aus uns selbst heraus tun könnten.

Wir brauchen diesen Mut, um wieder aufzustehen und mit Demut und Vertrauen erneut ganz von vorne zu beginnen. Aus unseren Mißerfolgen und Abstürzen kann Gott ganz wundervolle Dinge hervorbringen, angefangen dabei, daß wir unsere eigenen Schwächen und unser Bedürfnis nach seiner Barmherzigkeit besser erkennen. Auf der anderen Seite ist Entmutigung eine Versuchung, die der Teufel uns als Stolperstein auf den Weg wirft, um unser geistliches Vorwärtskommen zu behindern und uns bei unserer Verpflichtung Christus gegenüber ins Wanken geraten zu lassen. Vertrauen zeigt sich dann auf eine besonders schöne Weise, wenn wir – nachdem wir gefallen sind – noch immer die Hoffnung haben, die Hand Gottes fassen zu können, der unsere ergreift, um uns wieder aufzuhelfen.

Ein weiteres wichtiges Hindernis für das Vertrauen ist selbstsüchtiges Verhalten. Obwohl es mit vielen harmlos klingenden
Namen bezeichnet werden kann – *Verantwortlichkeit, Autono-
mie, Unabhängigkeit, Selbstvertrauen* –, läuft es doch immer
wieder auf Stolz hinaus. Und genauso wie der Stolz der König
der Laster ist, ist er auch der größte Feind des Vertrauens. Je
mehr uns unser Erfolg in die Höhe treibt, je mehr wir unseren
eigenen Fähigkeiten vertrauen, je überzeugter wir von unserer
eigenen Meinung werden, desto weniger scheint Gott ein drin-
gend benötigter Erlöser zu sein, und desto mehr wirkt er wie
jemand, der in unsere Welt eindringt. Seine Gebote werden
zu einer unerwünschten lästigen Pflicht, und seine Angebote
uns zu helfen, ein frecher Angriff auf unser Vermögen, für uns
selbst zu sorgen.

Es ist demütigend, von einem anderen abhängig zu sein, und
unsere natürliche Veranlagung zum Stolz zerrt unaufhörlich
an uns, um uns zu versichern, daß wir es allein schaffen. Wie
ein Kind, daß seine Hand trotzig aus dem Griff seiner Mutter
befreit, um allein zu laufen, versuchen wir oft, unseren eigenen
Weg ohne Gottes Hilfe und ohne seine Regeln zu gehen.

Vertrauen beruht auf der innigen Überzeugung, daß wir es
nicht allein tun können, und daher ist Demut eine Grundvoraussetzung für das Vertrauen. Das Anerkennen unserer Arm-
seligkeit und unseres Bedürfnisses nach einem Erlöser verhilft
uns, um den Beistand zu bitten und auf ihn zu hoffen, den
Christus uns anbietet. Niemand von uns ist sein eigener Erlöser, auch wenn wir es oft gerne sein möchten. Wir brauchen
Demut, damit wir um Gottes Hilfe bitten können. Wir brauchen Demut, um das Lenkrad unseres Lebens loszulassen, damit der Heilige Geist fahren kann.

Eine Seele, die sich selbst erniedrigt, ist vor Gott allmächtig.
Es ist unsere Niedrigkeit und Nichtigkeit, auf die Gott reagiert.

Manchmal meinen wir ja, wir müßten Gott beeindrucken und ihn gewinnen, indem wir ihm zeigten, zu welchen wundervollen Dingen wir in der Lage sind. Wie der Pharisäer holen wir unsere Liste mit unseren Fähigkeiten und Leistungen hervor, als ob wir von Gott erwarteten, daß er zurückweicht und sagt: „Toll! Du bist ja so ein fabelhafter Christ! Jetzt weiß ich, warum ich dich so sehr liebe!" Doch das wird nicht geschehen. Wie im Fall des Pharisäers läßt eine solche Selbstverherrlichung Gott bloß traurig den Kopf schütteln, und er fragt sich, wann wir unsere Selbstverliebtheit überwinden werden und ihn in unser Herz lassen.

Demut und Vertrauen sind Geschwister. Sie passen von Natur aus zusammen und ergänzen sich gegenseitig. Demut ohne Vertrauen gleitet leicht in Mutlosigkeit ab, während Vertrauen ohne Demut sich rasch in fruchtlose Einbildung verwandelt. Wenn wir diese beiden Tugenden gemeinsam üben, werden wir uns zutiefst bewußt darüber, daß wir ohne Gottes Gnade nichts sind und nichts tun können, doch uns wird zugleich bewußt, daß es mit ihm nichts gibt, das wir nicht tun können. Unser Selbstvertrauen wandelt sich zu Gottvertrauen.

SIE KÖNNEN MEHR VERTRAUEN, ALS SIE DENKEN

Nachdem Sie sich durch diese Sünden gegen das Vertrauen geschlagen haben, könnten Sie vielleicht soweit sein, das Handtuch zu werfen. Wir können uns leicht selbst zur Brust nehmen, da wir alle in unserem Leben Anzeichen dieser Sünden erkennen. Doch seien Sie nicht zu schnell mit dem Aufgeben. Tatsache ist doch, daß Sie Gott wahrscheinlich ein ganzes Stück mehr vertrauen, als Ihnen bewußt ist.

Beten Sie? Ich glaube nicht, daß Sie das tun würden, wenn Sie nicht darauf vertrauten, daß Gott Sie hört und Ihnen antwortet. Vielleicht täten Sie es ja einmal oder zweimal in der vergeblichen Hoffnung, daß da draußen „irgend jemand" wäre, aber Sie würden es nicht mit einer gewissen Regelmäßigkeit tun. Ein regelmäßiges Gebetsleben ist ein sicheres Zeichen dafür, daß Sie Gott vertrauen. Gewiß, Ihr Gebetsleben könnte besser sein – vertraulicher, gesprächiger, weniger Ichbezogen –, doch das Faktum, daß Sie beten, bedeutet, daß Sie bereits etwas Wichtiges tun.

Versuchen Sie, nach dem Willen Gottes zu leben? Ich zweifle sehr stark, daß Sie es nicht tun, wenn Sie Gott nicht vertrauen würden. Sie glauben an ihn. Sie glauben, daß er etwas mit ihnen vorhat. Sie glauben, daß Sie eines Tages von ihm gerichtet werden. All das bedeutet, daß Sie an sein Wort glauben und Vertrauen in seine Versprechen haben. Warum sonst würden Sie sich damit befassen? Könnten Sie sich noch mehr Mühe geben und noch beharrlicher sein? Ganz sicher. Doch Ihr Wunsch, ihm zu gefallen und Fortschritte zu machen, ist bereits ein Zeichen dafür, daß Sie ihm vertrauen und ihn lieben.

Wohin werden Sie sich in der Stunde Ihrer Not wenden? Vermutlich wissen Sie, tief in Ihnen, daß in den schwierigsten Lebenslagen Gott allein Ihnen helfen kann. Sie vertrauen Ihrer Familie und Ihren Freunden, doch letztlich vertrauen Sie Gott, daß er Sie erlöse. Er allein hat den Schlüssel zu Ihrem Leben und erwartet Sie in der Ewigkeit. Wie der ängstliche Petrus mit seinen wackligen Beinen über das Meer lief, zittern auch Sie und schwanken auch Sie manchmal, doch wenn das geschieht, werfen Sie sich auf Jesus und rufen ihm zu: „Jesus, rette mich!"

Könnten Sie noch mehr vertrauen? Natürlich könnten Sie das. Doch das heißt nicht, daß Ihr Vertrauen nicht echt ist. Nur Mut!

Daher ist Vertrauen zu Gott eine der Möglichkeiten, Gott zu zeigen, daß wir ihn lieben. Es ist ein Geschenk, das wir ihm machen. Leider ist es einfacher, den Wert des Vertrauens zu erkennen, als tatsächlich zu vertrauen. Doch selbst wenn wir uns dazu entschieden haben, rennen wir gegen wahre Hindernisse an. Sehen wir uns einmal einige davon an, damit wir sie besser überwinden können.

Warum Vertrauen so furchtbar schwer ist

WARUM HABEN WIR PROBLEME MIT DEM VERTRAUEN?

Im Rahmen seiner Predigt sagt Jesus viele unangenehme Dinge. Er sagt, daß es für einen Reichen schwerer ist, in den Himmel zu kommen, als für ein Kamel durch ein Nadelöhr (vgl. Matthäus 19,24). Er spricht davon, daß man jeden Tag sein Kreuz auf sich nehmen solle (vgl. Lukas 9,23), um ihm zu folgen. Er spricht von der Schwierigkeit, seine Lehre in punkto Ehe und Scheidung zu akzeptieren (siehe Matthäus 19,11), und seine Jünger beklagen sich darüber, wie schwer es ist, seine Rede vom Brot des Lebens anzunehmen (vgl. Johannes 6,60). Doch bei all den wirklich unangenehmen und harten Dingen, die Jesus von seinen Anhängern verlangt, frage ich mich, ob irgendeine so schwer ist wie bedingungsloses Vertrauen. Gewiß, Selbstverleugnung ist hart. Freilich, den Geboten zu gehorchen ist hart. Doch zu vertrauen ist noch härter.

Für mich gibt es nichts Schwierigeres als Vertrauen. Ich weiß nicht warum, aber ich kann es offenbar einfach nicht. Ich hätte es fast lieber, daß Gott alles anderes von mir verlangt, nur nicht, ihm absolut zu vertrauen. Ich wünschte mir, er würde mir etwas zeigen, statt von mir zu verlangen, etwas zu glauben, was ich nicht sehen kann. Ich meine, wie kann man so etwas heutzutage?

JAMIE, 32 JAHRE

Einige Gründe dafür haben wir uns schon angesehen. Unser natürliches Sicherheitsbedürfnis führt uns dazu, nach Sicherem Ausschau zu halten und das Risiko zu vermeiden, das mit Vertrauen verbunden ist. Wir sind heute auch viel rationalistischer als die Menschen in früheren Zeiten, und das macht uns argwöhnisch gegenüber allem, was wir nicht empirisch beweisen können. Außerdem können unsere Überzeugungen durch den Kontakt mit vielen anderen Kulturen und Glaubenssystemen aus dem Konzept gebracht werden, da wir feststellen, daß viele Menschen anders denken als wir. Das vielleicht wichtigste Moment, das unser Zeitalter von früheren Zeiten trennt, ist jedoch unsere Erfahrung mit dem Treuebruch. Natürlich hat es den Treuebruch schon immer gegeben, doch noch nie in dem Ausmaß wie heute. Unsere gegenwärtige Gesellschaft erlaubt Verantwortungslosigkeit wie keine andere Gesellschaft vor ihr. Es ist leicht, sich aus einer Ehe zu lösen, wenn es ungemütlich wird; es ist leicht, Verpflichtungen auszuweichen, wenn sie anfangen, auf uns zu lasten, und unsere Kultur ermutigt uns dazu. Leider muß jemand anderes die Konsequenzen tragen, wenn ein Mensch sich aus der Verantwortung stiehlt. Wir alle haben schon einmal auf der Empfangsseite dieser Treulosigkeit gestanden, und das ist nicht angenehm.

In diesem Kapitel möchte ich mit Ihnen gerne einige weitere Umstände erforschen, die es heutigen Christen schwermachen, jemandem zu vertrauen. Je besser wir die Ursache für unser Mißtrauen kennen, desto leichter können wir uns ihr stellen und sie hoffentlich überwinden. Schauen wir zunächst einmal, wie unser Temperament unsere Fähigkeit, Gott zu vertrauen, beeinflussen kann.

Wir alle kennen Menschen, die es ganz normal finden, einander zu vertrauen, und für andere ist das so ähnlich wie Zähne ziehen. Manchmal kann es an den unterschiedlichen Erfahrungen liegen, die die Leute gemacht haben, doch es gibt auch noch andere Faktoren, u. a. unsere angeborenen Veranlagungen. Manche Menschen sind von Natur aus optimistischer und sehen an allem nur das Positive. Auch wenn sie enttäuscht wurden, fangen sie sich relativ rasch wieder. Andere scheinen von Natur aus skeptisch zu sein und neigen dazu, an jeder Sache nur das Negative zu sehen. Manche Leute finden es auch wegen des damit verbundenen Risikos schwer, zu vertrauen. Psychologen bezeichnen ihre Patienten außerdem als „risikoscheu" oder als „risikobereit", je nach ihrer natürlichen Bereitschaft, sich auf Wettspiele einzulassen, andere Varianten sind „risikoneutral" und „risikoliebend" (oder „risikosuchend"). Diese Faktoren haben eine Menge mit Vertrauen zu tun, da Vertrauen auch immer mit Risiken verbunden ist.

Diese Angewohnheiten sind Erscheinungsformen des *Temperaments,* der Persönlichkeit, mit der man auf die Welt gekommen ist. Mit Temperament bezeichnet man die natürliche Veranlagung eines Menschen, ihre Begabungen und Vorlieben oder auch die genetische Komponente seiner Persönlichkeit. Die Entscheidungen eines Menschen sind zwar nie von seinem Temperament im voraus festgelegt (letztlich haben wir einen freien Willen), doch das Temperament beeinflußt die Art und Weise, wie wir die Dinge sehen und erleben. Daher kann dieselbe Situation bei Leuten mit unterschiedlichem Temperament sehr unterschiedliche Reaktionen hervorrufen.

Es gibt verschiedene Systeme zur Beschreibung von Temperamenten. Die alten Griechen sprachen von vier Temperamenten – Choleriker, Sanguiniker, Melancholiker und Phlegmatiker –, von denen sie glaubten, daß sie sich von dem Vorherrschen einer bestimmten Flüssigkeit (oder eines „Körpersaftes") im Körper eines Menschen ableiteten (gelbe Galle, schwarze Galle, Blut oder Schleim). Modernere, komplexere Systeme spalten die grundlegenden Bestandteile des Temperaments auf und rekombinieren sie zu Temperamenttypen (Temperamentmodellen). René Le Senne beschrieb beispielsweise drei Grundkategorien, die er Aktivität (aktiv/passiv), Resonanz (primär/sekundär) und Emotivität (emotiv/nicht-emotiv) nannte. Die Kombinationen dieser Möglichkeiten ergeben acht in Frage kommende Temperamente.

Vermutlich haben Sie auch schon einmal von Meyer Friedmans einfacherem Modell gehört: er teilt die Menschen in Persönlichkeiten vom Typ A (aggressiv, engagiert, eifrig) und Typ B (sympathisch, gelassen, entspannt) ein. Oder von der Typenlehre C. G. Jungs, der die Temperamente in Archetypen gruppiert. Alle diese Systeme versuchen mehr oder weniger erfolgreich, die natürliche Grundlage von Eigenschaften darzustellen, die uns so prädisponieren, daß wir uns auf eine bestimmte Weise verhalten. Hier geht es nicht darum, diese Modelle zu erklären oder miteinander zu vergleichen, sondern einfach zu untersuchen, wie sich das Temperament (oder der Persönlichkeitstyp) auf unsere Fähigkeit, Gott zu vertrauen, auswirkt.

Um der Einfachheit halber betrachten wir einen Moment die vier Temperamente der Antike. Diesem System zufolge müßte der *Choleriker* – die geborene Führungsperson – mit dem Vertrauen besondere Schwierigkeiten haben, weil er oftmals davon überzeugt ist, daß er es besser kann als andere. Er ist durchsetzungsfähig und nimmt die Dinge gerne selbst in die Hand, und er wird ungeduldig, wenn er auf andere warten muß. *Wenn du willst, daß etwas richtig gemacht wird, tu es selbst!* Dieses Selbstvertrauen dehnt sich leicht selbst auf die eigene Beziehung zu Gott aus, wo das Vertrauen sich wie eine schwache Unterstützung anfühlen kann, im Vergleich mit dem Selbstbewußtsein im Hinblick auf die eigenen Fähigkeiten und Stärken.

Um im Vertrauen zu wachsen, muß ein cholerischer Mensch vor Gott und anderen tiefe Demut üben, damit er seine eigenen Schwächen und Fehler zu akzeptieren lernt. Geduld ist eine Eigenschaft, die sich ein Choleriker ebenfalls aneignen muß, um fähig zu sein, Gottes Fahrplan anzunehmen, statt ihm seinen eigenen aufzuerlegen.

Ein *Sanguiniker* jedoch hat mit dem Vertrauen möglicherweise weniger Probleme, doch es fehlt ihm die erforderliche Tiefe, um trotz der Schwierigkeiten standfest zu bleiben. Ein Sanguiniker ist von Natur aus unbeschwert, freundlich und wankelmütig, bei häufigen Stimmungsschwankungen und Höhen und Tiefen. Im einen Moment vertraut er vielleicht, im nächsten läßt er alle Hoffnung fahren. Wenn ein Sanguiniker seinen Wankelmut nicht unter Kontrolle bringt, kann er nie zu einem stabilen Vertrauen gelangen, das sein Leben auf lange Sicht stützen wird.

Ein *Melancholiker* besitzt mehr Tiefe und Stabilität als ein Sanguiniker, neigt jedoch dazu, die Dinge von ihrer negativen Seite aus zu betrachten. Sobald er einmal hintergangen wurde, findet er es unglaublich schwierig, erneut zu vertrauen. Melancholiker neigen zudem dazu, mißtrauischer und zurückhaltender als Menschen mit anderen Temperamenten zu sein, und sie setzen ihr Vertrauen nicht schnell auf einen anderen Menschen. Natürlich erwarten sie nicht das beste, und dieser Pessimismus kann sich in ihrem Verhältnis zu Gott ebenso widerspiegeln. Sie müssen einen gesunden Optimismus entwickeln und sich Gedanken über die Güte und die Standhaftigkeit Gottes machen.

Das *phlegmatische* Temperament ist durch Inaktivität und Gleichmut gekennzeichnet, wobei Gelassenheit und Ruhe ja hochgeschätzte Eigenschaften sind. Obwohl ein Phlegmatiker anderen gegenüber nicht besonders mißtrauisch ist, neigt er doch zu „Risikoscheu", da eine solche Abhängigkeit von anderen eine Last und zu einer Bedrohung seines persönlichen Friedens und Wohls werden. Mehr als die anderen Temperamente müssen sich Menschen mit einem phlegmatischen Temperament der Aufgabe zuwenden, anderen zu vertrauen und das Risiko, das damit verbunden ist, auf sich nehmen.

Obwohl dieser kurze Blick auf die Rolle, die das Temperament beim Vertrauen spielt, keineswegs vollständig ist, zeigt er doch, wie die verschiedenen Menschen das Vertrauen auf unterschiedliche Weise angehen müssen. Was für den einen leicht sein mag, kann für einen anderen extrem schwierig sein. Im Vertrauen zu wachsen bedeutet, daß wir uns selbst auch besser kennenlernen. Je nach Persönlichkeitstyp werden sich unsere Vertrauensprobleme voneinander unterscheiden, wie auch die Heilmittel, die wir anwenden müssen, um mehr und besser vertrauen zu können.

MORALISCHE HINDERNISSE, DIE DEM VERTRAUEN IM WEG STEHEN

Neben den angeborenen temperamentsbedingten Faktoren, die es einem leichter oder schwerer machen zu vertrauen, gibt es noch weitere Umstände, die unsere Fähigkeit zu vertrauen, beeinflussen können. Einige davon sind moralischer Natur und stehen in Zusammenhang mit unseren guten oder schlechten Entscheidungen, der Bildung unseres Gewissens und unserer Anfälligkeit in moralischer Hinsicht. Wenn wir im Vertrauen wachsen wollen, müssen wir aus den positiven Aspekten Nutzen ziehen und die negativen kleinhalten. Die Identifizierung dieser jeweiligen – unten aufgeführten – Faktoren kann uns das Rüstzeug an die Hand geben, um mit diesen möglichen Hindernissen fertigzuwerden.

Ein erstes Hindernis beim Vertrauen könnte auf der moralischen Ebene unser *feines Gewissen* sein. Obgleich ein solches
moralisches Feingefühl etwas sehr Gutes ist – es ist wirklich ein
Geschenk –, kann es auch amoklaufen, wenn es nicht mit einer
tiefen Zuversicht auf Gottes Liebe verbunden ist. Wenn Sie ein
feines Gewissen haben, sind Sie sich Ihrer Sündhaftigkeit und
Fehler vermutlich überaus bewußt. Sie wissen, wie unwürdig
Sie der Barmherzigkeit und Gnade Gottes sind und daß er Ihnen nichts schuldig ist. Doch vielleicht konzentrieren Sie sich
mehr auf Ihr persönliches Elend als auf die Güte Gottes. Ein
feines Gewissen gleitet bisweilen in extreme Skrupulosität ab.
Warum sollte Gott gut zu mir sein?, fragen wir uns zu Recht. *Es
würde mir recht geschehen, daß Gott mich für immer fallenläßt,
denn das ist es, was ich verdiene.*

Eine gute Faustregel lautet hierbei, daß nichts erlaubt sein
sollte, was Ihr Vertrauen zu Gott gefährden könnte. Überhaupt
nichts, am allerwenigsten Ihre Unwürdigkeit. Gott ist weitaus
besser und barmherziger, als Sie meinen. Vergessen Sie auch
nicht, daß Ihr Vertrauen zu Christus ein Geschenk ist, das Sie
ihm machen, und daß Mißtrauen sein Herz sogar noch mehr
verletzt als Ihre anderen Unvollkommenheiten. Wenn Sie ihm
absolut vertrauen, erfüllt ihn das mit Freude. Nutzen Sie daher
Ihren Drang zur Vollkommenheit, um in der Tugend zu wachsen, die Christus am meisten gefällt: die Zuversicht in ihn.

Wo ein feines Gewissen das eine Ende des Spektrums darstellt, gibt das andere Ende ganz besondere Hindernisse für das
Vertrauen wieder. Zwei von diesen möchte ich gerne hervorhe-
ben.

Erstens führt uns unsere Vertrauensunwürdigkeit manchmal dazu, an anderen – sogar an Gott – zu zweifeln. Es wird zu Recht behauptet, daß das Urteil der Leute über andere oftmals mehr über sie selbst als über die gerichteten aussagt. Wir neigen dazu, unsere eigenen guten oder schlechten Eigenschaften auf andere zu projizieren, und jemand der unaufrichtig ist, erwartet von anderen, daß sie es ebenfalls sind. Mißtrauen verrät – wie Vertrauen – genausoviel über denjenigen, der argwöhnisch ist, wie über den, dem man mißtraut.

Wenn ein Dieb beobachtet, wie ein Mann eine Leiter an eine Hauswand stellt, vermutet er sogleich, daß dieser Mann versucht, in das Haus einzubrechen – weil es genau das ist, was der Dieb tun würde! Wir unterstellen anderen die Motive und Absichten, die wir selbst im Sinn haben. Es gibt eine berühmte Anekdote über drei Männer, die alle drei Zeugen derselben Begebenheit sind, sich jedoch ganz verschiedene Interpretationen über das Geschehene einfallen lassen.

Und das ist passiert: Um 16 Uhr wird beobachtet, wie ein Mann auf ein Haus zugeht. Eine Frau öffnet die Tür und läßt ihn ein. In der Zwischenzeit fahren drei andere Leute vorbei und sehen, wie der Mann das Haus betritt. Alle beobachten genau dasselbe, doch jeder stellt sich etwas ganz anderes dabei vor. Der eine, ein guter und rechtschaffener Mann, denkt: *Wie schön! Dieser Mann ist von der Arbeit früh nach Hause gekommen, damit er mit seiner Frau und seiner Familie mehr Zeit verbringen kann.* Der zweite Zeuge denkt: *Hhhmmm, ich wette, dieser Mann kommt deshalb frühzeitig von der Arbeit nach Hause, um seine Frau zu kontrollieren und zu sehen, was sie so im Schilde führt.* Der dritte Mann beobachtet den Vorgang und denkt: *Oh, da kommt wohl grad der Liebhaber zu einem kleinen Stelldichein, bevor der Ehemann nach Hause kommt.*

Das Kuriose an der Sache ist, daß die Fakten sich nicht ändern, sondern nur die Interpretation. Außerdem ist es nicht so, daß die drei Zeugen unterschiedliche Momente sehen, die sie mehr oder weniger mißtrauisch über das machen, was da vor sich geht. Sondern jeder Zeuge unterstellt dem Mann Absichten, die er selbst in sich trägt.

Auch wenn Gott es nicht verdient, wird er von unserer Selbstprojektion doch nicht ausgenommen. Wenn wir edel und hochherzig sind, setzen wir instinktiv voraus, daß Gott sich auf ähnliche Weise verhält. Wenn wir engstirnig sind, meinen wir leicht, Gott sei ebenso kleinlich. Was passiert dann also, wenn wir untreu sind und unwürdig des Vertrauens anderer Menschen? Die gleiche Vertrauensunwürdigkeit können wir auf Gott projizieren. Hier täten wir gut daran, über die Worte des Apostel Paulus nachzudenken, die wir schon vorhin betrachtet haben: „Wenn wir untreu sind, bleibt er doch treu, denn er kann sich selbst nicht verleugnen" (2 Timotheus 2,13). Gottes Treue ist nicht von unserer eigenen abhängig.

Vielleicht sind wir ja gar nicht böse und unaufrichtig, sondern einfach nur träge und irgendwie gleichgültig. Auch in diesem Fall kann es sein, daß wir Gott auf unser eigenes Niveau herunterholen und auch von ihm Gleichgültigkeit erwarten. Vielleicht zweifeln wir dann an dem Feuer seines Engagements für uns, vor allem dann, wenn wir noch nie die Tiefe seiner Liebe erfahren haben. Wir meinen womöglich, wir seien Gott ebenso gleichgültig wie er uns. Wir denken dann vielleicht: *Gott muß sich um so viele andere wichtigere Dinge und um so viele bessere Menschen Gedanken machen. Warum* sollte er sich um mich kümmern? Ich kann nicht besonders weit oben auf seiner Prioritätenliste stehen.

Wenn Sie versucht sind, so zu denken, ist es angebracht, mehr über Gottes unendliche Güte nachzudenken. Schauen Sie Jesus am Kreuz an. Fragen Sie sich (oder noch besser: fragen Sie ihn!), weshalb er dort hängt! Gewiß wird er Ihnen antworten: *Ihret*wegen, weil er Sie liebt. Nicht für die „Menschheit" in irgendeinem abstrakten Sinne, sondern Ihretwegen. Um Sie von Ihren Sünden und Ihrer Engstirnigkeit zu erlösen und um zu zeigen, wie weit seine Liebe für Sie geht. Sein Leiden ruft Ihnen zu: „So sehr liebe ich dich! Glaub an meine Liebe!" Er wird Sie nicht einfach gehen lassen.

STOLZ

Ein eher schwer zu überwindendes moralisches Hindernis tritt in Gestalt unseres Stolzes auf. Wir haben bereits gesehen, daß manche das Vertrauen zu Gott und seine Barmherzigkeit nur für einen Vorwand halten. In der Annahme, den moralisch besseren Weg zu wählen, denken diese Leute möglicherweise: *Ich verdiene es nicht, daher sollte ich noch nicht einmal darauf hoffen. Ich verdiene, was auch immer mir geschieht.* Obwohl solche Leute meinen, sie seien stark und schonungslos ehrlich, lassen sie sich in Wirklichkeit vom Vater der Lügen täuschen. Hinter dieser Halbwahrheit *(„Ich verdiene, was auch immer mir geschieht")* steht die weitaus wichtigere Wahrheit, daß Gott das nicht für mich will. Er will, daß ich mit ihm im Himmel auf ewig vereint bin. Er will, daß ich erlöst werde! Er hat schon selbst das auf sich genommen, was ich verdiene, und mein Lösegeld bezahlt. Jeder von uns muß die Demut besitzen und die Dankbarkeit, diese freiwillige Hingabe anzunehmen. Das ist der wahrhaft edle, der bessere Weg.

Es entspricht gerade ihrem Wesen, daß die Gnade freiwillig geschenkt wird. Sie kann nicht verdient werden. Vertrauen ist schwer, weil es uns verwundbar macht und abhängig. Besser gesagt: Vertrauen *macht* uns nicht erst verwundbar, da wir es bereits *sind*. Vertrauen zwingt uns dazu, unsere Abhängigkeit und Verletzbarkeit *einzugestehen*. Wir erkennen, daß wir Schuldner sind – und keine Selfmade-Männer und -Frauen. Wir haben es nicht verdient. Wir haben unseren Anteil nicht bezahlt. Jesus hat es getan.

WENN ES BESONDERS SCHWER WIRD ZU VERTRAUEN

Dies waren einige allgemeine Betrachtungen darüber, wie unser moralischer Zustand unsere Fähigkeit und unser Vermögen, Gott zu vertrauen, beeinträchtigen kann. Doch manchmal stehen wir vor besonderen Situationen, die das Vertrauen auf Gott noch sehr viel schwerer als üblicherweise machen. Schauen wir uns einige etwas näher an.

WENN MR. (ODER MRS.) RIGHT EINFACH NICHT VORBEIKOMMT ...

Christen denken meistens, daß Gott möchte, daß sie einen bestimmten Menschen heiraten sollen. Wenn derjenige dann aber nicht auftaucht, fangen wir vielleicht an, an Gottes Treue zu zweifeln. Schildern wir einmal einen solchen Fall, der für viele andere steht.

Linda ist eine intelligente, attraktive Frau und ein wirklich guter Mensch. Sie ist eine vielseitig interessierte, engagierte Christin, die für jeden eine gute Partie wäre. Trotzdem hat sie bisher noch nicht den „Richtigen" gefunden. Sie ist in ihren Zwanzigern nur gelegentlich mit einem Mann ausgegangen, weil sie davon ausging, daß Gott ihr schon mitteilen würde, wenn der Richtige auftauchte, und so hatte sie es nicht eilig, sich einen Ehemann zu sichern. Sie widmete sich ihrem Studium und ihrer Karriere und nahm sich Zeit für wichtige Dienste in der Kirche.

Als sie auf die Dreißig zuging, wurde Linda jedoch langsam unruhig, weil sich noch keine stabile Beziehung anzubahnen schien. Als sie zwischen dreißig und fünfunddreißig war, verschlimmerte sich die Situation nur noch, da ihr bewußt wurde, daß ihr Wunsch nach einem Heim und einer Familie immer größer wurde; wie sie mir sagte, „tickte schließlich ihre biologische Uhr".

Im Laufe der Jahre fing Linda an, Gottes Plan für sie in Frage zu stellen. Was war falsch gelaufen? Warum hatte Gott sie so behandelt, obwohl sie doch stets versucht hatte, nach seinem Willen zu leben? Allmählich ließ sie sich von dem Gefühl überwältigen, Gott habe sie fallengelassen. Sie hatte vertraut, und Gott hatte sich nicht für sie eingesetzt.

Doch dann stürmten Fragen auf sie ein. Da es nicht Gottes Schuld sein konnte, mußte es an ihr liegen, dachte Linda. *Was habe ich falsch gemacht? Habe ich irgendein Zeichen übersehen? Hätte ich den einen oder anderen ernster nehmen sollen statt auf einen noch besseren zu warten? Will Gott mir damit sagen, daß ich den Anschluß total verpaßt habe? Daß ich in ein Kloster gehen sollte?* Solche und noch viele andere Zweifel quälten sie in ihren Gebeten und in den Zeiten der Stille, was sie in die Verzweiflung trieb.

Durch diese Situation wurde Lindas Vertrauen zu Gott einer gründlichen Prüfung unterzogen. Alles, was zuvor so deutlich, klar und unkompliziert schien, war nun völlig durcheinander und auf den Kopf gestellt. Ihre früheren Gewißheiten schienen so entfernt und so ... unecht. War das alles nur ein Traum gewesen? War sie wirklich so naiv gewesen zu glauben, daß Gott ihr den Weg zeigen würde?

So extrem dieser Fall auch scheinen mag, ist er tatsächlich doch einigermaßen typisch. Viele Menschen, die Christus dicht zu folgen versuchen, stoßen an irgendeinem Punkt ihres Lebens auf genau diese Art von Mauer. Manchmal löst sie sich rasch von selbst auf, und der Betreffende kehrt zu einem gewissen Gleichgewichtszustand zurück, in dem er weitgehend in Frieden leben kann. Manchmal dauert es aber auch Monate, sogar Jahre. Oder es führt – leider kann auch das passieren – zu einem permanenten Glaubensverlust und dazu, daß man sein Vertrauen an Gott als einen liebenden und sorgenden Vater verliert.

Gott sei Dank ist die Geschichte in Lindas Fall gut ausgegangen. Natürlich hat sie unter der Situation gelitten. Doch am Ende fand sie wieder zu ihrer Gelassenheit zurück und akzeptierte es, daß sie wahrscheinlich nie heiraten würde und daß Gott andere wichtige und aufregende Pläne für ihr Leben hätte. Sie vertraut ihm nun so wie eh und je.

WENN EIN EHEPAAR KEINE KINDER BEKOMMEN KANN

Was ebenfalls häufig vorkommt und das Vertrauen von Christen zu Gott schwer auf die Probe stellt, ist das Unvermögen, ein Kind zu bekommen. Obwohl ich viele Paare kenne, die diese Prüfung durchgemacht haben, schildere ich einen dieser Fälle etwas ausführlicher. Er steht für alle übrigen. Ed und Karen waren ein recht typisches christliches Ehepaar – begeisterungsfähig, gottesfürchtig und darauf bedacht, ihre eheliche Berufung zusammen mit dem Herrn zu leben. Solche Eheleute sind die Freude eines jeden Pfarrers. Sie sind rechtschaffen und offen für Gottes Pläne und freuen sich darauf, ihre Kinder zu künftigen Bewohnern des Himmels zu erziehen. Man mußte sie nur ermutigen, ihren Vorsätzen treu zu bleiben.

Die Hochzeit war eine schöne, heilige Angelegenheit. Beide hatten sich auf diesen besonderen Tag gut vorbereitet, über die

Bedeutung des Ehebundes nachgedacht, und sie hatten ihr geistliches Leben für dieses folgenschwere Ereignis in Ordnung gebracht. Sie haben ihre Verpflichtung nicht leicht genommen, sondern verstanden, was es bedeutete, sich gegenseitig ein Leben lang zu binden – vor Gott und in Anwesenheit der Gemeinde. Unter großem persönlichem Opfer haben sie sich vor der Ehe sexueller Aktivitäten enthalten, entschlossen, Gottes Gesetz in allem zu befolgen. Und nun war der große Tag da, und sie konnten sich gegenseitig voll und ganz hingeben, konnten sich seines Segens und seiner Gemeinschaft sicher sein.

Die ersten Monate ihrer Ehe verbrachten sie in einem wahren Glückstaumel. Ed bemerkte mir gegenüber, daß er niemals gedacht hätte, daß er so glücklich sein könnte. Natürlich gab es auch ab und zu kleine Meinungsverschiedenheiten, sagte er, aber sie haben sich immer wieder versöhnt, und nichts hat ihren Ehebund ernsthaft gefährdet. Da sie ihre Ehe zu einem wahrhaft göttlichen Unternehmen machen wollten, beteten sie täglich gemeinsam und achteten darauf, daß der Wille Gottes im Mittelpunkt ihrer Pläne und Prioritäten stand. Jeden Morgen gingen sie aufgeregt zur Arbeit, mit der Aussicht, daß sie am Ende des Tages wieder zusammenkämen, um ihre Berufung im vertrauten Umgang miteinander in ihrer ganzen Schönheit auszuleben.

Nach sieben Monaten tauchte die erste dunkle Wolke am Horizont auf. Der erste Hinweis war eine zufällige Begegnung mit Karen. Sie schien ungewöhnlich gedankenverloren, und selbst ihre Versuche zu lächeln oder mir einen schönen Tag zu wünschen, konnten ihre eigentliche Unruhe nicht verbergen. Ich fragte sie, ob irgend etwas nicht stimmte, und sie pochte darauf, daß alles in Ordnung sei, doch nach etwa einer Minute taute sie endlich auf und sagte: „Es sind jetzt schon sieben Monate, und ich bin immer noch nicht schwanger geworden."
Ich versicherte ihr, daß es bei jungen Ehepaaren bis zur ersten

Schwangerschaft oft eine Weile dauert, und bat sie, ihr Vertrauen erneut auf Gott zu setzen. „Er weiß, was er tut", sagte ich ernsthaft. „Das weiß ich", stimmte sie mit einem Lächeln der Erleichterung zu.

Doch es vergingen zwei weitere Monate, und es war immer noch nichts geschehen. Karen kam zu mir zurück, diesmal noch sehr viel besorgter als das Mal zuvor. „Ist das alles, was ich tun soll?" platzte sie heraus. „Einfach darauf warten, daß Gott etwas tut?" „Nun, Ihren Anteil müssen Sie schon leisten", erwiderte ich und lächelte dabei, um die Atmosphäre ein wenig aufzuheitern. „Ich weiß", sagte sie ernst, schaute nach unten und schüttelte den Kopf. „Aber daran liegt es nicht. Ich weiß nicht, wo das Problem ist, bei ihm oder bei mir." Wir beteten ein Vaterunser zusammen und vertrauten ihre Ehe und ihre künftige Familie der väterlichen Fürsorge Gottes an. Das Gespräch ging über zu anderen Themen und schon bald strahlte Karen erneut über das ganze Gesicht, unbeschwert und vertrauensvoll. Sie verabschiedete sich und fuhr los.

Vor kurzem erhielt ich dann einen Telefonanruf von Ed. Er bat mich um einen Termin, damit wir zu dritt miteinander reden könnten. Wir machten den folgenden Mittwoch aus. Da saßen wir drei nun einen Augenblick ganz still, sie auf der Couch und ich in einem Armsessel. Und dann brach Ed das Eis: „Wir möchten gerne einige Untersuchungen machen lassen", fing er an.

Karen unterbrach ihn: „Das heißt doch nicht, daß man es an Gottvertrauen mangeln läßt, oder?"

„Nein, natürlich nicht", sagte ich. „Setzen Sie alle moralisch erlaubten Mittel ein, die Ihnen zur Verfügung stehen, um herauszufinden, was Gott von Ihnen möchte. Es ist nichts dagegen zu sagen, wenn ein Arzt Ihnen dabei hilft herauszufinden, was bei Ihnen los ist." Ich wußte, daß sie nichts tun würden, was ihr Eheversprechen aufs Spiel setzen oder ihre eheliche Keuschheit verletzen könnte.

Die Untersuchungsergebnisse kamen zwei Wochen später und zeigten keinerlei Anomalien. Auch wenn das nach einer guten Nachricht aussah, wurde die Qual dadurch doch nur noch größer. Manchmal hilft es zu wissen, wo das Problem liegt, da wir uns dann irgendworauf konzentrieren und manchmal auch nach einer Lösung suchen können. Sechs Monate gingen vorüber, ohne daß wir viel Kontakt zueinander hatten. Ed und Karen mußten beide dringende Projekte bearbeiten, was ihre belastende Situation etwas zu erleichtern schien, zumindest vorübergehend. Auch ich hatte eine Menge anderer Dinge zu tun, betete aber täglich zu Gott, sich ihnen in ihrem Leben zu zeigen und ihnen ein Kind zu schenken. „Schließlich", so betete ich, „weisen so viele Menschen ihr Kind zurück oder werden sogar schwanger, ohne es zu wollen. Hier hast du nun ein Ehepaar, das sich händeringend ein Kind wünscht. Meinst du nicht, es wäre eine gute Idee, wenn du dafür sorgst, daß sie Eltern werden?"

Völlig unerwartet stand Ed plötzlich eines Tages vor meiner Haustür und bat, mich zu sprechen. Er erklärte mir, daß seine Ehe angespannt war. Karen, die früher stets so unbekümmert war, war nun immer empfindlicher geworden und griff ihn unvermittelt an – offenbar völlig grundlos. Zumindest war das Eds Sichtweise, obwohl er zugab, daß auch er reizbarer als sonst war. „Ich weiß einfach nicht, was Gott noch möchte", sagte er. „Es war alles so in Ordnung, und jetzt ist nichts mehr in Ordnung. Ich fühle mich, als ob er uns verlassen hätte."

Ich empfahl den Eheleuten Eheerneuerungs-Exerzitien, um die Sache vor Gott abzuklären. Ich erinnerte sie daran, wie viele andere ähnliches litten, und daß Gott immer einen Plan hat und immer treu ist, auch wenn wir es möglicherweise erst später erkennen. Wir machten einen vorläufigen Termin für die Exerzitien aus, und dann ging er fort, um den Vorschlag seiner Frau zu unterbreiten. Um es kurz zu machen: Ed und Karen freundeten sich allmählich mit der Vorstellung an, daß Gott vielleicht andere Pläne für sie hatte, und so akzeptierten sie, daß sie womöglich niemals Kinder haben würden. Sie fingen an, nach anderen Möglichkeiten zu suchen, wie sie Gott dienen konnten, und widmeten mehrere Stunden in der Woche, sich freiwillig um behinderte Kinder zu kümmern.

Und noch einmal vergingen anderthalb Jahre, als ich eines Tages einen Anruf von Ed bekam. „Sie werden es nicht glauben, Pater", sagte er. „Wir sind schwanger!" Seine Stimme versagte, und er weinte kurz, bis er wieder sprechen konnte. „Gott ist so gut", sagte er schließlich. „Es tut mir so leid, daß ich an ihm gezweifelt habe."

Oft endet die Geschichte natürlich nicht so. Viele Ehepaare können wohl keine Kinder bekommen. Manche adoptieren dann welche. Andere finden alternative Möglichkeiten, um ihr Leben als Ehepaar auszufüllen. Doch alle leiden sie. Und alle finden, daß ihr Vertrauen zu Gott strapaziert oder zumindest auf die Probe gestellt wird.

Wenn wir in einen bestimmten Trott verfallen und da nicht mehr herausfinden

Eine weitere Situation, die das Vertrauen eines Christen auf die Probe stellen kann, ist die schmerzvolle Erfahrung, in ein Gewohnheitsmuster von Sünde und Laster zu verfallen. Natürlich gehört zu der Sünde auch immer die persönliche Entscheidung. Sie ist etwas, das wir freiwillig begehen, und nicht etwas, das uns passiert. Aber es stimmt auch, daß die Sünde zur Gewohnheit werden kann, wenn es zunehmend schwieriger wird, den Drang zur Sünde beiseitezuschieben. Ich kenne unzählige Männer und Frauen, die von einer in die nächste Sünde fallen und die – trotz ihres guten Willens und aufrichtiger Reue – offenbar unfähig sind, aus dem Loch wieder herauszuklettern, in das die Sünde sie gelockt hat. Sie können sich dann langsam wirklich hilflos fühlen und immer unwürdiger der Vergebung und Hilfe Gottes. Wenn man sich in einer solchen Situation wiederfindet, beginnt das Vertrauen zu Gott oftmals zu schwanken.

Für die einen ist das vielleicht die Angewohnheit, über andere zu lästern oder sogar Freunde hinter deren Rücken zu kritisieren. Trotz eines aufrichtigen Wunsches nach Umkehr kann eine solche Gewohnheit derart hartnäckig werden, daß man sich außerstande fühlt, sich auf lange Sicht zu ändern. Sobald sie nicht mehr auf der Hut sind, fangen sie von neuem an, schlecht über andere zu reden.

Für andere kann es die Ungeduld im Umgang mit einem geliebten Menschen, wie etwa dem Ehepartner, sein. Oftmals tragen diejenigen, mit denen wir zusammenleben, die Hauptlast unserer Engstirnigkeit, und selbst, wenn sie sie nett behandeln wollen, ist dieser gute Vorsatz womöglich nicht von langer Dauer. Es kann sein, daß wir eine Zeitlang geduldig sind, doch dann bekommen diese kleinen Eigenarten, die wir so nervig finden, die Oberhand, und wir sind wieder einmal verärgert.

Für andere kann es eine Gewohnheit sein, in sexueller Hinsicht zu sündigen – wie etwa der Konsum von Pornographie oder die Masturbation. Das kann zu einer Abhängigkeit oder Sucht führen und ein tiefes Gefühl von Angst und Frustration hervorrufen. Unsere Beziehungen zu anderen können dadurch ebenfalls zerstört werden. Frauen können sich von ihren Ehemännern betrogen fühlen, wenn diese derartige Sünden begehen, und so wird durch ein Gefühl von Unzulänglichkeit und Scham eine Mauer zwischen den Eheleuten hochgezogen. Die Allgegenwart sexueller Anreize, insbesondere durch das Internet, ist für zahllose Menschen und Ehepaare zu einer Quelle des Leidens geworden, und solche Gewohnheiten scheinen besonders schwer abzulegen zu sein.

Die Liste geht aber immer weiter. Die Sünde kann, besonders dann, wenn sie zur Gewohnheit geworden ist, ein Gefühl der

Machtlosigkeit erzeugen. Wir verlieren unsere Selbstbeherrschung und haben das Gefühl, unser eigenes Leben nicht mehr unter Kontrolle halten zu können. Noch schlimmer ist, daß – selbst wenn wir beten – Gott uns anscheinend nicht hilft, die Laster, die uns fesseln, zu bezwingen. Wenn eine Situation wie diese Monate, sogar Jahre, anhält, kann unser Vertrauen zu Gott auf eine ernste Probe gestellt werden. An dieser Stelle können wir nur an den Apostel Paulus und seine eigene Erfahrung mit der harten Hand der Sünde denken:

> Ich stoße also auf das Gesetz, daß in mir das Böse vorhanden ist, obwohl ich das Gute tun will. Denn in meinem Innern freue ich mich am Gesetz Gottes, ich sehe aber ein anderes Gesetz in meinen Gliedern, das mit dem Gesetz meiner Vernunft im Streit liegt und mich gefangenhält im Gesetz der Sünde, von dem meine Glieder beherrscht werden. Ich unglücklicher Mensch! Wer wird mich aus diesem dem Tod verfallenen Leib erretten? Dank sei Gott durch Jesus Christus, unseren Herrn! Es ergibt sich also, daß ich mit meiner Vernunft dem Gesetz Gottes diene, mit dem Fleisch aber dem Gesetz der Sünde.
>
> (Römer 7,21–25)

Hier hält uns wahres Vertrauen zu Gott dazu an, im Bewußtsein weiterzukämpfen, daß seine Gnade stärker als unsere Sünde ist. Seine Macht zeigt sich besonders dann, wenn wir schwach sind. Deshalb weigern wir uns auch, die Flinte ins Korn zu werfen. Wir weigern uns, Satans Lügen zu glauben, daß Sünde und Tod den Sieg davontragen. Wir weigern uns, der Sünde das letzte Wort in unserem Leben zu geben, da wir einen Erlöser haben, der uns liebt und sein Blut für uns vergossen hat. Wir wissen, daß er uns heilig machen möchte: „heilig und untadelig vor Gott" (Epheser 1,4).

Diese wenigen Beispiele lassen nur die Spitze des Eisberges sehen. Jeder von uns könnte eine Liste von Situationen und Zeitabschnitten aufstellen, die für unser Vertrauen zu Gott extrem schwierig gewesen waren. Wenn wir erkennen, daß auch andere kämpfen, kann das dazu beitragen, daß wir Mut fassen, unseren eigenen Problemen in diesem Bereich entgegenzutreten. Ich schreibe dies sowohl für Sie als auch für mich, da Vertrauen etwas ist, mit dem ich mich beständig abplagen muß.

Die schwerste Hürde, die es zu überwinden gilt, ist freilich das Gefühl, von Gott im Stich gelassen worden zu sein. Die eigenen Probleme, selbst großes Leid, lassen sich ertragen, solange wir spüren, daß Gott an unserer Seite ist, uns stärkt und uns tröstet. Doch wie steht es, wenn Gott uns offenbar verlassen hat? Sehen wir uns diese kritische Erfahrung und was wir daraus lernen können, noch näher an.

Was soll man tun,
wenn man von Gott enttäuscht wird?

Der Mensch kann eine Menge aushalten. Wir können es ertragen, krank zu werden. Wir können es ertragen, daß wir von einem Angestellten oder einem Geschäftspartner betrogen werden. Wir können es ertragen, wenn ein Kind in der Schule dafür bestraft wird, daß es sich mit einem anderen geprügelt hat. Auch wenn es wehtut, können wir uns mit der menschlichen Gebrechlichkeit abfinden. Es gefällt uns vielleicht nicht, aber wir verstehen, daß es passiert. Nicht so verständlich ist, wenn Gott uns enttäuscht.

Von Gott enttäuscht zu werden, muß eine der traurigsten Erfahrungen sein, die ein Mensch machen kann. Gott ist unser Vater. Er hat uns erschaffen, und wir gehören zu ihm. Er sollte uns nun wirklich niemals im Stich lassen. Dennoch ist es für einen Christen gar nicht einmal so ungewöhnlich zu meinen, Gott habe ihn verlassen und ihn im Dunkeln zurückgelassen. Als Christ hat man all seine Hoffnung auf ihn gesetzt, und am Ende fühlt man sich von ihm betrogen.

Sicher erinnern Sie sich an den Vorfall nach der Auferstehung, als zwei der ehemaligen Jünger Christi traurig aus Jerusalem in die Stadt Emmaus trotteten, überzeugt davon, daß ihre Hoffnungen, die sie auf Jesus gesetzt hatten, unbegründet waren (vgl. Lukas 24,13–35). Er brachte sie dazu, alles zu verlassen, um ihm zu folgen, und sie glaubten an ihn. Sie vertrauten ihm, als er sagte, daß er der Messias sei. Und nun fühlen sie sich, als ob sie blamiert wären. Ihre Verwandten und Freunde hatten schließlich recht gehabt, als sie sie davor warnten, nichts mit diesem „Wanderprediger" anzufangen. Sie hatten gesagt, er sei vermutlich ein Schwindler. Sie hatten gesagt, die beiden Jünger würden es schon noch bereuen, und nun taten sie es.

Und als sie den Weg entlanglaufen, fühlen sie sich entmutigt und hintergangen. Dann kommt Jesus und geht mit ihnen. Da sie ihn nicht erkennen, versuchen sie ihm zu erklären, wie er großartige Dinge vollbracht hat und wie die Hohepriester ihn am Ende dem Tod ausgeliefert haben. Und dann berichten sie ihm von ihrer eigenen Desillusionierung – mit einigen der traurigsten Worte der Heiligen Schrift: „Wir aber hatten gehofft, dass er der sei, der Israel erlösen werde" (Lukas 24,21). „Wir aber hatten gehofft ..." *Nein, jetzt hoffen wir nicht mehr. Wir glauben auch nicht mehr. Er hat uns im Stich gelassen. Wir hatten geglaubt und gehofft, wir hatten alles aufgegeben, und jetzt müssen wir mit leeren Händen zurückkehren und wir fühlen uns wie Dummköpfe, daß wir ihm vertraut hatten.*

Doch Jesus selbst, der Gute Hirte, kommt ihnen zu Hilfe. Er sucht nach ihnen und führt sie zur Herde zurück. Er offenbart ihnen die tiefere Wahrheit über sein eigenes Leiden und seinen Tod, und nach und nach kehrt ihre Hoffnung zurück. Ihre Herzen beginnen zu brennen, als die Flamme des Vertrauens von neuem entfacht wird. Und schließlich erkennen sie ihn, als er das Brot für sie bricht. Sie eilen zurück nach Jerusalem und überbringen die gute Nachricht den anderen Jüngern.

WER HAT DAS LICHT AUSGEMACHT?

Wir können uns der Erfahrung dieser beiden Jünger anschließen. Eine der Schwierigkeiten im geistlichen Leben ist die Erfahrung von Gottes Abwesenheit oder sein Schweigen. Menschen, die ernsthaft nach Heiligkeit streben, machen oftmals die gleiche Erfahrung. Von einem Tag zum anderen scheint die intime, persönliche und vertrauensvolle Beziehung zu Gott trocken, dunkel, kalt und völlig distanziert zu werden. Wer hat das Licht ausgemacht?

Im Laufe meiner Interviews, die ich für dieses Buch gemacht habe, bekam ich immer wieder eine ähnliche Antwort. Das Gefühl des Verlassenseins macht es einem besonders schwer, Gott zu vertrauen. Manche benutzten die Formulierung „Dunkelheit", andere das Wort „Schweigen", wieder andere sagten „Abwesenheit" dazu. Doch am Ende meinten alle damit eine ähnliche Erfahrung. *Wo ist Gott hingegangen? Warum hat er mich verlassen? Habe ich etwas falsch gemacht?* Solange der andere nahe ist, ist es relativ einfach, das Vertrauen zu bewahren. Doch das ändert sich, wenn derjenige weit weg ist.

Eine der am meisten verehrten Persönlichkeiten aus dem vergangenen Jahrhundert war eine kleine, bescheidene albanische Nonne namens Mutter Teresa von Kalkutta. Menschen auf der ganzen Welt bewunderten sie für ihren unermüdlichen Einsatz für die Ärmsten der Armen. Sie ging dorthin, wo kein anderer hingegangen wäre, sie liebte die Ungeliebten, sie kümmerte sich um die, die niemanden hatten. Teresa betreute die, die in den schattigen und dunklen Ecken des Lebens lebten – die Armen, die Sterbenden, die Verlassenen, die Unerwünschten. Doch Teresa sprach stets von einer noch tieferen Armut der Seele – die Armut, die dort herrscht, wo man Gott nicht kennt und fern von ihm lebt.

Mutter Teresa hatte wenig Vertrauen in politische Programme, die Armut auszurotten. Sie widmete sich einfach den Menschen, denen sie begegnete, reinigte ihre Wunden, hielt ihre schwachen Körper und schenkte ihnen das Lächeln Christi. Sie tat das, weil sie die Worte Jesu für bare Münze nahm: *Was ihr für einen meiner geringsten Brüder getan habt, das habt ihr mir getan* (Matthäus 25,40).

Wegen des charakteristischen strahlenden Lächelns auf ihrem von Falten zerfurchten Gesicht und ihrer unermüdlichen Entschlossenheit, den Armen zu dienen, gingen die Leute davon aus, daß Mutter Teresa ein lebendiges, intimes, geistiges Leben mit Jesus pflegte, das sie tröstete und spirituell wärmte. *Sie opfert zwar viel*, so meinte man, aber *dafür hat sie in ihrer Seele die enge Gemeinschaft mit Gott.* Im Jahre 2007 wurde diese allgemeine Überzeugung von einigen aufsehenerregenden Offenbarungen erschüttert. Es stellte sich heraus, daß Mutter Teresa annähernd fünfzig Jahre lang mit schwerer innerer Dunkelheit zu kämpfen hatte. Die gründliche Durchsicht der schriftlichen Korrespondenz Mutter Teresas für ihren Seligsprechungsprozeß ließ eine bisher wenig bekannte Frau erkennen, eine Frau, die Jesus dermaßen geliebt hat, daß sie für ihn litt und seine Verlassenheit mit ihm teilte. Ihre Mission setzte sie hartnäckig weiter fort, jedoch ohne Gottes Gegenwart zu spüren. Sie wandelte im Glauben inmitten von tiefster Dunkelheit und vertraute Gott, ohne geistlichen Trost zu bekommen.

Ende 2007 wurde ein Buch mit ihren Tagebuchaufzeichnungen und Briefen unter dem Titel *Komm, sei mein Licht* von Pater Brian Kolodiejchuk herausgegeben. „Wenn ich jemals eine Heilige werde – dann ganz gewiß eine Heilige der Dunkelheit," schrieb sie. „Ich werde fortwährend im Himmel fehlen – um für jene ein Licht zu entzünden, die auf Erden in Dunkelheit leben."[15]

Normalerweise gehen wir davon aus, daß wir – je mehr wir uns Gott nähern – Gefühle des Friedens, der Heiterkeit und der inneren Freude empfinden. Tatsächlich ist das auch häufig bei denen, die ein geistliches Leben beginnen, der Fall. Gott gewährt diese Tröstungen oftmals, damit wir in unserer spirituellen Betätigung nicht nachlassen. Doch wir wissen aus den Schriften vieler großer Freunde Gottes, daß er denen, die in ihrem geistlichen Leben weiter fortgeschritten sind, diese Tröstungen bisweilen vorenthält. Er tut das, um seine Jünger zu

Wissen Sie, was komisch ist? Ich habe Gott vertraut. Ja, wirklich. Am Ende hat er mich von sich weggestoßen. Ich habe ihm weitervertraut, und er hat mich dafür weiterhin von sich weggestoßen. Ich würde ihm ja vertrauen, er aber hat mich immer wieder im Stich gelassen. Er war so hart zu mir, daß ich es nicht mehr aushalten konnte, und schließlich sagte ich: „Jetzt reicht es!" Ich kann es nicht verstehen, wie ein guter Gott seine Kinder so behandeln kann. Als ich jünger war, habe ich Gott immer vertraut. Wirklich. Doch er hat mich von sich gestoßen.

SAMANTHA, 40 JAHRE

läutern, damit sie nur um seiner selbst willen nach ihm streben und nicht wegen der guten Gefühle, die damit verbunden sind. Der heilige Johannes vom Kreuz nannte diese läuternde Erfahrung die „dunkle Nacht der Seele", in der die Seele sich fühlt, als ob jemand das Licht des geistlichen Lebens ausgeschaltet habe. Wie bei so vielen anderen Aspekten des geistlichen Lebens, gibt es auch hierfür eine Entsprechung in Jesu eigenem Leben.

Sein ganzes Leben legte Jesus absolutes Vertrauen zu seinem Vater an den Tag. Er wußte, daß der Vater bei ihm war, daß er ihn immer hörte. Er verkehrte ganz ungezwungen mit ihm, wie ein Sohn mit seinem Vater. Doch auch für ihn wurde es ungeheuer schwierig, und so geriet sein Vertrauen in Versuchung, vielleicht sogar noch mehr als unseres. Im Garten von Gethsemane war seine Seele „zu Tode betrübt" (Markus 14,34). Am nächsten Tag machte Jesus eine solche Einsamkeit am Kreuz durch, daß er laut ausrief: „Mein Gott, mein Gott, warum hast du mich verlassen?" (Markus 15,34). Es war nicht nur das Volk, das ihn bewunderte und ihn nun verlassen hatte, nicht nur seine ausgewählten Jünger, die alle weggelaufen waren; nun schien es, daß sogar sein Vater nirgends zu finden war. Und doch sehen wir selbst hier, wie Jesus auf die Liebe seines Vaters vertraut: „Vater, in deine Hände lege ich meinen Geist" (Lukas 23,46).

Warum läßt Gott das zu? Warum behandelt er seine Freunde so? Es ist oft schwierig, um nicht zu sagen unmöglich, zu verstehen, warum Gott das tut, was er tut, oder eben gerade das, was er mit uns zu einem bestimmten Zeitpunkt tut. Oftmals werden wir vollkommen im Dunkeln gelassen und müssen uns an unser Vertrauen klammern, daß er schon weiß, was er tut. Unser Glaube garantiert uns, daß das, was wir durchmachen, letztlich zu unserem besten ist. Er läßt Dinge nur aus Liebe zu uns zu, selbst dann, wenn es nicht offensichtlich ist. Es gibt eine Geschichte, die das sehr schön illustriert.

In London lebte ein älteres Ehepaar, das gerne die Handwerksläden in der Nähe des Stadtzentrums aufsuchte. Beim Betreten eines dieser Geschäfte waren die Eheleute hingerissen von der Schönheit einer kleinen Teetasse, die vorsichtig auf einer Warentheke plaziert war. Die Frau nahm die Tasse in ihre Hand und bewunderte das Prachtexemplar. „Ich habe noch nie etwas so Feines gesehen!" rief sie ihrem Mann zu.
Da begann die Teetasse in den Händen der Frau zu sprechen. „Darf ich Ihnen etwas von meiner Geschichte erzählen?" fing die Tasse an, „denn ich bin nicht immer so gewesen, wie Sie mich jetzt sehen."
„Vor langer Zeit war ich nur ein Tonklumpen. Eines Tages hob mich ein Handwerker auf und begann mich zwischen seinen Fingern zu bearbeiten. Er legte mich auf einen Tisch, und mit seinen Handflächen schlug er auf mich ein, bis ich laut schreien mußte. Er knetete mich zu einer Form, indem er mich überall zwickte und auseinanderzog. Ich flehte ihn an, mich in Ruhe zu lassen, aber er wollte nicht hören. ‚Bitte, du tust mir weh!' bat ich ihn. ‚So, wie ich bin, bin ich zufrieden.

Bitte laß mich in Frieden.' Doch der Handwerker sagte zu mir: ‚Ich bin noch nicht fertig mit dir. Halt noch ein bißchen aus.'

Als nächstes stellte er mich in einen schrecklich heißen Ofen. Ich hatte noch nie eine so entsetzliche Hitze verspürt. Ich klopfte gegen das kleine Ofenfenster und konnte durch es hindurchsehen, wie der Handwerker da draußen sagte: ‚Ich bin noch nicht fertig mit dir. Halt noch ein bißchen aus.'

Als er dann schließlich die Ofentür öffnete, stellte er mich auf ein Regal, auf dem ich langsam abzukühlen begann und mich ein wenig erholte. Doch ich war kaum abgekühlt, als er mich erneut in die Hand nahm und mich mit Sandpapier glattscheuerte, bis ich das Gefühl hatte, daß sich meine ganze Haut ablöste. Ich rief ihm zu, damit aufzuhören, doch er machte gnadenlos weiter. Ab und zu hörte er auf und betrachtete mich, wobei er mich in seiner Hand hin- und herdrehte. Er schien mein Flehen gar nicht zu bemerken.

Dann holte er mehrere kleine Gefäße und einige feine Pinsel hervor und fing an, Farbe bei mir aufzutragen. Ich glaubte zu ersticken, als er über jeden einzelnen Quadratzentimeter akribisch Farbe verteilte. Wieder schrie ich ihn an aufzuhören, und noch einmal sagte er freundlich zu mir: ‚Ich bin noch nicht fertig mit dir. Halt noch ein bißchen aus.'

Als ich schließlich dachte, daß der Handwerker mit seinen Folterungen fertig war, stellte er mich unerwarteterweise in einen anderen Ofen, der sogar noch heißer als der erste war. Die Hitze dieses Ofens war so intensiv, daß ich sicher war, mein Leben sei vorbei. Ich weinte und schrie mir die Lungen aus dem Leib, doch dem Handwerker war das anscheinend egal. Ich flehte ihn an, Rücksicht auf mich zu nehmen, mich herauszuholen, mich in Ruhe zu lassen, doch alles war vergebens. Er wiederholte stets dieselben Worte: ‚Ich bin noch nicht fertig mit dir. Halt noch ein bißchen aus.'

Ich weiß nicht, wie ich die ganze grausame Behandlung überlebte. Irgendwie hielt ich es aus und konnte jede neue Folter ertragen, der ich durch den Handwerker unterzogen wurde. Schließlich öffnete er die Tür, nahm mich liebevoll in seine Hände und trug mich zu einem ganz anderen Ort. Ich war total schön. Um mich herum sah ich Tassen und Vasen verschiedenster Sorten, eine phantastischer als die andere. Es waren wahre Kunstwerke, etwas, was ich nur in meinen Träumen gesehen hatte.

Nach nicht allzu langer Zeit stellte ich fest, daß ich in einem Laden stand, vor mir befand sich ein Spiegel. Als ich das erste Mal hineinschaute, dachte ich, es sei ein Fenster, und die Gestalt vor meinen Augen sei ein anderes Kunstwerk, das mich umgab. Ich konnte gar nicht glauben, daß ich diese schöne Teetasse war, die ich da im Spiegel betrachtete. Das konnte ich doch gar nicht sein!

Doch dann kam der Handwerker auf mich zu und sagte zu mir: ‚Ich weiß, daß du gelitten hast, als ich dich mit meinen Händen geformt habe, aber sieh einmal, wie schön du jetzt bist! Ich weiß, daß du in meinen Öfen eine furchtbare Hitze ertragen mußtest, aber schau mal, wie robust und fest du jetzt bist. Ich weiß, daß das Scheuern und Polieren so weh tut wie nichts, was du bis jetzt erlebt hast, aber sieh mal, wie eben deine Oberfläche jetzt ist. Und durch das Anmalen wurde dir zwar übel, aber nun schau dir mal deine schöne Farbe und deinen strahlenden Glanz an. Stell dir mal vor, wenn ich dich so gelassen hätte, wie ich dich gefunden hatte! Nun aber bist du ein abgeschlossenes Werk. Du bist genau das, was ich mir vorgestellt habe, als ich anfing, dich zu bearbeiten. Du wirst von mir geliebt.'"

Ich bin sicher, Sie verstehen, die Botschaft dieser simplen Geschichte. Paulus vergleicht uns mit Tontöpfen, die in Gottes Hand geformt werden (vgl. Römer 9,20–21). Nur Gott weiß, was er aus jedem einzelnen von uns macht. Nur er versteht den richtigen Zeitpunkt und den Zweck jeder einzelnen Etappe dieses Prozesses. Vielleicht können wir uns ja mit der Teetasse identifizieren.

Vielleicht ist es bei uns auch so, daß wir gescheuert und geschabt werden oder die Hitze des Ofens erleiden. Vielleicht schreien wir auf zu Gott, weil wir ihn nicht verstehen, und er handelt, als ob er uns nicht hört oder wir ihm egal sind. Ich bin überzeugt, daß das nicht der Fall ist. Außerdem bin ich davon überzeugt, daß der Sinn jedes Augenblicks, jedes kleinen Leidens ans Licht kommen wird. Und wir werden schön sein.

> *Es gab Zeiten, da dachte ich, daß Gott mich im Stich läßt, so als ob ich dächte, ich hätte Krebs und müßte meine normalen Tätigkeiten einstellen und meinen Lebensstil ändern. Wenn ich zurückschaue, empfinde ich so etwas wie Wut gegenüber Gott. Doch jetzt sehe ich, daß das Gnaden waren, die aus mir den Menschen gemacht haben, der ich heute bin.*
> ALEX, 25 JAHRE

DIE PÄDAGOGIK GOTTES

Der Apostel Paulus spricht von Milch und fester Nahrung. Milch ist für Kinder, die noch nicht kauen können, während feste Nahrung für größere Kinder und für Erwachsene gedacht ist, die mehr vertragen können. Gott entwöhnt uns von der Milch, damit wir gehaltreichere Kost aufnehmen können. Im Hinblick auf unser Verhältnis zum Vertrauen gilt das ebenso. Er möchte, daß wir unser naives Vertrauen zugunsten eines gereiften Vertrauens überwinden, das sich im Laufe der Zeit bewährt und Belastungen überstanden hat. Paulus schreibt: „Vor euch, Brüder, konnte ich aber nicht wie vor Geisterfüllten reden; ihr wart noch irdisch eingestellt, unmündige Kinder in Christus. Milch gab ich euch zu trinken statt fester Speise; denn diese konntet ihr noch nicht vertragen. Ihr könnt es aber auch jetzt noch nicht; denn ihr seid immer noch irdisch eingestellt" (1 Korinther 3,1–3).

Worauf bezieht sich die „Milch" in unserem geistlichen Leben? Kleine Kinder brauchen ständige Ermutigung. Sie müssen an der Hand geführt, und manchmal sogar getragen werden. Sie besitzen noch nicht den nötigen Eifer, um sich gegen Schwierigkeiten durchzusetzen. Menschen, die „irdisch eingestellt" sind, sind wie kleine Kinder und auf Zuspruch und geistliche Zuwendungen angewiesen, um Gott treu zu bleiben und auf seine Liebe zu vertrauen. Je mehr die Menschen spirituell wachsen, desto eher lieben sie Gott um seiner selbst willen anstatt um der Gaben, die er ihnen zuteil werden läßt. Die kleinen Tröstungen werden weniger wichtig, und man wird bereit für feste Nahrung.

Wenn Gott anfängt, unser Vertrauen auf die Probe zu stellen, dann ist das kein schlechtes, sondern ein gutes Zeichen. Es bedeutet, daß Gott glaubt, wir seien bereit für Gehaltvolleres. Er denkt, es ist Zeit, uns mit Nahrhafterem zu versorgen.

Die Bibel gebraucht eine andere Parallele, um zu beschreiben, wie Gott uns läutert. Sie vergleicht diese Läuterung mit der Arbeit eines Gold- oder Silberschmiedes, der kostbare Metalle veredelt, um sie noch schöner und wertvoller zu machen. Im Buch der Sprichwörter lesen wir: „Der Schmelztiegel ist für Silber da, der Ofen für Gold, die Herzen aber prüft der Herr" (17,3). Sowohl der Schmelztiegel als auch der Ofen sind unangenehme Aussichten. Niemand möchte auf eine hohe Temperatur erhitzt werden, um Verunreinigungen wegzubrennen, doch so werden nun einmal pures Gold und Silber hergestellt.

Es gibt keine andere Möglichkeit. Das Buch der Weisheit bietet eine ausführlichere Erklärung für die Bedeutung dieser Läuterung:

> In den Augen der Menschen wurden sie gestraft; doch ihre Hoffnung ist voll Unsterblichkeit.
> Ein wenig nur werden sie gezüchtigt; doch sie empfangen große Wohltat. Denn Gott hat sie geprüft und fand sie seiner würdig. Wie Gold im Schmelzofen hat er sie erprobt und sie angenommen als ein vollgültiges Opfer. Beim Endgericht werden sie aufleuchten wie Funken, die durch ein Stoppelfeld sprühen.
>
> (WEISHEIT 3,4–7)

Die Heiligen, die über ihre Erfahrungen einer dunklen Nacht berichteten, stimmen darin überein, daß es eine läuternde Erfahrung sei. Wie Gold im Feuer geprüft wird, so läutert Gott die, die ihn lieben, indem er sie von anderen Dingen absondert, besonders von sich selbst. Er tut das nicht, damit wir unser Vertrauen zu ihm verlieren, sondern damit wir lernen, durch einen tieferen, widerstandsfähigeren Glauben zu leben.

Was in bezug auf Gottes Handeln (oder vielleicht sollte ich sagen: seine *scheinbare* Untätigkeit) in unserem Leben besonders schwer zu verstehen ist, das ist sein *Timing*, also sein Zeitplan. Wir fragen uns, warum er manchmal so langsam unsere Nöte zu registrieren und auf sie zu reagieren scheint. Zu einer anderen Zeit handelt er wiederum im ungünstigsten Augenblick, und nicht, wenn wir darauf vorbereitet und darauf eingestellt sind. Was geht da eigentlich vor, und was hat das mit unserem Vertrauen zu ihm zu tun? Sehen wir uns das einmal genauer an.

Auf den Herrn warten

Die moderne Gesellschaft mag ja vergangenen Generationen in gewisser Hinsicht überlegen sein, doch in *einem* Bereich haben wir uns offenbar zurückentwickelt. Wir sind bei weitem nicht mehr so *geduldig* wie unsere Vorfahren. Alles muß bereits gestern erledigt worden sein. Schauen Sie sich nur einmal an, welche Rolle die Zeit beim Konsumgütermarketing spielt. Es gibt jetzt chemische Reinigung in einer Stunde, Sechzig-Sekunden-Reis und sogar Acht-Minuten-Bauchmuskeltraining! Alles ist heute schneller, als es früher einmal war, und wir nehmen Ausharren und Abwarten allgemein einfach nicht hin. Wir sind eine Gesellschaft, in der immer alles unverzüglich geschehen muß.

Manch einer sagt vielleicht, daß das gut so ist. Wie wertvoll Zeit eigentlich ist, wird uns mehr bewußt als früher, und wir finden es unzumutbar, wenn andere unsere Zeit vergeuden (auch wenn wir anscheinend keine Bedenken haben, wenn wir unsere eigene verschwenden!). Geschäftsleute sehen es so: Zeit ist Geld. Wenn man etwas schnell erledigen kann, warum soll man dann nutzlos herumsitzen?

Doch manche Dinge brauchen einfach ihre Zeit. Ein Studium zum Beispiel. Es ist ein großer Unterschied, ob man für ein Abschlußexamen die ganze Nacht durchbüffelt oder sich ein Semester lang intensiv mit dem Stoff beschäftigt. Auch wenn die Prüfungsergebnisse vielleicht ähnlich ausfallen, so wird der Nachtbüffler doch einen Monat später das meiste von dem, was er auswendiggelernt hat, wieder vergessen haben, während der geduldige Student fast alles, was er gelernt, auch behalten hat.

Aber auch Beziehungen brauchen ihre Zeit. Freundschaften bauen sich über Wochen, Monate und Jahre auf. Dieser Prozeß läßt sich nicht beschleunigen. Gemeinsam gemachte Erfahrungen, überwundene Mißverständnisse, gemeinsam durchgeführte Projekte, Versöhnungen nach Auseinandersetzungen und Geheimnisse, die man miteinander geteilt hat – all das gehört zusammen, damit daraus eine tiefe Freundschaft entstehen kann. Es gibt keine Schnellösung, die diesen Reifeprozeß ersetzen könnte.

Wir hören ja oft, daß die menschliche Aufmerksamkeitsspanne angeblich immer kürzer wird. Wir finden es immer anstrengender, uns auf ein einziges Projekt zu konzentrieren, und müssen stets mehrere Dinge gleichzeitig tun.

Das kann sowohl für unsere menschlichen Beziehungen als auch für unsere Freundschaft mit Gott selbst problematisch sein. Die Geduld ist eine biblische Tugend. Überall in den Psalmen wird uns eingeschärft, am Kommen unseres Herrn festzuhalten, wie wir es im Psalm 27 lesen: „Hoffe auf den Herrn und sei stark! Hab festen Mut und hoffe auf den Herrn!" (Psalm 27,14). Warten und Hoffen erfordern Mut. Wenn wir nicht warten wollen, werden wir nicht die vielen Gnaden erhalten, die der Herr für uns vorgesehen hat. Der Herr ist kein Gott der schnellen Lösungen, sondern ein Gott der auf lange Dauer angelegten – ja, in der Tat *ewigen* – Versprechen.

Als College-Student mußte ich das Drama *Warten auf Godot* des irischen Bühnenautors Samuel Beckett lesen. Es ist ein Zweiakter, in dem es um zwei Männer – Estragon und Wladimir – geht, die zwei volle Tage damit verbringen, auf eine mysteriöse Gestalt namens Godot zu warten, der am Ende doch nicht auftaucht. Es geht um die Langeweile und die Enttäuschung beim Warten, wie auch bei der Hoffnung, die im Laufe der Zeit mal stärker, mal schwächer ist. Manch einer hat das

Stück so interpretiert, daß es sich an das Leben des Menschen auf der Erde richte und an seine Sehnsucht nach Erlösung durch Gott, die offenbar nie eintreten wird, nach einem Gott also, der sich nie zu erkennen gibt.

Der Apostel Paulus schrieb ja bekanntermaßen: „die Liebe ist langmütig" (1 Korinther 13,4). Und tatsächlich war die *allererste* der möglichen Eigenschaften der Liebe, die bei Paulus zur Sprache kommen – wie Güte, Standhaftigkeit und Freude an der Wahrheit –, die Geduld, der Langmut. Liebe, die nicht geduldig ist, ist keine wahre Liebe. Paulus sagt dasselbe über die Hoffnung. Wie die Liebe, erfordert auch die Hoffnung Geduld. „Denn wir sind gerettet, doch in der Hoffnung", schreibt Paulus, „Hoffnung aber, die man schon erfüllt sieht, ist keine Hoffnung. Wie kann man auf etwas hoffen, das man sieht? Hoffen wir aber auf das, was wir nicht sehen, dann harren wir aus in Geduld" (Römer 8,24–25).

Zwei der wichtigsten christlichen Tugenden – Hoffnung und Liebe – beruhen auf der Geduld. Letztlich können wir Gott wohl nicht vertrauen, wenn wir nicht auf ihn warten wollen, da zum Vertrauen die Bereitschaft gehört, über längere Zeit durchzuhalten. Warum ist es dann so schwierig durchzuhalten? Und warum sollte ein guter und liebender Gott uns warten lassen, statt uns sofort zu erhören?

WARUM IST DAS SO SCHWIERIG?

Für uns alle ist Geduld sehr schwer. Viele von Ihnen haben schon etwas Ähnliches wie das erlebt, was ich Ihnen jetzt erzählen werde. Als ich ein Kind war, spiegelte unser Familienurlaub in vielerlei Hinsicht die typischen Ferien der amerikanischen Mittelschicht in den Siebzigern. Mama und die Kinder brachten Stunden damit zu, das Familienauto zu beladen und holten dann Papa bei seiner Arbeit ab, um gemeinsam auf die lange

Reise zu gehen. An einem guten Tag dauerte die 1200-Kilometer-Fahrt von Highland Park in Michigan nach Woods Hole in Massachusetts zwölf bis dreizehn Stunden – ohne Unterbrechungen zwischendurch. In manchen Jahren übernachteten wir auf halber Strecke in einem Hotel. In anderen Jahren wiederum, als meine Eltern abenteuerlustiger waren, fuhren wir die Strecke in einem Stück.

Wir fuhren quer durch Kanada, um den langen südlichen Umweg um den Eriesee zu vermeiden. Was uns wirklich nervte, war, daß sich die Strecke in Kanada so dehnte. Sie schien überhaupt kein Ende zu finden. Bei dem speziellen Urlaub, an den ich gerade denke, waren wir mit einem großen dunkelgrünen Dodge Wohnmobil *ohne* Klimaanlage unterwegs. Es muß ungefähr drei Uhr nachmittags gewesen sein, als wir irgendwo mitten im gottvergessenen Ontario waren und den unendlichen Highway 401 entlangfuhren, als aus dem ersten kleinen Mund die unvergeßlichen Worte drangen: „Papa, sind wir bald da?"

Nun, da diese fünf Wörter zum ersten Mal die stickige, mit Erdnußbutter verseuchte Luft durchschnitten, riefen sie eine freundliche sachliche Reaktion hervor. „Nein, Mike, wir sind noch nicht da. Es dauert noch ein paar Stunden." Das war jedoch nicht das letzte Mal, daß wir diese Worte hören sollten. Meine drei Brüder und ich wiederholten diesen kleinen Satz jeweils abwechselnd alle fünfzehn Minuten, bis meine Eltern schließlich all ihre Geduld verloren, den Wagen anhielten und uns mitteilten, daß das nächste Kind, das diese Frage stellte, auszusteigen und den Rest der Strecke zu laufen hätte.

Darauf zu warten, daß etwas geschieht, und die Langeweile, die dies hervorrufen kann, ist eine allgemeine menschliche Erfahrung. Die unerfüllte Erwartung, daß man irgendwo ankommt, oder daß irgend jemand eintrifft, oder daß das Telefon klingelt, kann eine qualvolle Angelegenheit sein. Wir alle wissen, wie es ist, ängstlich herumzusitzen, während sich

Minuten in Stunden verwandeln. Die Qual wird nur noch schlimmer, wenn wir uns anfangen zu fragen, ob das von uns Erwartete überhaupt jemals passieren wird. *Vielleicht haben sie sich unterwegs verirrt! Vielleicht hatten sie einen Autounfall! Vielleicht hatten sie überhaupt nicht die Absicht zu kommen!* Unsere Phantasie kann in solchen Situationen mit uns durchgehen.

In unserem geistlichen Leben kommt das ebenfalls vor. Ein exemplarischer Fall dafür findet sich im Evangelium. Erinnern Sie sich an die Geschichte von Elisabeth und Zacharias, an das von Lukas ganz zu Beginn seines Evangeliums beschriebene Ehepaar? Lukas stellt die beiden als besonders edle Menschen dar: „Beide lebten so, wie es in den Augen Gottes recht ist, und hielten sich in allem streng an die Gebote und Vorschriften des Herrn" (Lukas 1,6). Zacharias war ein Priester, und seine Frau Elisabeth stammte von Aaron (der rechten Hand des Moses) ab. In dieser ansonsten idyllischen Szene gab es nur ein einziges Problem: sie hatten keine Kinder, und sie waren jetzt nicht mehr ganz jung. Die Israeliten sahen Kinder als Gottes größte Gnade und als Zeichen seiner Gunst an. Unfruchtbar zu sein war ein Grund sich zu schämen, und es war eine gesellschaftliche Schande. Obwohl Elisabeth und Zacharias so fromm waren, hatte Gott sie nicht mit Kindern gesegnet.

Eines Tages erschien plötzlich aus heiterem Himmel ein Engel dem Zacharias, als er Gott im Tempel gerade ein Rauchopfer darbrachte. Wie Sie sich vorstellen können, erschrak Zacharias beim Anblick des Engels und wich vor Furcht zurück. Aber der Engel versuchte ihn zu beruhigen: „Fürchte dich nicht, Zacharias! Dein Gebet ist erhört worden. Deine Frau Elisabeth wird dir einen Sohn gebären; dem sollst du den Namen Johannes geben. Große Freude wird dich erfüllen, und auch viele andere werden sich über seine Geburt freuen" (Lukas 1,13–14).

Zacharias reagierte auf diese wundervolle Freudenbotschaft ziemlich überraschend. Statt diese Nachricht mit Begeisterung aufzunehmen, sah er den Engel skeptisch an, als ob er ihm einen Streich spielte. „Woran soll ich erkennen, daß das wahr ist?" fragte er. „Ich bin ein alter Mann, und auch meine Frau ist in vorgerücktem Alter" (Lukas 1,18). Der Engel war über diese undankbare Reaktion verblüfft, und so wurde Zacharias für seinen Unglauben mit Stummheit bis nach der Geburt seines Kindes bestraft.

Doch sehen wir uns einmal etwas genauer an, was hier geschehen war. Der Engel hat ja nicht irgendwelche bizarren Ereignisse angekündigt – etwa dergestalt, daß Zacharias Flügel wachsen würden oder Elisabeth zum römischen Prokurator ernannt würde. Er verkündete für ein verheiratetes Paar etwas völlig Normales: sie sollten ein Kind empfangen und auf die Welt bringen. Außerdem leitete der Engel (dessen Name Gabriel war) seine Mitteilung mit den folgenden wichtigen Worten ein: „Dein Gebet ist erhört worden." Mit anderen Worten: Zacharias sollte dieses Ereignis eigentlich schon erwartet haben! Er und Elisabeth hatten Gott darum gebeten, wahrscheinlich jeden Tag, seit ihrer Hochzeit. Dies war einfach die Antwort auf ihre Gebete.

Warum dann also diese Skepsis? Warum der Zweifel? Vermutlich, weil sie einfach müde geworden waren, auf Gott zu warten, und weil sie gefolgert hatten, daß er ihr Gebet niemals erhören werde. Wir können uns vorstellen, daß sie zu Anfang ihrer Ehe das Gebet um Kinder fast als Formsache aufgefaßt haben, weil sie davon ausgingen, daß sie natürlich welche bekommen würden. Im Laufe der Monate wurden ihre Gebete zweifellos inbrünstiger ... und besorgter. Als die Monate zu Jahren wurden, wandelten sich auch die Gebete, manchmal in brennender Hoffnung auf ein Wunder, zu anderen Zeiten wurden sie zu einem Ausdruck der bevorstehenden Verzweiflung. Doch irgendwann verloren diese innigen Gebete ihre Intensität und wurden zu einer bloßen Gepflogenheit, ein routinemäßiges Wiederholen von Worten, hinter denen keine wahre Hoffnung stand. Ihr Herz wandte sich anderen Dingen zu.

Als Gabriel nun also behauptete, daß Zacharias' Gebet erhört worden sei, mußte Zacharias sein Gehirn martern, um herauszubekommen, worüber der Engel eigentlich sprach. *Welches Gebet? Ach, dieses Gebet. Beten wir das immer noch jeden Abend, bevor wir schlafen gehen? Ich hatte das schon fast vergessen.* Und er glaubte es nicht. Er konnte es nicht glauben. Er hatte schon lange zu hoffen aufgehört, daß Gott ihm jemals antworten würde.

UNGEDULD UND STOLZ

Nun aber zurück zu unserer Ausgangsfrage: Warum ist Geduld so schwer für uns – warum ist es so hart zu warten? Vielleicht einfach deswegen, weil wir so daran gewöhnt sind, immer alles schnell zu bekommen. Wir haben die Fähigkeit verloren, für etwas Besseres auszuharren. Wir wollen Ergebnisse sofort. Doch ich glaube, daß es da vielleicht auch noch einen weiteren, tieferen, moralischen Grund gibt. Es hat etwas mit Stolz zu tun. Unbewußt meinen wir, daß niemand – noch nicht einmal Gott – das Recht hat, uns warten zu lassen. Auch wenn man das vielleicht nicht so formulieren kann, könnte unsere Reaktion doch folgendermaßen aussehen: *Was denkt Gott eigentlich, was er ist? Wer läßt mich hier warten? Ich habe Wichtiges zu tun, und er hält mich auf.*

An dieser Stelle muß ich ein kleines Geständnis machen. Ich bin, was Pünktlichkeit angeht – um es modern auszudrükken –, „gehandicapt". Das heißt, ich komme häufig zu spät. Nicht fürchterlich zu spät, wohlgemerkt, aber auf alle Fälle zu spät. Ich habe viele Entschuldigungen. Manchmal greife ich einfach auf die alte „stilvoll spät"-Ausrede zurück, so als ob die Leute mich nicht nur nicht zu der ausgemachten Zeit erwarten würden, sondern als sei es ausgesprochen rücksichtslos, zum abgemachten Termin zu erscheinen! Bisweilen schiebe ich es aber auch auf den Verkehr, was in Rom oftmals gut begründet ist. Mitunter argumentiere ich geschickter. Ich spreche davon, daß ich meine kostbare Zeit gut ausnutze (bis auf die letzte Minute!), was den bedauerlichen Nebeneffekt hat, daß ich mich gelegentlich verspäte. Da es ohnehin sein kann, daß auch der andere sich verspätet, kommen wir wahrscheinlich zur selben Zeit an.

Vor kurzem habe ich jedoch damit begonnen, auf diesem Gebiet einige Fortschritte zu machen. Obwohl ich noch immer kein Vorbild für Pünktlichkeit bin, habe ich festgestellt, daß ich kleine, aber deutliche Schritte in die richtige Richtung unternehme. Diese Verbesserung hat teilweise mit einer schmerzhaften Erkenntnis zu tun. Gewohnheitsmäßiges Zuspätkommen ist die Frucht von Stolz! Moment mal – sagen Sie jetzt vielleicht –, ist das nicht ein bißchen übertrieben? Ist Zuspätkommen nicht eine Folge von schlechter Organisation und Gedankenlosigkeit? Warum Stolz? Der Grund dafür ist folgender: Wenn wir einen anderen Menschen warten lassen, errichten wir eine Bedeutungshierarchie zwischen ihm und uns selbst. Wir sagen dem anderen damit, daß unsere Zeit wertvoller als seine ist und daß wir wichtiger sind als er.

Denken Sie einmal einen Augenblick darüber nach. Wenn Sie eine Verabredung mit dem Präsidenten der Vereinigten Staaten hätten, würden Sie im Weißen Haus gewiß nicht so spät auftauchen, daß Sie ihn im Empfangsraum auf Sie wartend antreffen! Das Protokoll würde etwas ganz anderes vorschreiben. Man würde Ihnen mitteilen, Sie sollten weit vor dem Termin erscheinen. Und wenn dann alles bereit wäre – Sie eingeschlossen –, würde ein Sekretär den Präsidenten informieren, damit er Sie treffen könnte, wenn er nämlich dazu bereit wäre. Es entspricht einfach der Etikette, daß eine Person von niedrigerem Rang auf eine Person höheren Ranges wartet.

Daher spiegelt gewohnheitsmäßiges Zuspätkommen die un-
ausgesprochene Unterstellung
wider, daß unser Rang höher
ist als der der Leute, mit denen
wir uns treffen wollen. Das ist
Stolz. Aua!

Was sagt uns demnach unsere Ungeduld über unsere Beziehung zu Gott? Sie sagt uns, daß wir von ihm erwarten, daß
er seinen Zeitplan nach uns richtet. Er kann (und tut es un-
weigerlich auch!) auf uns warten, aber wehe, wenn Gott uns
warten läßt! Wir würden das nicht ertragen. Wir würden wie
kleine Kinder jammern und quengeln, daß Gott uns nicht
mehr lieb hat. Und wir fragen uns dann, welche Motive er
möglicherweise haben könnte, uns warten zu lassen.

WESHALB GOTT AUF ZEIT SPIELT

Der altbekannte Ausruf Israels in der Bibel – *Wie lange noch,
Herr* – hallt auch heute noch in uns wider. Ob wir die Genesung von einer Krankheit erwarten, eine Antwort auf unsere
Zweifel oder einen Beistand, damit wir in der Tugend wachsen,
auf den Herrn warten zu können, ist nie einfach. Wir möchten
jetzt eine Reaktion – sofort. Nein, Herr, ich möchte nicht mehr
länger warten! Wenn du mich wirklich lieben würdest, dann
bekäme ich jetzt eine Antwort von dir! In den Psalmen lesen
wir:

Wie lange noch, Herr, vergißt du mich ganz?
Wie lange noch verbirgst du dein Gesicht vor mir?
Wie lange noch muß ich Schmerzen ertragen in meiner
Seele,
in meinem Herzen Kummer Tag für Tag?

Wie lange noch darf mein Feind über mich
triumphieren?

(PSALM 13,2–3)

Wer von uns hatte noch nie Grund dazu, Gott irgendwann
wegen seines langsamen Handelns anzuklagen? Wer ist nicht
wütend geworden, wenn er jetzt in dem Augenblick unbedingt
eine Antwort brauchte?

Doch Gottes Aufschub ist nichts Neues. Wenn Sie meinen,
Gott habe ausgerechnet Sie herausgegriffen, um Ihre Bitten
besonders langsam zu erfüllen, dann denken Sie noch einmal
genauer darüber nach. Denken Sie an das seltsame Verhalten
Jesu, als sein lieber Freund Lazarus krank war und starb. Sie
erinnern sich: Lazarus war lebensgefährlich erkrankt. Seine
Schwestern Martha und Maria benachrichtigten Jesus: „Herr,
siehe, den du liebst, er ist krank" (Johannes 11,3), und sie be-
tonten dabei die Zuneigung Jesu für Lazarus und versuchten
so, ihn zu schnellem Handeln anzuregen. Und dann fügt der
Verfasser des Evangeliums der Episode noch mehr Dramatik
hinzu, indem er wiederholt: „Denn Jesus liebte Martha, ihre
Schwester und Lazarus" (Johannes 11,5).

Doch trotz dieser Liebe und der Dringlichkeit der Bitte ließ
Jesus absichtlich zwei weitere Tage verstreichen, bevor er nach
Bethanien ging. Das Johannesevangelium betont, wie sehr
Jesus Lazarus liebte, teils, um alle möglichen Zweifel zu zerstreuen, daß Jesu Verspätung von einem Mangel an Interesse
herrührte (unser erster Zweifel, wenn Gott langsam beim Beantworten unserer Gebete ist). Es geschah nicht aus Mangel an
Liebe, daß Jesus sich verspätete. Es muß einen anderen Grund
gegeben haben.

Als Jesus zu spät eintraf, war Lazarus ja tatsächlich bereits gestorben. Für Maria und Martha war das offenbar unerträglich,
und so tadelten sie beide mit identischen Formulierungen Jesus
wegen seiner Gleichgültigkeit: „Herr, wärst du hier gewesen,

dann wäre mein Bruder nicht gestorben" (Johannes 11,21.32). Sowohl Maria als auch Martha wußten, daß Jesus etwas hätte tun können, wenn er gewollt hätte. Er hätte den Tod ihres Bruders verhindern können. Aber er tat es nicht! Sie wollten Jesus wissen lassen, daß sie das nicht verstanden. Selbst einige der Umstehenden wiederholten es noch einmal: „Wenn er dem Blinden die Augen geöffnet hat, hätte er dann nicht auch verhindern können, daß dieser hier starb?" (Johannes 11,37). Er hätte sich nur ein wenig schneller bewegen müssen!

Wie oft geht es uns genauso! Wir glauben, daß Jesus uns liebt, dennoch verhält er sich eigenartig. Er scheint sich nicht für uns einzusetzen. Er handelt gleichgültig, sogar gefühllos. Er läßt schlimme Dinge geschehen, die er bestimmt verhindern könnte. Wir wissen, daß er etwas tun könnte, und wir können nicht verstehen, daß er sich dafür entschied, nicht einzugreifen, wenn er uns doch liebt. *Warum sollte Gott das tun? Welchen Grund könnte er haben, uns warten zu lassen? Weshalb reagiert er nicht sofort auf unsere Nöte und Bitten?*

Doch in unserem Innersten erkennen wir – so schmerzvoll es auch ist –, daß Gott Gründe für sein Handeln haben muß. Wir begreifen, daß es für irgendein höheres Gut sein muß, wenn er nicht so schnell reagiert, wie wir es gerne hätten. Und so sagt Jesus tatsächlich in der Geschichte, in der es um den Tod des Lazarus geht, ganz offen zu seinen Jüngern: „Und ich freue mich für euch, daß ich nicht dort war; denn ich will, daß ihr glaubt. Doch wir wollen zu ihm gehen" (Johannes 11,15). In diesem Fall zumindest stellte sich die Langsamkeit Jesu als günstiger Anlaß für seine Jünger heraus, im Glauben zu wachsen.

Doch es gibt auch noch weitere Gründe. Der große Heilige Augustinus äußert folgende Überlegung:

Das ganze Leben des guten Christen ist ein heiliges Sehnen. Wonach du dich aber sehnst, das siehst du noch nicht, aber indem du dich sehnst, wirst du fähig, wenn das kommt, was du sehen sollst, davon erfüllt zu werden. Es verhält sich so, als wolltest du etwas erfüllen, und du weißt, wie groß das ist, was gegeben wird, so dehnst du den Sack oder den Bauch aus; indem du weißt, wieviel du hineinschütten willst, und siehst, daß er zu klein ist, so machst du ihn weiter, indem du ihn ausdehnest; so macht auch Gott durch das Verschieben das Verlangen größer, durch das Verlangen erweitert er die Seele und macht sie so geräumiger.[16]

Augustinus folgert, daß Gott uns warten läßt, um unser Verlangen nach guten und heiligen Dingen zu vergrößern – unser Verlangen nach ihm. Auch hier stoßen wir auf einen wichtigen Begriff, von dem wir schon oft gehört haben: „Gottes Zeit". Er bezieht sich auf den Augenblick, den Gott für den günstigsten Moment für irgend etwas hält. Leider deckt sich diese Zeit normalerweise nicht mit unserer. Wenn Gott sagt: „... eure Wege sind nicht meine Wege" (Jesaja 55,8), meint er damit zweifellos zum Teil auch seinen zeitlichen Ablauf.

Auf der anderen Seite stand Jesus sehr im Einklang mit Gottes Zeit. Er war sich bewußt, daß Gott den Takt vorgab. Wissen Sie noch, wie er in der Bibel auf seine „Zeit" und seine „Stunde" verweist? Als seine Mutter Maria Jesus nahelegt, den Frischvermählten in Kana, denen der Wein ausgegangen war, auszuhelfen, antwortet er, seine „Stunde" sei noch nicht gekommen (Johannes 2,4). Als seine Brüder ihm empfahlen, Galiläa zu verlassen, um zum Laubhüttenfest nach Judäa hinaufzugehen, damit seine Wunder dort von mehr Leuten erlebt werden, erwidert Jesus, seine „Zeit" sei noch nicht gekommen (Johannes 7,6). Erst bei der Vorbereitung zum Letzten Abendmahl vor seinem Tod sagt Jesus: „Meine Zeit ist da" (Matthäus 26,18). Außerdem rät er seinen Jüngern, stets wachsam und bereit zu sein, weil wir weder den Tag noch die Stunde seiner Wiederkunft kennen (vgl. Matthäus 25,13).

Ein biblischer Begriff, der in einem engen Zusammenhang mit der „Stunde" Jesu steht, ist die Vorstellung der „festgesetzten Zeit". „Festgesetzt" bedeutet an dieser Stelle: von Gott vorherbestimmt, es ist der Augenblick, den er vor aller Ewigkeit für das Stattfinden eines bestimmten Ereignisses auserwählt hat. Ein gutes Beispiel dafür ist die Begegnung Jesu mit einem Kranken an einem Teich in Jerusalem namens Bethesda (vgl. Johannes 5,1–14). Das Evangelium berichtet davon, daß er dort unglaubliche achtunddreißig Jahre gewartet habe! Ab und zu bewegte ein Engel das Wasser im Teich, und der erste, der nach der Bewegung in das Wasser hineinstieg, wurde gesund, egal, an welcher Krankheit er auch litt. Doch dieser arme Kerl nun hatte achtunddreißig Jahre lang am Teich gewartet, und jedes Mal, wenn sich das Wasser bewegte, ging ein anderer vor ihm in den Teich hinein. Auf alle Fälle war das zum Verzweifeln.

Eines Tages dann – als er es am wenigsten erwartete – kam Jesus zufällig vorbei. Für Jesus war es jedoch keine zufällige Begegnung. Es war seine Stunde, es war die festgesetzte Zeit. Es handelte sich genau um die Stunde, die er seit aller Ewigkeit her vorausgeplant hatte.

Denken Sie einmal einen Moment daran, was geschehen wäre, wenn der Mann am Teich an dem Tag nach Hause gegangen wäre, *bevor* Jesus vorbeikam. „Nee", hätte er seinen Freunden und seiner Familie mitgeteilt, „hat nicht funktioniert. Ich bin es müde geworden zu warten und hab schließlich aufgegeben. Es ist nichts passiert." Er hätte Gottes Stunde in seinem Leben durch *einen* Tag verpaßt. Und nur, weil er nicht mehr gehofft und nicht mehr vertraut hat.

Doch als Jesus auftauchte, machte er ihn ja auch nicht sofort gesund. Statt dessen stellte er eine seltsame Frage: „Willst du gesund werden?" (Johannes 5,6). Sehr merkwürdig, wenn man den Zustand des Mannes sieht und die Tatsache bedenkt, daß er am Teich wartet. Warum hat Jesus das gefragt? Möglicherweise bezweckte er damit, den Mann ein wenig zum Nachdenken zu bringen, um seinen Wunsch, wieder gesund zu werden, zu neuem Leben zu erwecken. Vielleicht steckte der Mann ja in einer Warteschleife fest. Vielleicht hatte er sich ja auch schon daran gewöhnt, der kranke Typ am Teich zu sein, und konnte sich gar nicht mehr vorstellen, gesund zu sein. So wie die Gefängnisinsassen, die nach einer Weile lieber im Gefängnis bleiben möchten als draußen in der Welt zu leben. Die Worte Jesu regen auch uns zum Nachdenken an. *Möchte ich wirklich das, worum ich bitte? Oder bin ich zufrieden mit dem, wie es ist?* Vielleicht sind wir es aber tatsächlich doch nicht. Vielleicht ist unser Bittgebet nur halbherzig?

Gott hat nicht nur seine eigene Zeit, es scheint oftmals die schlechteste Zeit zu sein. Wir hätten gerne eine Warnung im voraus, einen kleinen Hinweis auf seine Pläne, ein wenig Gelegenheit, uns vorzubereiten und den besten Augenblick zu wählen. So ist es aber nicht. Lassen Sie mich dafür ein weiteres Beispiel aus den Evangelien anführen.

Erinnern Sie sich noch daran, als die Apostel auf den See Genezareth hinausruderten und verzweifelt versuchten, das Wasser trotz der gewaltigen Stürme zu überqueren? Sie waren die ganze Nacht verzweifelt gerudert und kaum vorangekommen. Doch dann sahen sie durch den peitschenden Regen plötzlich Jesus auf dem Wasser gehend näherkommen. Die Apostel waren erschrocken und dachten, sie sehen einen Geist. Jesus versicherte ihnen, daß er es war und daß sie keinen Grund zur Furcht hätten, doch vor lauter Panik schrien sie weiter. Zum Entsetzen der anderen, vernünftigeren Jünger rief Petrus Jesus zu: „Herr, wenn du es bist, so befiehl, daß ich auf dem Wasser zu dir komme." – „Komm", erwiderte Jesus (Matthäus 14,28–29).

Das war nun aber keinesfalls der beste Augenblick für Petrus, seine Seetauglichkeit zu testen. Wenn er wirklich auf dem Wasser laufen sollte, warum sollte er dann nicht einen ruhigen, sonnigen Tag abwarten, um ein solches Manöver irgendwo nahe am Ufer auszuprobieren? Weshalb genau in der Mitte des tiefen Sees, wo gerade ein Gewitter über ihm niederging?

Dieser Augenblick im Leben Petri ähnelt oftmals jenen Momenten in unserem eigenen Leben, in denen wir Gott vertrauen sollten. Dies sind die Momente größter Turbulenzen, wenn alles außer Kontrolle geraten ist. Wenn die Kinder (oder dieses Kind!) offenbar nicht mehr hören will, wenn die Liebe anscheinend unsere Ehe verlassen hat, wenn jedes Arbeitsangebot platzt oder wenn unsere Gesundheit einen schweren Einbruch erleidet. Genau dann läuft Jesus auf dem Wasser unseres Meeres, offensichtlich bereit, an uns vorüberzugehen, gleichgültig gegenüber unserer verzweifelten Zwangslage. Wie die Apostel können wir uns im Schutz unseres vertrauten Bootes ängstlich niederkauern. Oder, wir können gemeinsam mit Petrus laut nach Jesus rufen: „Herr, wenn du es bist, so befiehl, daß ich auf dem Wasser zu dir komme." Und wir werden hören, wie er ohne zu zögern antwortet: *Komm!*

Doch schauen wir uns das Vertrauen von Petrus noch etwas genauer an. Er hatte – ohne das Boot verlassen zu müssen – mehrere Möglichkeiten festzustellen, ob es wirklich der Herr war. Er hätte fragen können: „Herr, wenn du es bist, sag mir den Mädchennamen meiner Mutter." Oder: „Herr, wenn du es bist, sag mir, was ich heute morgen zum Frühstück gegessen habe." Doch das hat Petrus nicht getan. Er sagte etwas weitaus Verrückteres und weitaus Schöneres: „Herr, wenn du es bist, *so befiehl, daß ich auf dem Wasser zu dir komme.*"

Petrus wollte die Gefahr eingehen, nicht weil er das Risiko liebte, sondern weil er vertrauen wollte. Als er zu zweifeln begann, als er die Heftigkeit von Wind und Wellen verspürte, sprang er nicht ins Boot zurück, wie es ein „vernünftiger" Mensch tun würde. Nein, er lieferte sich Christus aus.

Das geschieht, wenn bloßer Glaube zu Vertrauen wird, oder wenn *intellektueller* Glaube zu einem *existentiellen* Glauben wird. Ob die Gestalt, die ihnen da entgegenkam, Jesus war, wurde für Petrus jedenfalls mehr als nur eine akademische Frage. Sie betraf sein ganzes Leben. Bloßer intellektueller Glaube wird uns nie in Bewegung setzen, nie aus dem Boot herausbringen. Heutzutage diskutieren viele Menschen über die Existenz Gottes. Viele, die seine Existenz in der Theorie bejahen, leben in der Praxis so, als gebe es ihn nicht. Wozu taugt ein solcher Glaube? Zu einem wahren Glauben gehört das Risiko. Bei einem wahren Glauben müssen wir uns selbst mit einbringen. Zu einem echten Glauben gehört das Vertrauen.

Gott möchte nicht, daß wir auf Nummer Sicher gehen. Wir sollen ihm nicht als einem letzten Ausweg vertrauen, wenn wir nichts mehr zu verlieren haben. Er will, daß wir ihm dann vertrauen, wenn wir alles zu verlieren haben. Stellen Sie sich einmal selbst die Frage: Wieviel habe ich in meinem Leben wirklich auf Gott gesetzt? Welchen Einsatz habe ich gewagt? Wieviel habe ich investiert?

In der Heiligen Schrift stellt Jesus eine äußerst schwierige Forderung. Er sagt: „... wer aber das Leben um meinetwillen verliert, wird es gewinnen" (Matthäus 10,39). „Sein Leben zu verlieren" bedeutet mehr, als sonntags in die Kirche zu gehen. Es ist mehr als hin und wieder mal zu beten, mehr als ein gelegentlicher frommer Gedanke. Es bedeutet, das Los Jesu zu teilen, mit ihm zu fallen und mit ihm sich wieder aufzurichten. Es bedeutet, alles auf eine Karte zu setzen. Haben Sie *Ihr Leben für ihn verloren* oder hängen Sie immer noch an Ihrem eigenen, in der Hoffnung, sowohl Gott als auch die Welt zu besitzen?

Es ist schön, wenn man sieht, wie junge Menschen Gott ihr Leben schenken. Wenn sie ihr ganzes Leben vor sich haben, mit so vielen Möglichkeiten, und sich dann dafür entscheiden, Gott zu dienen. Was für ein beeindruckendes Zeugnis das doch ist! Natürlich ist es wunderbar, Gott zu irgendeinem Zeitpunkt in unserem Leben zu dienen, doch es hat schon irgend etwas Ergreifendes an sich, wenn ein junger Mensch einfach „alles über Bord wirft" – für Gott.

Viele versuchen, diese jungen Menschen davon abzubringen, alles aufzugeben. Andere warnen sie davor, ihre Jugend zu verschwenden. Viele raten ihnen, erst mal eine Weile zu „leben", Dinge auszuprobieren, und dann erst vielleicht dem Herrn in voller Hingabe zu dienen. Doch sie weigern sich. Sie wollen Gott nicht die Überbleibsel ihres Lebens, sie wollen ihm das Allerbeste geben: ihre besten Jahre, ihre Kraft, ihre jugendliche Vitalität, sich ganz und gar.

GOTTES GEDULD MIT UNS

Das Leben eines Christen ist ein Langstreckenlauf. Es ähnelt eher einem Marathon- als einem Hundertmeterlauf. Denken Sie daran, wie Jesus auf den Samen verweist, der auf felsigen Untergrund fiel. Der Samen geht schnell auf, vertrocknet aber ebenso schnell und bringt keine echte Frucht hervor. „Auf den Felsen ist der Samen bei denen gefallen", sagt Jesus, „die das Wort freudig aufnehmen, wenn sie es hören; aber sie haben keine Wurzeln: Eine Zeit lang glauben sie, doch in der Zeit der Prüfung werden sie abtrünnig" (Lukas 8,13). Der gute Boden, der wirklich fruchtbar ist, steht für jene, die „durch ihre Ausdauer Frucht bringen" (Lukas 8,15). Wurzeln schlagen braucht seine Zeit. Es braucht Geduld. Und daher mahnt uns Petrus eindringlich: „Das eine aber, liebe Brüder, dürft ihr nicht übersehen: daß beim Herrn ein Tag wie tausend Jahre und tausend Jahre wie ein Tag sind. Der Herr zögert nicht mit der Erfüllung der Verheißung, wie einige meinen, die von Verzögerung reden; er ist nur geduldig mit euch, weil er nicht will, daß jemand zugrunde geht, sondern daß alle sich bekehren" (2 Petrus 3,8–9).

Diese schöne Passage aus dem zweiten Petrusbrief zeigt uns einige wichtige Wahrheiten über das Warten auf Gott, die möglicherweise nicht unmittelbar einleuchten. Was *unsere* Geduld beim Warten auf ihn zu sein scheint, stellt sich als *seine* Geduld beim Warten auf uns heraus! Er wartet auf uns, daß wir zu ihm kommen, statt daß er sich zu früh zu erkennen gibt und uns unvorbereitet erwischt. Gott gibt uns also Zeit, im Glauben zu reifen, Buße zu tun und an ihn zu glauben.

Manchmal konzentrieren wir uns so stark darauf, wie lange wir auf Gott warten müssen, daß wir vergessen, wie lange er auf uns warten muß. Freilich, wir müssen schon Geduld mit Gott haben, doch wieviel mehr Geduld muß er mit uns üben? Jedes Mal kann ich sagen: „Wie lange noch, Herr?" Er kann zu mir tausendmal sagen: „Wie lange noch, Thomas?" Wir finden das auch im Matthäusevangelium. Als die Jünger nicht in der Lage sind, einen Jungen, der an Epilepsie litt, zu heilen, ruft Jesus: „O du ungläubige und unbelehrbare Generation! Wie lange muß ich noch bei euch sein? Wie lange muß ich euch noch ertragen?" (Matthäus 17,17). Gott fordert von uns keine Geduld, die er nicht bereit ist, mit uns zu üben – er übt sie selbst in höchstem Maße aus! Er ist mit uns sogar weitaus geduldiger, als wir mit ihm oder mit anderen Menschen sind.

Wahrscheinlich kennen Sie bestimmte Menschen, bei de-

Wenn ich daran denke, wie viele Jahre ich mich gegen Gottes Gnade zur Wehr setzte, kann ich das kaum glauben. Er verfolgte mich, doch ich wollte davon nichts wissen. Ich wollte mein Leben leben und nicht, daß Gott mir sagte, was ich zu tun habe. Wie undankbar und verwöhnt ich doch war! Ich weiß nicht, wie er so geduldig mit mir sein konnte. Ich bin einfach nur froh darüber, daß ich zu dieser Zeit nicht gestorben bin, denn wer weiß, was dann geschehen wäre. Gottes unglaubliche Geduld muß das größte Geschenk sein, das ich von ihm bekommen habe.
Margaret, 52 Jahre

nen es Ihnen schwerfällt, geduldig zu bleiben. Bei mir ist das jedenfalls so. Ich gebe Ihnen mal ein Beispiel dafür. Ich bin ja viel unterwegs, vor allem fliege ich oft. Ich reise gern. Ich habe da so meine Gewohnheiten. Ich habe einen kleinen Koffer dabei, in dem befinden sich Desinfektionsmittel für die Hände, eine Bibel, Sudokurätsel, mein Brevier, mein Laptop, eine Zeitung – meine Arbeit! Ich weiß, wie ich mir die Zeit einteile, damit sie schneller vergeht. Ich bete eine Weile, hör' mir etwas Musik an, löse ein Rätsel, lese und schreibe ein wenig usw.

Doch hin und wieder sitze ich dann im Flugzeug neben einem „Schwätzer". Sie wissen schon, welche Art von Menschen ich damit meine. Jemand, der ständig vor sich hinbrabbelt. Verstehen Sie mich jetzt aber bitte nicht falsch. Ich bin wirklich ausgesprochen kontaktfreudig. Ich unterhalte mich gerne und nutze die Gelegenheit „zufälliger" Begegnungen, die beiden Gesprächspartnern zugutekommt. Aber nicht im Flugzeug. Im Flugzeug sind mir ungesellige Leute lieber, die einfach nur ihren eigenen Geschäften nachgehen, vielleicht noch ihren Namen grummeln, wenn wir uns erst mal hinsetzen, dann aber nichts mehr weiter sagen, bis sie dann ein „Wiedersehen" grummeln, wenn wir unserer Wege gehen.

In einem Flugzeug neben einem „Schwätzer" festgeschnallt sitzen zu müssen, macht mich zunächst nervös, dann ängstlich, und schließlich regelrecht panisch. *Warum hört er nicht endlich auf? Hat er keine Zeitschrift mit dabei? Soll ich ihm einen Film vorschlagen? Wäre es lieblos, wenn ich dezent mein Buch heraushole und zu lesen anfange?* Ich weiß, es ist unvernünftig, aber so ist es nun einmal. Es ist eine Schwäche von mir. Es gibt keinen besonderen oder tieferen Grund für mich, so zu handeln. Es kann so etwas Oberflächliches sein, daß ich mein Sudokurätsel zu Ende machen oder ein wenig Musik hören möchte.

Gott aber benimmt sich uns gegenüber niemals so. Auch wenn wir uns soviel lästiger als ein unschuldiger „Schwätzer" verhalten, hat er doch *immer* Interesse und Zeit für uns. Er erträgt unsere Engstirnigkeit und unseren Wankelmut. Nie verliert er die Hoffnung auf oder das Interesse an uns, egal, wie oberflächlich wir auch scheinen.

Der große Heilige Hieronymus – berühmt für seinen wundervollen Ausspruch: „Unkenntnis der Schriften ist nämlich Unkenntnis Christi" – hatte ebenfalls etwas über Gottes grenzenlose Geduld zu sagen. Er bemerkte: „Der Herr ist gnädig und barmherzig und möchte lieber die Bekehrung eines Sünders als seinen Tod." Und er fährt fort: „Geduldig und freigebig in seiner Barmherzigkeit schließt er sich nicht der menschlichen Ungeduld an, sondern ist bereit, eine lange Zeit auf unsere Reue zu warten."[17] Und es ist gut, daß er das tut! Wer von uns hat von seiner Bereitschaft, auf uns zu warten, wohl noch nicht profitiert?

Letztendlich verspricht Christus uns (mittels einer rhetorischen Frage): „Sollte Gott seinen Auserwählten, die Tag und Nacht zu ihm schreien, nicht zu ihrem Recht verhelfen, sondern zögern? Ich sage euch: Er wird ihnen unverzüglich ihr Recht verschaffen" (Lukas 18,7–8). Er hört unsere Gebete und reagiert auf sie, schneller als wir es mitbekommen. Wir müssen einfach nur „Tag und Nacht", ohne die Hoffnung je aufzugeben, zu ihm rufen. Er will, daß wir ihn inständig bitten, daß wir ihn mit unseren Bitten bestürmen. Bei Gott ist es keine Frage nach dem „ob", sondern nach dem „wann". Er wird auf alle Fälle antworten.

Daß Gott sich „Zeit läßt", ist eine Quelle der Belastungen für jene, die ihm vertrauen. Allerdings findet sich nur ein demütiges Herz damit ab, das bereit ist, Gott als Gott anzuerkennen. Ein weiteres gespanntes Verhältnis kann sich aus uns selbst heraus entwickeln, aus unseren eigenen Charakterfehlern und

Sünden. Auch dieses Hindernis muß mit Demut überwunden werden, indem man Gottes Größe mehr als unser eigenes Elend in den Vordergrund rückt. Im folgenden Kapitel werden wir uns diese Dynamik genauer ansehen.

Können Sünder vertrauen?

Letztendlich gibt es zwei Haupthindernisse, Gott zu vertrauen, und ich weiß nicht, welches davon schlimmer ist. Das erste ist die Erfahrung, von Gott im Stich gelassen worden zu sein und sich nun verlassen zu fühlen. Das zweite tritt dann auf, wenn man gegen Gott gesündigt hat und dann meint, es gebe keine Möglichkeit mehr, ihm erneut Vertrauen zu schenken – nicht aufgrund dessen, was er getan hat, sondern aufgrund dessen, was *Sie* getan haben.

Es heißt, der Teufel habe eine ganz einfache Methode, uns von Gott abzubringen. Es handelt sich um eine zweistufige Strategie, die offenbar recht gut wirkt, so daß er sie nur selten abwandelt. Zunächst veranlaßt er uns zur Sünde, indem er das Böse amüsant, toll und angenehm aussehen läßt. Wenn er uns dann erst einmal zu Fall gebracht hat, spielt er als Nächstes die Rolle des Anklägers, der mit seinem Finger auf uns zeigt und laut schreit, wie schrecklich und unwürdig wir doch sind. Damit versucht er, uns daran verzweifeln zu lassen, jemals erlöst zu werden. Diesen zweiten Teil der diabolischen Strategie möchte ich mir mit Ihnen gerne näher ansehen.

Wenn wir Gott gegenüber im großen oder im kleinen gefehlt haben, wissen wir, daß sich zwischen uns irgend etwas verändert hat. Wir empfinden in unserer Beziehung nicht mehr dieselbe Vertraulichkeit oder dieselbe Spontaneität. Doch das kommt nicht von Gott, es geht von uns aus. Wie Adam und Eva, die nach dem Sündigen „erkannten, daß sie nackt waren" (Genesis 3,7) und sich vor Gott schämten, macht uns unsere Sünde befangen und weniger spontan bei unserem Umgang mit ihm. Wo es einst ungezwungen und herzlich zuging, halten Unruhe und Argwohn Einzug.

Ich glaube, dies liegt einerseits an dem, was wir auf Gott projizieren, was er unserer Ansicht nach zu empfinden habe. Wir nehmen an, daß er kühl, gefühllos und verärgert auf uns reagieren würde, wenn wir uns ihm näherten. Selbst dann, wenn wir aufrichtig an seine Vergebung glauben, finden wir es womöglich schwerer, davon überzeugt zu sein, daß er tatsächlich auch *vergessen* kann. Wir gehen davon aus, daß wie bei einem Ehepaar, bei dem einer der Ehegatten untreu gewesen war, stets ein gewisses gespanntes Verhältnis bestehen bleiben wird – ein unausgesprochener Verlust an Intimität.

Doch unser christlicher Glaube garantiert uns, daß dies nicht der Fall ist. Gott liebt uns selbst in unserer Sünde noch, während wir gerade sündigen. Er braucht keine „Abkühlphase", um seinen anfänglichen Zorn zu überwinden, damit er uns wieder in die Augen schauen kann. Gott entzieht uns niemals seine Liebe. Er zieht sich nie von uns zurück, weil er uns satt hat. Er leidet mit uns. Er möchte, daß wir nicht sündigen. Aber er liebt uns weiter mit derselben Intensität, derselben Absolutheit, derselben Leidenschaft wie zuvor.

Wenn Gott uns vergibt, schafft er uns neu. Er klebt uns nicht nur einfach wieder zusammen; er gestaltet und formt uns neu, so daß wir wirklich neu erschaffen sind. Als Jesus zusagt, daß er „alles neu" (Offenbarung 21,5) mache, bezieht er sich damit vor allem auf unser Herz und unsere Seele. Die verlorene Unschuld, die wir niemals selbst zurückerlangen könnten, wird ermöglicht durch die überwältigende Macht der Liebe Gottes.

Doch nicht nur das, Gott macht aus unserer Sünde auch noch Gutes. Er stellt die Sünde auf den Kopf und macht sie zu einem Instrument, damit wir Gottes freundliche Liebe und seine große Barmherzigkeit kennenlernen. Und so können wir tatsächlich die Wahrheit der Worte Jesu erfahren, die er im Hause Simons, des Pharisäers, sprach: „Deshalb sage ich dir: Ihr sind ihre vielen Sünden vergeben, weil sie (mir) so viel Liebe gezeigt hat. Wem aber nur wenig vergeben wird, der zeigt auch nur wenig Liebe" (Lukas 7,47). Die Erfahrung der Vergebung Gottes führt dazu, daß unser Herz zu größerer Liebe fähig wird.

> *Wie könnte ich Gott nicht vertrauen? Er ist so gut zu mir gewesen. Er hat mir soviel vergeben. Es wäre von meiner Seite aus die größte Undankbarkeit, ihm nicht zu vertrauen!*
> SILVIO, 54 JAHRE

STAUB UND ASCHE

Ob wir diese Wahrheiten mit unserem Verstand erkennen oder ob wir sie mit unserem *Herzen* fühlen, sind leider zwei unterschiedliche Dinge. Wir müssen es nur zulassen, daß die Wahrheit von Gottes Barmherzigkeit von unserem Hirn in unser Herz herabsteigt. Durch unsere Sündhaftigkeit kann es – wenn sie mit einer aufrichtigen Reue einhergeht – sogar möglich werden, daß wir im Vertrauen wachsen. Außerdem können dadurch frühere, nicht so gute Beweggründe zu vertrauen eliminiert werden, denn neben den guten Motivationen, Gott sein Vertrauen zu schenken, gibt es auch schlechte.

So könnten wir etwa unter der falschen Annahme agieren, Gott *schulde* uns eine gute Behandlung, und könnten eben aus diesem Grunde vertrauen, damit wir eine solche auch erhielten. Wie der ältere Bruder im Gleichnis vom Verlorenen Sohn (siehe Lukas 15,11–32) meinen wir vielleicht, daß wir im Gegensatz zur übrigen Menschheit die Wertschätzung Gottes verdienten. Schließlich beten wir ihn aufrichtig an. Wir gehorchen seinen Geboten. Wir führen einen untadeligen Lebenswandel. Oder, um es mit den Worten des älteren Sohnes zu sagen, der aufgebracht war durch die scheinbare Ungerechtigkeit seines Vaters: „So viele Jahre schon diene ich dir, und nie habe ich gegen deinen Willen gehandelt" (Lukas 15,29). Es ist einfach richtig zu vertrauen – haben wir vielleicht unbewußt gedacht –, da es einfach *gerecht* ist, daß Gott gut zu uns ist.

Vielleicht meinen wir aber auch einfach, daß wir besser als andere sind. Verglichen mit der übrigen Menschheit schneiden wir einigermaßen gut ab; wenn andere also Grund zum Vertrauen haben, dann haben wir den erst recht. *Gott hat schließlich gerecht zu sein, und wenn er die reinläßt, dann sollte er mich, verflixt noch mal, auch reinlassen!*

Wenn wir davon ausgehen, daß Gott uns liebt, weil wir gut sind, setzen wir logischerweise auch voraus, daß er aufhört uns zu lieben, wenn wir böse sind. Er hat uns geliebt, als wir brav waren, *weil* wir brav waren, wird es aber nicht mehr tun, wenn wir uns anders verhalten.

Das ist eine der größten Versuchungen, der wir gegenüberstehen. Ein Keim, der sich seinen Weg in unser Gehirn bahnt und arglistig flüstert: „Gott liebt dich nicht mehr. Früher hat er dich geliebt, doch diesen Fehler wird er nicht noch einmal machen. Du bist nicht liebenswert." Das ist die teuflischste Lüge des Satans.

Doch um darauf zu reagieren, müssen wir uns die alles entscheidende Frage stellen: Warum liebt uns Gott? Warum hat er uns früher überhaupt geliebt? Im Falle der menschlichen Liebe gibt es immer einen *Grund* oder ein Motiv für die Liebe. „Ich konnte meine Augen gar nicht mehr von ihr abwenden." „Er ist so lustig." „Er hat soviel für mich getan." „Sie war gut zu meiner Mutter." „Wir mögen die gleichen Dinge." Warum Gott uns allerdings liebt, da können wir so tief bohren, wie wir nur wollen, wir werden doch *bei uns selbst* nie einen Grund dafür entdecken, warum Gott uns lieben sollte. Wir können zwar sagen: „Gott liebt mich, weil ich so klug bin",

„Gott liebt mich, weil ich so gut aussehe", „Gott liebt mich, weil ich so sportlich bin" oder sogar „Gott liebt mich, weil ich so tugendhaft bin." Doch der Grund liegt nicht bei uns, sondern bei *ihm*.

Um das zu verstehen, bringt Luis María Martínez einen wundervollen Vergleich: „Nehmen wir einmal an", schreibt er, „daß ein König sich in eine Bauernmagd verliebt und ihr aus diesem Grund prächtige Kleider und kostbaren Schmuck schenkt. Wer wird wohl meinen, daß es die Kleider und der Schmuck waren, die bei der Magd auf den König so anziehend wirkten?"[18] Im Unterschied zu unserer Liebe ist Gottes Liebe zu uns *vollkommen* unverdient. Er liebt uns, weil er uns lieben will. Er liebt uns nicht, weil wir liebenswert sind; wir sind liebenswert, weil er uns liebt.

Deshalb müssen wir einer der natürlichsten Neigungen bei unserer Beziehung zu Gott widerstehen. Wenn wir das Pech haben, auf irgendeine Weise gegen unseren Herrn gesündigt zu haben, reagieren wir spontan so, daß wir uns von ihm entfernen und uns in uns zurückziehen. Wir fragen uns, wie er auf uns eingehen wird, wenn wir schließlich den Mut aufbringen, uns ihm wieder zuzuwenden, um ihm die qualvolle Frage zu stellen: „Willst du mich wiederhaben?" Doch auf diese Frage lautet die einzige Antwort, die wir von Jesus jemals erhalten werden: „Von ganzem Herzen! Mehr als alles andere auf der Welt möchte ich dich wiederhaben!" Gott ist nicht wie eine gekränkte und gedemütigte Ehefrau, die es übermenschliche Kräfte kostet, ihren untreuen Ehemann wieder bei sich zu Hause aufzunehmen – wenn sie es tatsächlich überhaupt schaffen sollte. Gott denkt da nicht zweimal nach. Seine herzliche Reaktion kommt spontan und unmittelbar: „Ich will dich wiederhaben!"

Als der verlorene Sohn nach seinem niederträchtigen Vergehen und zahllosen Beleidigungen gegen seinen Vater wieder nach Hause zurückkehrt, wird er von seinem Vater nicht mit Vorwürfen, sondern mit Küssen und einer herzlichen Umarmung empfangen. Er bekommt keine Abfuhr, sondern ein Fest. Und nicht etwa deshalb, weil sein Vater genügend Zeit hatte, um seine Wut zu überwinden, sondern weil er nie aufgehört hatte, seinen Sohn zu lieben. Gott verdient unser Vertrauen. Und er hat es auch nicht weniger verdient, wenn wir ihn gekränkt haben.

GOTTES LIEBE ZU DEN SÜNDERN

Ein besonders trostspendendes Motiv bei der Heilsbotschaft Christi ist das der Barmherzigkeit Gottes. Immer und immer wieder betont er seine Liebe für die Sünder und hebt hervor, daß er vor allem auf die Erde kam, um das zu suchen und zu retten, was verloren war. Das vielleicht größte Hindernis, Gott zu vertrauen, besteht in der Erkenntnis, daß wir seine Liebe nicht verdienen. Wir versuchen, uns seine Gunst zu erwerben, und wenn uns das (vielleicht sogar wiederholt) nicht gelingt, wird uns schmerzlich bewußt, daß wir außer Strafe nichts von Gott verdienen. Angesichts dessen kann es äußerst schwierig werden, Gott weiterhin sein Vertrauen zu schenken.

Wenn wir genauer hinschauen, so befürchten wir, daß wir womöglich schlimmer dran sind, als wir meinen.

Wie können wir Gott um Hilfe bitten und auf seine Unterstützung zählen, wenn wir ihn so häufig beleidigen? Und doch garantiert uns unser Elend, daß Gott sich für uns interessiert. Gott behält sich für Sünder eine besondere Form der Sensibilität vor. Christus läßt uns wissen, daß es im Himmel mehr Freude über einen reumütigen Sünder als über neunundneunzig Gerechte gebe, die keiner Reue bedürfen (siehe Matthäus 18,12–13).

Was wir häufig vergessen ist, daß Christus eigens erschienen ist, um die Sünder zu erlösen. Um etwaigen Mißverständnissen vorzubeugen, sagt er recht deutlich, daß er – so wie ein Arzt die Kranken und nicht die Gesunden heilt – nicht gekommen sei, um die Gerechten, sondern die Sünder zu rufen (siehe Matthäus 9,13). Unsere Sünden und unser Versagen stellen bei weitem keinen Hinderungsgrund für Gottes Barmherzigkeit und seine Liebe dar – sie bürgen dafür, daß wir zu Gottes Zielgruppe gehören. Du suchst nach einem Sünder? Hier bin ich! Paulus ermahnt Timotheus: „Das Wort ist glaubwürdig und wert, daß man es beherzigt: Christus Jesus ist in die Welt gekommen, um die Sünder zu retten. Von ihnen bin ich der Erste" (1 Timotheus 1,15). Statt sich darüber zu schämen, war Paulus „stolz" darauf, da er wußte, daß Christus seinetwegen gekommen war! Die Heilsmission Christi bestand nicht darin, die Guten zu loben, sondern die Sünder emporzuheben.

Wenn ein Bettler die Aufmerksamkeit eines potentiellen Wohltäters auf sich zu lenken sucht, zieht er sich nicht seine beste Kleidung an und tut so, als lebte er völlig sorgenfrei. Statt dessen hebt er seine Bedürftigkeit hervor, indem er seine schlechtesten Lumpen trägt, um zu zeigen, wie verzweifelt er Hilfe braucht. Ein guter Bettler weiß, daß Armut das Herz eines Wohltäters zum Mitleid bewegt. Vor Gott sind wir alle Bettler. Selbst die besten von uns können kaum durch ihr persönliches Verdienst Anspruch auf Gottes Liebe erheben. Es ist unsere Bedürftigkeit, die den König des Himmels rührt, Mitleid mit uns zu haben und uns mit seinen Gaben zu überhäufen. Zugleich ist Gott unser Vater, und jeder Vater möchte, daß sich seine Kinder mit absolutem Vertrauen an ihn wenden.

Zuversichtlich, daß Christus siegen wird, ruft der Apostel Paulus laut aus: „Was kann uns scheiden von der Liebe Christi?" (Römer 8,35). Damit ist nicht gesagt, daß die Sünde nicht tatsächlich eine Trennung von Gott bewirkt. Die läßliche Sünde verletzt die Liebe und schwächt unsere Freundschaft zu Christus, und die Todsünde – wenn wir bewußt mit freiem Willen in einer schweren Angelegenheit sündigen – trennt uns wirklich von Gott (siehe 1 Johannes 5,16–17). Doch Gottes

Liebe ist so groß, daß selbst die abscheulichste Lüge uns nicht für immer von ihm scheiden kann, wenn wir bereit sind, demütig unsere Schuld einzugestehen und um seine Barmherzigkeit zu bitten.

Schauen wir auf den „guten" Schächer am Kreuz. Nachdem er sein ganzes Leben lang Missetaten begangen und Gottes Geboten keine Beachtung geschenkt hatte, reichte ein Blick auf Christus aus, um sein Herz zu verwandeln, so daß er Christus vor seinem kriminellen Leidensgenossen verteidigte. Dann bat er demütig darum – obwohl er ja ein Sünder war –, daß sich Christus seiner erinnere, wenn er in sein Königreich eintrete. Und sogleich erwidert ihm Christus entschieden: „Amen, ich sage dir: Heute noch wirst du mit mir im Paradies sein" (Lukas 23,43).

Manche Menschen schaffen es nicht zu vertrauen, weil sie denken, sie seien zu weit gegangen. Zuviel Wasser ist den Rhein hinabgeflossen, und nun ist die Zeit der Reue und des Vertrauens vorbei. Irgendwann sagte mal ein Mann zu mir: „Leider bin ich vor vielen Jahren vor Gott davongelaufen. Ich habe mich jetzt zu weit von ihm entfernt." Was dieser Mann nicht erkannte war, daß Gott ihm all die Jahre gefolgt war. Manchmal gehen oder laufen wir sogar weg vor Gott, doch alles, was wir nur tun müssen ist, uns umzudrehen, um festzustellen, daß er immer noch direkt bei uns ist. Wir haben *ihn* zwar verlassen, aber er weigert sich, *uns* zu verlassen.

Ich bin vor zwei Jahren in die Kirche zurückgekehrt, und es war so, als ob ich sie nie verlassen hätte. Ich hatte das Gefühl, daß Jesus mich in seine Arme nahm und einfach nur sagte: „Willkommen daheim!"
MARIO, 49 JAHRE

Der wundervolle Pfarrer von Ars Jean-Marie Vianney gab folgende bemerkenswerte Erklärung ab: *„Le plus grand plaisir de Dieu est de nous pardonner"* (Uns zu vergeben ist Gottes größtes Vergnügen).[19] Es ist Balsam für das Herz Jesu, wenn er seine Gnade über uns ausschütten kann. Niemals werden Sie die folgenden Worte aus Christi Mund vernehmen: „Du hast von mir zuviel erhofft." Wir erwarten nie zuviel von Gott. Wir erwarten immer zu wenig. Gott ist unendliche Liebe. Das einzige, was die Wunder seiner Barmherzigkeit aufhält, ist unsere mangelnde Bereitschaft, ihm zu vertrauen.

Sofort wenden wir ein: *Das mag vielleicht für Heilige gelten, ich aber bin so böse, daß ich kein Recht habe, so viel von ihm zu erwarten. Ich bin nicht nur ein Sünder, ich bin sogar ein unverbesserlicher Sünder.* Vielleicht wenden wir ja ein, daß wir – im Unterschied zu Petrus, im Unterschied zum guten Schächer und im Unterschied zum verlorenen Sohn – uns nicht ein für alle Mal bekehrt haben, sondern Gott auch weiterhin beleidigen, sogar dann noch, wenn wir seine Liebe und Barmherzigkeit erfahren haben. So stellen wir vermutlich jedes Mal, wenn wir uns an Christus wenden, um seine Vergebung zu erlangen, fest, daß wir praktisch die gleichen Sünden begangen haben, die wir schon beim letzten Mal gebeichtet haben. Und wir fragen uns: *Wird Gott nicht die Geduld mit mir verlieren und eines Tages schließlich sagen: „Jetzt reicht es aber! Ich habe dir genug vergeben. Dein Kreditrahmen ist ausgeschöpft"?*

Zum Glück hat Christus diesen Einwand vorhergesehen und uns eine sehr aufschlußreiche Lektion erteilt. Als Petrus eines Tages zu ihm kam und ihn fragte, wie oft er seinem Bruder, der gegen ihn gesündigt hatte, vergeben solle, schlug er prahlerisch vor: „Siebenmal?" Doch Jesus berichtigte diese Zahlenangabe freundlich nach oben und sagte: „Nicht siebenmal, sondern siebenundsiebzigmal" (Matthäus

18,21–22). Anders ausgedrückt: jedes Mal, wenn dein Bruder zurückkehrt und sich entschuldigt, mußt du ihm vergeben. Wenn das jetzt das Maß an Geduld und Barmherzigkeit ist, das Gott von schwachen Menschen verlangt, kann das nur ein matter Widerschein der phantastischen Tiefe seines eigenen gütigen Herzens sein. Abermals: Dieser Gott verdient unser grenzenloses Vertrauen, weil er selbst grenzenlose Güte an den Tag legt.

Doch welche Form sollte unser Vertrauen annehmen? Es ist eine Sache, Gott *generell* Vertrauen zu schenken, aber es ist etwas ganz anderes, spezielle Dinge von ihm zu erwarten. Was ist es also, was wir von Gott erwarten? Gibt es auch etwas, mit dem wir nicht rechnen sollten? Es scheint mir, daß die Menschen oftmals ihren Glauben an Gott verlieren, weil sie etwas von ihm erwarten, was er niemals geben will. Sehen wir uns das genauer an.

GOTTES VERSPRECHEN

WAS WIR NICHT VON GOTT ERWARTEN SOLLTEN

Erfüllt Gott unsere Erwartungen? Kann man ihm vertrauen? Eine solche Frage ist natürlich berechtigt, und dieses Buch hofft, eine Antwort darauf geben zu können. Wir sollten anderen Menschen ja nur dann vertrauen, wenn sie vertrauenswürdig sind, und das gilt ebenso für Gott. Doch um herauszubekommen, ob Gott unsere Erwartungen erfüllt, müssen wir erst einmal wissen, war er überhaupt *verspricht*. Es wäre ja wohl nicht redlich, die Leistungen einer Person an irgend etwas zu bemessen, außer an dem, zu dem sie sich selbst verpflichtet hat.

Vielleicht erinnern Sie sich ja an den Hit aus dem Jahre 1970 „I Never Promised You a Rose Garden". Der Text besagt einfach nur, daß man sich falsche Hoffnungen macht, wenn man erwartet, daß alles perfekt sein soll. Seien Sie realistisch und fair. Wir müssen unsere Hoffnungen dem anpassen, was versprochen wird.

Welche Sicherheit bietet uns Gott? Welche unserer Erwartungen wird er erfüllen? Stimmt es vielleicht, daß wir Dinge von ihm erwarten, die er niemals versprochen hat oder auch nie gewähren wollte? In diesem Kapitel werden wir uns auf die Kehrseite der Medaille konzentrieren: auf das, was Gott *niemals* verspricht. Bisweilen – vielleicht auch oft, sollte ich sagen – fühlen wir uns von Gott im Stich gelassen, weil er uns nicht das gewährt, was wir gerne von ihm hätten. Doch es gibt eine ganze Reihe von Dingen, zu denen er sich nie und nimmer bereiterklärt und die er manchmal tatsächlich geradewegs verweigert!

Bei der Beurteilung der Vertrauenswürdigkeit Gottes besteht der erste Schritt darin, unsere Erwartungen seinem Wort anzupassen. Wenn er nicht das erfüllt, was er versprochen hat, ist es begründet, daß wir unser Vertrauen zu ihm verlieren. Wenn er andererseits jedoch genau das tut, was er sagt, dann hat er unser Vertrauen verdient.

Genau genommen gibt es zahllose Dinge, die Gott nicht verspricht. So verspricht er beispielsweise nicht jeder Familie eine Giraffe oder sieben Tage in der Woche Sonnenschein (außer in San Diego) oder jedem einen roten Ferrari an seinem achtzehnten Geburtstag. Das erwarten auch nur sehr wenige Leute. Es gibt jedoch viele Dinge, die irrigerweise von Gott *tatsächlich* erwartet werden. Wenn diese dann ausbleiben, geht die Nörgelei los, und man verliert schnell das Vertrauen. Richten wir unsere Aufmerksamkeit doch einmal darauf.

WAS GOTT ALLES NICHT VERSPRICHT

1. Totale Gerechtigkeit auf Erden

Eine der größten Anklagen, die man gegen Gott ins Feld führt, prangert das Leiden von Unschuldigen an. Wenn wir uns umschauen, sehen wir, daß niemand verschont bleibt. Ein jeder leidet, und mitunter sieht es so aus, als litten die Unschuldigen mehr als die Schuldigen. Es wäre einfacher für uns, wenn gute Menschen ein gutes Leben hätten und schlechte Menschen leiden müßten. Doch das ist eindeutig nicht der Fall. Denken wir an die Enttäuschung des armen Psalmisten, als er sah, daß all die Bösen Erfolg und keinerlei Probleme hatten und viele Gute bis zum Hals in Schwierigkeiten steckten. Wie kann das sein?

Denn ich habe mich über die Prahler ereifert,
als ich sah,
daß es diesen Frevlern so gut ging.

Sie leiden ja keine Qualen,
ihr Leib ist gesund und wohlgenährt.
Sie kennen nicht die Mühsal der Sterblichen,
sind nicht geplagt wie andere Menschen.
Darum ist Hochmut ihr Halsschmuck,
wie ein Gewand umhüllt sie Gewalttat.
Sie sehen kaum aus den Augen vor Fett,
ihr Herz läuft über von bösen Plänen.
Sie höhnen, und was sie sagen, ist schlecht;
sie sind falsch und reden von oben herab.
Sie reißen ihr Maul bis zum Himmel auf
und lassen auf Erden ihrer Zunge freien Lauf.
Darum wendet sich das Volk ihnen zu
und schlürft ihre Worte in vollen Zügen.
Sie sagen: „Wie sollte Gott das merken?
Wie kann der Höchste das wissen?"
Wahrhaftig, so sind die Frevler:
Immer im Glück, häufen sie Reichtum auf Reichtum.
Also hielt ich umsonst mein Herz rein
und wusch meine Hände in Unschuld.
Und doch war ich alle Tage geplagt
und wurde jeden Morgen gezüchtigt.
Hätte ich gesagt: „Ich will reden wie sie",
dann hätte ich an deinen Kindern Verrat geübt.
Da sann ich nach, um das zu begreifen;
es war eine Qual für mich.

(PSALM 73,3–16)

Der Psalmist steht da nicht allein, wenn er sich fragt, warum
das alles offenbar nicht gerecht ausgeht. Warum werden die
Guten oftmals „bestraft", während gewissenlose Menschen gut
zurechtzukommen scheinen? Denken Sie mal über die bekann-
ten Worte des Propheten Jeremia nach:

Du bleibst im Recht, Herr,
wenn ich mit dir streite;
dennoch muß ich mit dir rechten.
Warum haben die Frevler Erfolg,
weshalb können alle Abtrünnigen sorglos sein?
(JEREMIA 12,1)

Ja, warum geht es denn den Bösen gut? Diese Klage hört man von Generation zu Generation. Wir meinen, daß Gott hier auf Erden absolute Gerechtigkeit herstellen müßte, doch das tut er nicht. Doch er verspricht das auch nicht, oder? Dafür verspricht er aber Gerechtigkeit in der Ewigkeit, und darin liegt die Hoffnung eines Christen. Wir glauben, daß die enormen Ungerechtigkeiten, die wir auf Erden erleben, in der Ewigkeit irgendwie wieder gutgemacht werden. Aber nicht hier. Und nicht jetzt.

2. Begründungen für das Handeln Gottes

Irdische Gerechtigkeit ist nicht das einzige, das wir zu Unrecht von Gott erwarten. Menschen, die von Sorgen gequält werden, stellen in ihren Gebeten besonders häufig die Frage „Warum, Herr?" Dieses Gebet läßt sich vielfach variieren. Da gibt es das selbstbemitleidende Gebet in Form des „Warum ich?" sowie das eher selbstlose Gebet „Warum gerade sie?" mit allen möglichen Versionen dazwischen („Warum gerade jetzt?" „Warum das?" „Warum meine Familie?" usw.). Wir wollen unbedingt den *Grund* für etwas erfahren, ganz besonders *Gottes Gründe* dafür, weshalb er bestimmte Dinge zuläßt. Wir verlangen von ihm, sich zu rechtfertigen, manchmal aus Wut, manchmal einfach nur, weil wir es wirklich gerne wissen möchten. Das gilt vor allem dann, wenn weltliche Sorgen der Güte Gottes zu widersprechen scheinen.

Doch Gott möchte nicht gerne in den Zeugenstand berufen und von seinen Geschöpfen verhört werden. Jedenfalls folgere ich das aus der Heiligen Schrift und meiner eigenen Erfahrung. Falls Sie daran zweifeln, lesen Sie einfach noch einmal, wie Hiob am Anfang von Kapitel 38 scharf von Gott zurechtgewiesen wird. Nachdem Hiob einige furchtbare Schicksalsschläge erlitten hat, wagte er Gottes Motive für ein derartiges Handeln in Frage zu stellen. Das mag uns zwar nachvollziehbar erscheinen, denn nach allem, was man so hörte, ist es Hiob wahrlich entsetzlich ergangen, obwohl er doch ein guter Mensch gewesen war und diesen ganzen Kummer, der ihm widerfuhr, überhaupt nicht verdient hatte. Doch Gott antwortete auf Hiobs offenbar vernünftige Klage recht energisch:

> Wer ist es, der den Ratschluß verdunkelt mit Gerede ohne Einsicht?
> Auf, gürte deine Lenden wie ein Mann:
> Ich will dich fragen, du belehre mich!
> Wo warst du, als ich die Erde gegründet?
> Sag es denn, wenn du Bescheid weißt.
>
> (Hiob 38,2–4)

Statt Hiobs Fragen zu beantworten, verweist Gott ihn einfach in seine Schranken.

Ein Priester gab mir vor Jahren einen klugen Rat, der mir viel genützt hat. Er sagte mir, daß es ein unergiebiges Unterfangen sei, fortwährend Erklärungen von Gott für dessen Handeln zu verlangen. Jedes Mal, wenn ich versucht sei, Gott die Frage „Warum?" zu stellen, sollte ich – so empfahl er mir – mein Gebet in ein „Was?" umwandeln. Statt Gott zu fragen, *warum* er dieses oder jenes zulasse, sollte ich lieber fragen, *was ich tun solle*. Das bedeutet nicht, daß Christen nie danach trachten sollten, die Motive Gottes zu verstehen, oder daß bestimmte Gebete tatsächlich *verboten* seien. Bei Gott können wir ganz frei sein und ihn das fragen – oder ihm das sagen –, was auch immer wir auf dem

Herzen haben. Worum es bei diesem Ratschlag jedoch ging, war, daß er mir helfen sollte, sinnlose Enttäuschungen zu vermeiden und mich besser auf das zu konzentrieren, was Gott von mir möchte. Gott teilt uns nur selten mit, warum er bestimmte Dinge tut oder zuläßt, aber er freut sich, wenn er uns sagt, *wie* wir uns verhalten, was wir tun sollen.

Ich wünschte, Gott würde sein Handeln etwas besser rechtfertigen. Es heißt zwar, er wisse schon, was er tut, aber mir leuchtet das nicht so ein. Wenn ich Gott wäre, würde ich das anders machen. Ehrlich gesagt, scheint mir seine Art und Weise ein wenig verworren.
CHANTEL, 30 JAHRE

Wie kleine Kinder, die das Handeln ihrer Eltern nicht begreifen, aber dennoch vertrauen, sind auch wir dazu aufgerufen, an ihn zu glauben, sogar dann, wenn wir seine Motive nicht verstehen. Bei jedem anderen würden wir so etwas zu Recht nicht akzeptieren. Doch Gott ist anders, oder? Er hat einen Anspruch auf uns, den andere nicht haben. Den Versuch zu unternehmen, Gott zu richten, käme einer Umkehr der natürlichen Ordnung gleich.

Und eigentlich kennen wir ja Gottes Beweggründe dafür, bestimmte Dinge zu tun oder sie zuzulassen, oder? Letzten Endes hat Gott tatsächlich nur einen Grund für sein Handeln. Wir wissen, daß Gott die Liebe ist und daß alles, was er tut, von dieser Liebe ausgeht. Deshalb konnten die Heiligen auch in schwierigen Zeiten vertrauen. Sie setzten ihr Vertrauen auf Gottes Liebe und wußten, daß sich diese letztlich als siegreich erweisen würde, wie düster auch immer die Zukunft zunächst schien.

3. Ein problemfreies Dasein

Mitunter macht uns ein Pfarrer vielleicht Hoffnung darauf, daß sich der Segen Gottes über seine Auserwählten in irdischem Erfolg bemerkbar mache. Wir können Gottes Wohlwollen in unserem Leben daran ermessen – so sagt man uns –, wieviel Geld wir verdienen, wie viele Freunde wir haben oder daran, wie sich unsere berufliche Karriere entwickelt. Glück auf Erden bedeutet, daß Gott mit Ihren Verdiensten zufrieden ist, wohingegen Drangsal das Gegenteil bedeuten würde. Manchmal wird eine solche Logik angewandt, um Menschen zum Glauben zu bekehren. Es handelt sich um eine Verkaufstechnik. „Wenn du Christ wirst, hast du keine Probleme mehr. Gott wird dich beschützen, und es wird dir gut gehen."

Doch so funktioniert das nicht.

Lesen Sie in der Bibel. Jesus sagt an keiner Stelle: „Halt dich an mir fest und es wird dir hervorragend ergehen!" Oder: „Werde mein Jünger, und du wirst nie mehr Schwierigkeiten haben." In Wirklichkeit sagt er das genaue Gegenteil: „Wer mein Jünger sein will, der verleugne sich selbst, nehme täglich sein Kreuz auf sich und folge mir nach" (Lukas 9,23). Wenn ein Christ also auf der Suche nach einer reibungslosen, ruhigen Fahrt ist, dann befindet er sich auf dem Holzweg. Jesus sagte, daß die Straße ins Verderben breit und vielbefahren ist, während der Weg ins Leben eng und beschwerlich ist (siehe Matthäus 7,13–14). Wenn es also einmal schwer werden sollte, sollten wir demnach nicht davon ausgehen, daß wir irgendwo eine Biegung verpaßt hätten. Wir sind schon richtig, dort, wo wir sein sollen.

Was ist mit Ruhm und Freundschaften? Auch hier macht Jesus keine Versprechungen. Vielmehr warnt er uns davor, daß es voraussichtlich unangenehm wird, wenn wir uns ihm verpflichten. Auch wenn Sie den folgenden Text schon kennen, lesen Sie ihn trotzdem noch einmal. Jesus sagte:

Wenn die Welt euch haßt, dann wißt, daß sie mich schon vor euch gehaßt hat. Wenn ihr von der Welt stammen würdet, würde die Welt euch als ihr Eigentum lieben. Aber weil ihr nicht von der Welt stammt, sondern weil ich euch aus der Welt erwählt habe, darum haßt euch die Welt. Denkt an das Wort, das ich euch gesagt habe: Der Sklave ist nicht größer als sein Herr. Wenn sie mich verfolgt haben, werden sie auch euch verfolgen; wenn sie an meinem Wort festgehalten haben, werden sie auch an eurem Wort festhalten.

(JOHANNES 15,18–20)

Jesus hält mit seiner Meinung nicht hinter dem Berg. Wenn wir uns entscheiden, ihm zu folgen, müssen wir damit rechnen, so behandelt zu werden, wie man mit Jesus umgegangen war. Und wir wissen, wo das endete – am Kreuz. Denken Sie mal darüber nach: Ist das die Vorstellung, die Sie sich von Ihrem christlichen Glauben gemacht haben? Sind Sie bereit zur Nachfolge Christi, ganz gleich, welche Folgen das hat? Und mit dem Bewußtsein, daß es kein Honiglecken ist?

Im Evangelium finden wir darüber hinaus, daß uns weder Geld noch Lob, noch Glück, ein langes Leben, Gesundheit, eine glückliche Ehe, perfekte Kinder, ein gut bezahlter Job und so weiter verheißen werden. Jesus verspricht uns nichts davon. Ist es daher wirklich fair, ihn zu tadeln, wenn wir auf Erden nichts davon erreichen? Weshalb sollten wir etwas von Jesus verlangen, was er nie angeboten hat?

Vor ein paar Jahren übergab ich Jesus mein Leben. Ich war völlig offen und vollkommen zuversichtlich. Doch wenn ich ehrlich bin, muß ich sagen, daß mein Leben seither nicht so gut läuft. Ich hatte erwartet, daß die Dinge eine bessere Richtung bekämen, doch das war nicht der Fall. Meine Zensuren sind schlecht, und meine Eltern haben sich scheiden lassen. Irgend etwas scheint da wirklich nicht zu stimmen, aber ich weiß nicht, was.

KAREN, 18 JAHRE

4. Die Wechselfälle des Lebens im voraus zu wissen

Wenn wir einen Arbeitsvertrag unterschreiben, möchten wir gerne wissen, was da von uns erwartet wird. Wir fragen nach einer vollständigen Stellenbeschreibung, einschließlich der Arbeitszeit, der Sozialleistungen, Urlaubszeiten und künftigen beruflichen Aufstiegsmöglichkeiten. Alles Erforderliche muß im voraus schwarz auf weiß festgehalten werden.

Versuchen Sie so etwas niemals mit Gott. Das funktioniert nicht.

Gott teilt uns nur selten unsere Zukunft mit. Er sagt uns nicht, wie lange wir leben werden, welche Schwierigkeiten auf uns zukommen, welche plötzlichen Wendungen unsere Wege nehmen oder auch nur, wo wir uns in fünf Jahren befinden werden. Wir möchten das zwar alles sehr gerne wissen, aber offenbar meint Gott nicht, daß wir darüber allzu viel wissen müßten.

Daher gehe ich davon aus, daß es irgendwie ziemlich unsinnig ist, sich auf halber Strecke plötzlich an Gott zu wenden und zu sagen: „Ach, lieber Gott, damit habe ich ja nun gar nicht gerechnet!" Natürlich nicht. Gott hat uns nie versprochen, uns alles zu sagen. Wir haben uns zu einem anderen Programm verpflichtet, die Verantwortung für die Einzelheiten haben wir Gott überlassen.

Erinnern wir uns daran, wie der große Patriarch Abraham von Gott gerufen wurde und wie er darauf mit blindem Vertrauen reagierte. Gott tauchte eines Tages in seinem Leben auf und sagte zu ihm (damals hieß er noch Abram): „Zieh weg aus deinem Land, von deiner Verwandtschaft und aus deinem Vaterhaus in das Land, das ich dir zeigen werde" (Genesis 12,1). Abraham wußte nicht, *wohin* er ging, noch für wie lange, noch *was er dort tun sollte,* wenn er erst einmal dort angekommen war. Im Grunde sagte Gott nur zu ihm: „Ich werde dir unterwegs verraten, was du wissen mußt." Abraham wußte nur eines: wer ihn da rief. Er wußte, daß Gott vertrauenswürdig war, also setzte er sein Vertrauen in ihn.

Erwarten wir mehr als Abraham? Verlangen wir einen detaillierten Vertrag – schriftlich abgefaßt in dreifacher Ausfertigung, der alles enthält, was Gott von uns auf unserem Weg fordert? Wohl kaum.

Vor kurzem beobachtete ich in Rom einen Blinden, der von einer jungen Frau – vermutlich seiner Tochter – geführt wurde. Was mich an dieser Szene am meisten erstaunte – neben der zärtlichen Atmosphäre, die von ihr ausging –, war das Vertrauen und das sichere Auftreten, mit dem der blinde Mann die Straße entlangschritt. Er lief, *als ob er sehen konnte.* Er tastete nicht – voller Behutsamkeit – linkisch umher, und er geriet auch nicht ins Stolpern. Die Augen seiner Tochter waren wirklich seine eigenen. Es reichte ihm, ihre Hand zu spüren, um sich vollkommen sicher zu sein.

Ich dachte: *Hätte ich doch ein solches Vertrauen zu Gott! Er führt mich wahrhaftig stets an der Hand, und doch zweifle ich, falle, wandere ziellos umher, bleibe stehen.* Wir laufen nicht gerne blind umher. Wir wollen etwas sehen, damit wir uns selbst führen können. Doch welchen Frieden erlangen wir, wenn wir zulassen, daß Gott uns leitet, welchen Frieden gewinnen wir durch kindliches Vertrauen in ihn! Denken wir an die Worte des Psalmisten, wenn er die Fürsorge Gottes mit der einer Mutter vergleicht, die ihr Kind in den Armen wiegt: „Ich ließ meine Seele ruhig werden und still; wie ein kleines Kind bei der Mutter ist meine Seele still in mir" (Psalm 131,2).

Als junger anglikanischer Geistlicher schrieb der spätere katholische Kardinal John Henry Newman 1833 ein schönes Gedicht mit dem Titel *Lead, Kindly Light* („Führe, freundliches Licht"). Darin bringt er eine Bereitschaft zum Ausdruck, sich führen zu lassen, ohne von Gott zu verlangen, daß er sich vollkommen offenbare. Er verfaßte es unter schwierigen Umständen, als er sich gerade krank in Italien aufhielt und mangels eines Schiffes nicht heimreisen konnte. Newman schilderte diese Episode in seinen eigenen Worten wie folgt:

Ehe ich am Morgen des 26. oder 27. Mai meinen Gasthof verließ, setzte ich mich auf mein Bett und fing bitterlich zu weinen an. Mein Diener, der mich mit größter Sorgfalt gepflegt hatte, fragte mich, was mir fehle. Ich konnte nur antworten: „Ich habe ein Werk in England zu vollbringen." Schmerzlich sehnte ich mich nach der Heimat. Da jedoch kein Schiff fuhr, mußte ich drei Wochen lang in Palermo warten. Ich fing an, die Kirchen zu besuchen. Sie wirkten beruhigend auf meine Ungeduld, obwohl ich nie einem Gottesdienst beiwohnte. Von der Gegenwart Christi im allerheiligsten Altarsakrament dort in der Kirche wußte ich nichts. Endlich reiste ich mit einem Orangenschiff, das nach Marseille bestimmt war, ab. Aber die Windstille hielt uns eine ganze Woche in der Straße von Bonifacio fest. Damals schrieb ich das kleine Gedicht: *Lead, kindly light.*[20]

Das Gedicht ist nicht besonders lang, es besteht nur aus drei Versen. Ich füge an dieser Stelle den ersten Vers ein:

Führe, freundliches Licht,
durch das Dunkel ringsum,
führe du mich voran!
Die Nacht ist finster, und ich bin fern der Heimat.
Führe du mich voran!
Achte du auf meine Füße!
Ich bitte nicht
zu sehn, was in der Ferne liegt;
ein Schritt nur soll genug mir sein.[21]

Welch schöne Wendung: „Ich bitte nicht zu sehn, was in der Ferne liegt; *ein Schritt* nur soll genug mir sein." Oder anders ausgedrückt: *Herr, du brauchst mir nicht zu sagen, was mich an der nächsten Ecke erwartet, sag mir einfach nur, wohin ich meinen Fuß als nächstes setzen soll.* Gott könnte uns mehr verraten – wenn er es wollte –, aber er tut es nicht. Ganz bewußt verbirgt er Dinge vor uns, damit wir gezwungen sind, ihm zu vertrauen und uns seiner vorsehenden Fürsorge anzuvertrauen. Ihn darum anzuflehen, uns alles zu erzählen oder das zu einer Bedingung für unsere Nachfolge zu machen, ist das, was Gott (gegenüber Paulus) als „wider den Stachel zu löcken" bezeichnet (Apostelgeschichte 26,14). Es ist vergeblich.

Doch über das, was Gott von uns erwartet, schweigt Gott sich nicht völlig aus. Uns wird zwar nicht viel gesagt, aber doch genug. Uns wird mitgeteilt, welche Rolle wir zu spielen haben, und was von uns *jetzt, heute, in diesem Augenblick* erwartet wird. Im allgemeinen wird uns aber kein Blick über den Tellerrand hinaus gestattet. Wir müssen uns schon entscheiden, ob wir vertrauen wollen – oder eben nicht. Irgendwann wird sich alles deutlich zeigen.

Ich weiß noch, daß ich in der High School in einem Chor sang. Der Chor war nach Stimmlagen eingeteilt, und ich gehörte zu den Bässen. Beim Lernen eines neuen Gesangstücks sollte jede Gruppe ihren Part getrennt einüben. Vielleicht wissen Sie ja, daß die Bass-Partie nicht sonderlich aufregend ist. So gut wie nie trägt sie die Melodie des Liedes. Sie steuert Akkorde bei, die das gesamte Stück zwar abrunden, allein jedoch nicht sehr gut klingen. Als wir also ein neues Stück einübten, mußten wir einen Teil lernen, der für sich allein recht seltsam klang und insgesamt überhaupt nicht schön. Wir mußten darauf vertrauen, daß unser Teil das Ensemble der Stimmen verschönern würde. Was dann auch der Fall war.

In unserem Leben ist es auch so. Wir betrachten einen Teil davon, als ob es das Ganze wäre, und irgendwie scheint das keinen Sinn zu ergeben. Wir erwarten, daß wir die Melodie singen sollen, doch Gott läßt uns Akkorde singen. Doch wenn wir damit im Einklang mit Gottes größerem Plan für die Kirche und die Menschheit stehen, wird unser Part zu einem integralen Bestandteil des herrlichen Ganzen. Auch hierbei verspricht Gott nicht alles. Einige wichtige Dinge hält er von uns zurück, aber er tut das aus gutem Grund.

5. Wohlig warme Gefühle

Etwas letztes, das Gott nicht verspricht, betrifft unser Innerstes. Wir meinen oftmals fälschlicherweise, daß Gott – auch wenn er uns keinen Rosengarten verspricht – doch zumindest Trost in Aussicht stellt. Wenn wir ihm nachfolgen, so bilden wir uns ein, muß er uns wenigstens mit dem Trost seiner Gesellschaft belohnen. Wir erwarten, seine Gegenwart beim Gebet zu spüren und von Licht erfüllt zu werden, wenn wir uns durch eine Welt der Dunkelheit quälen.

Auch das ist wieder falsch. Für einen Christen ist ein innerer Trost eher die Ausnahme als die Regel. Beim Letzten Abendmahl sagte Jesus zu seinen Aposteln:

> Amen, amen, ich sage euch: Ihr werdet weinen und klagen, aber die Welt wird sich freuen; ihr werdet bekümmert sein, aber euer Kummer wird sich in Freude verwandeln. Wenn die Frau gebären soll, ist sie bekümmert, weil ihre Stunde da ist; aber wenn sie das Kind geboren hat, denkt sie nicht mehr an ihre Not über der Freude, daß ein Mensch zur Welt gekommen ist. So seid auch ihr jetzt bekümmert, aber ich werde euch wiedersehen; dann wird euer Herz sich freuen, und niemand nimmt euch eure Freude.
>
> (JOHANNES 16,20–22)

Jesus sprach hier freilich ausdrücklich über sein bevorstehendes Leiden, seinen Tod und seine Auferstehung. Doch auf eine Art und Weise, daß sich seine Worte auch auf unser ganzes Leben anwenden läßt. Häufig scheint es so, daß Christen klagen, während die Welt sich freut. Wir wandern als Pilger in einem uns unbekannten Tal der Tränen umher, während andere sich offenbar wohl und wie zu Hause fühlen. Und dieser Schmerz wird nicht nur äußerlich empfunden. Oftmals fühlen sich Christen auch in ihrem Inneren leer. Ihr Glaube stützt sie zwar, doch sie empfinden häufig nichts, da sie weder bei den Freuden der Welt noch im Innersten ihrer Seele Trost finden.

Viele Menschen ziehen sich von Gott zurück, sobald sich ihr geistliches Leben trocken oder schwierig anfühlt. Wenn Beten harte Arbeit wird, hören sie damit auf, weil sie überzeugt sind, das sei nichts für sie oder Gott hätte kein Interesse mehr an ihnen. Doch wieder einmal muß ich betonen: Hat Jesus das jemals versprochen? Hat er gesagt, daß wir unablässig von innerem Licht erfüllt und beseelt von warmem innerem Trost wären? Ich glaube nicht.

Wenn wir das Leben der Heiligen betrachten, erkennen wir, daß sie ebenso von der Verzweiflung versucht wie sie vom Trost besänftigt wurden. Auf diese Weise wurden sie von Gott geläutert und noch schöner gemacht, und nun strahlen sie wie die Sterne am Himmel. Warum erwarten wir also etwas anderes? Denken wir an die harten Worte Jesu: „Brüder werden einander dem Tod ausliefern und Väter ihre Kinder, und die Kinder werden sich gegen ihre Eltern auflehnen und sie in den Tod schicken. Und ihr werdet um meines Namens willen von allen gehaßt werden; wer aber bis zum Ende standhaft bleibt, der wird gerettet" (Markus 13,12–13). Für einen Christen lautet die Devise oftmals, geduldig auszuharren. Und es wird sich lohnen: *Gut gemacht, du bist ein tüchtiger und treuer Diener!* (siehe Matthäus 25,21).

Wenn wir eines dieser fünf Dinge erwarten, haben wir Gottes Verheißungen nicht korrekt eingeschätzt. Keines dieser Dinge garantiert er, sondern er wird sie uns in den meisten Fällen sogar vorenthalten. Wenn wir gerne vertrauen möchten, dann müssen wir unsere Erwartungen Gottes Versprechen anpassen.

Das ist der Weg zum Seelenfrieden und zu einer Freundschaft mit Gott.

Was verspricht Gott aber dann? Und – hält er sein Wort? Das ist der wahre Maßstab für seine Vertrauenswürdigkeit. Sehen wir uns das einmal näher an.

Was können wir von Gott erwarten?

Wenn Gott nichts von alldem verspricht, was wir im letzten Kapitel behandelt haben, was stellt er uns dann in Aussicht? Was können wir realistischerweise von ihm erwarten? An dieser Stelle denken Sie vielleicht, daß Sie Ihre Erwartungen herunterschrauben müssen, um sie der Realität dessen anzupassen, was Gott Ihnen zu geben bereit ist. Wenn er letzten Endes doch nichts von den Dingen garantieren kann, die wir uns erträumen, scheint die einzige Möglichkeit zu sein, daß wir uns auf eine „realistischere" Sicht Gottes einstellen, eine Sichtweise, die Gottes Handeln auf ein Minimum reduziert. Wir müssen endlich erwachsen werden, den Idealismus unserer Jugendtage aufgeben und unseren Blick neu ausrichten, damit wir die Dinge sehen, so wie sie sind. Stimmt das so?

Als wir bei unseren Interviews zu diesem Buch die Frage stellten: „Was können Sie von Gott erwarten?", erhielten wir ganz verschiedene Antworten. Einige meinten, daß sie einfach nur hofften, Gott lasse sie in Ruhe, damit sie ein normales Leben führen könnten. Andere entgegneten, sie hofften darauf, daß am Ende alles gut ausgehen würde. Und eine erstaunliche Anzahl von Menschen antwortete, sie erwarteten *überhaupt nichts* von Gott. Manche sagten das, weil sie wirklich nicht daran glauben, daß Gott ihre Erwartungen erfüllt. Andere meinten das nicht aufgrund von Respektlosigkeit, sondern im Gegenteil – aus *Ehrfurcht* heraus: Gott muß uns nicht erhören. Er hat das Recht, etwas von uns zu erwarten, aber wir haben kein

Recht, irgend etwas von ihm zu erhoffen. Im übrigen – so fügten manche hinzu – sind seine Wege so unbegreiflich, daß wir ihn einfach nur machen lassen und darauf vertrauen müssen, daß es zu unserem Besten ist.

Mitunter hat eine solche Haltung ihren Ursprung in unerfüllten Erwartungen der Vergangenheit. Vielleicht erhofften sich diese Menschen ja einst viele Dinge von Gott, doch die Erfahrung lehrte sie, mit weniger zu rechnen. Statt ihren Glauben aufzugeben, haben sie eben aufgehört, irgend etwas von Gott zu erwarten. Im Laufe der Zeit haben sie ihre Hoffnungen auf ein Minimum herabgesetzt. Zynismus schleicht sich ein und ersetzt das Vertrauen.

Doch ist das unsere einzige Möglichkeit? Müssen wir die Hoffnung, die wir auf Gott setzen, tatsächlich auf eine eher handliche Größe zurückstutzen? Ich denke nicht. Ganz im Gegenteil: Wir müssen unsere Erwartungen nicht *zurückschrauben;* wir müssen sie *erweitern.* Wir müssen nicht *weniger* von Gott erwarten, sondern *mehr.* Gott verspricht weitaus größere Dinge, als wir je erwartet haben. Unsere Pläne, wie hochfliegend sie auch seien, stehen in keinem Vergleich zu dem, was Gott mit uns vorhat. Paulus versichert uns: „was kein Auge gesehen und kein Ohr gehört hat, was keinem Menschen in den Sinn gekommen ist: das Große, das Gott denen bereitet hat, die ihn lieben" (1 Korinther 2,9). Manchmal kann Gott uns nur durch das Abgewöhnen unserer belanglosen Wünsche dazu bringen, daß wir uns nach den wahrhaft wundervollen Dingen sehnen, die er uns so gerne schenken möchte.

Normalerweise erwarte ich nichts Besonderes von Gott. Meistens weiß ich noch nicht einmal, was das Beste eigentlich wäre. Was ich aber erwarte, ist, daß er immer für mich da ist. An seiner Schulter kann ich mich ausweinen, und er gibt mir die Kraft, um wiederaufzustehen und von vorne anzufangen. Ich wüßte nicht, was ich ohne ihn tun sollte. Er ist wirklich mein bester Freund.
Julie, 34 Jahre

Ein Beispiel aus dem Evangelium kann das verdeutlichen. Als Jesus uns sagt, wir sollen bitten, um zu empfangen, und suchen, um zu finden, fügt er noch etwas Anschauliches hinzu: Er sagt: „Oder ist unter euch ein Vater, der seinem Sohn eine Schlange gibt, wenn er um einen Fisch bittet, oder einen Skorpion, wenn er um ein Ei bittet? Wenn nun schon ihr, die ihr böse seid, euren Kindern gebt, was gut ist, wieviel mehr wird der Vater im Himmel den Heiligen Geist denen geben, die ihn bitten" (Lukas 11,11–13).

Jesus schildert, wie ein guter, liebevoller Vater handeln würde. Angesichts einer vernünftigen Bitte – wie nach einem Fisch oder einem Ei – wird ein guter Vater seinem Kind diese Dinge geben, und nicht etwa eine Schlange oder einen Skorpion. Man könnte annehmen, daß es bei dieser Geschichte darum geht, daß ein liebevoller Vater seinem Kind alle Wünsche erfüllt. Das Kind bittet um ein Ei; es bekommt ein Ei. Es bittet um ein Fahrrad; es bekommt ein Fahrrad (und nicht etwa eine Kröte!). Doch ist das *wirklich* der entscheidende Punkt? Ich glaube nicht. Was wäre denn, wenn wir die Bitten des Kindes einmal umkehrten? Was wäre, wenn das Kind statt eines Fischs eine Schlange verlangt hätte? Wenn es statt um ein Ei um einen Skorpion gebeten hätte? Was dann? Hätte es das bekommen? Wahrscheinlich nicht. Die Botschaft lautet offenbar: ein guter Vater gibt nur *gute Dinge,* keine schlechten.

Ich weiß noch sehr gut, wie ich als kleiner Junge viele gute Sachen von meinen Eltern bekam, aber sie gaben mir nicht alles, worum ich sie bat. In meinem Geiste tauchen da besonders zwei Dinge auf, die ich mir immer wieder mal wünschte, aber (bis auf den heutigen Tag!) nicht bekommen habe: ein Luftgewehr und ein Minibike. Meine Eltern hatten Angst, ich könnte mit einem Luftgewehr jemandem das Auge ausschießen (das war tatsächlich einem unserer Nachbarn passiert). Und was das Minibike angeht: da hatte mein Vater so viele Filme mit entsetzlichen Motorrad-Unfällen (er war Kraftfahrzeugmechaniker) gesehen, daß er und meine Mutter absolut gegen ein solches Geschenk waren.

Über die Vernunft derartiger Entscheidungen ließe sich diskutieren, und nicht jeder wird mit der Argumentation meiner Eltern einverstanden sein, doch werden alle zugeben, daß sie aus Liebe heraus, als besorgte Eltern handelten. Gute Eltern geben den Launen ihrer Kinder nicht einfach nach; sie versuchen, ihnen das zu geben, was das Beste für sie ist. Jesus sagt uns, daß Gott ebenso ist. Er gibt nur Gutes. Und so wie Eltern danach streben, das Wohl ihrer Kinder auf lange Sicht und von einem sachgerechten Blickwinkel aus im Auge zu haben, so kennt sich Gott bei unseren Bedürfnissen weitaus besser aus als wir selbst.

Wenn wir unsere Hoffnungen auf Gott einstellen wollen, dann bedeutet das, daß wir unsere *Wünsche anpassen und adaptieren* müssen. Statt unmittelbar reizvolle, anziehende Dinge anzustreben, müssen wir lernen, wirklich gute Dinge zu wollen. So, wie ein junger Mensch lernen muß, daß er nicht nur von Schokolade allein leben kann, sondern seine Ernährung mit Fleisch, Gemüse und Milchprodukten ausgewogen gestalten muß, so muß ein Christ lernen, nach höheren Dingen zu trachten.

Ich werde oft gefragt, ob Gott denn unsere Gebete erhört. Natürlich tut er das. Er erhört sie alle, nur manchmal so, wie wir es nicht erwarten. So gibt es Bitten, die Gott nur selten bejaht. Wenn wir sagen: „Herr, nimm all meine Versuchungen von mir!" oder „Herr, schenk mir finanzielle Unabhängigkeit!" oder „Herr, gib, daß ich im Lotto gewinne!", dann wird er wohl wahrscheinlich irgendwie anders darauf reagieren. Folgende Gebete stimmen hingegen mit dem Willen Gottes überein: heiliger zu werden, in den Himmel zu kommen, für das Heil unserer Familie und Freunde, für die Bekehrung der Sünder. Dabei können wir direkt darauf zählen, daß Gott uns erhört. Probieren Sie doch wirklich mal eines der folgenden Gebete aus. Zu diesen Dingen kann Gott nicht nein sagen:

1. Herr, laß mich dein Kreuz noch inniger mittragen.
2. Herr, mach mich zu einem Kanal für deine Barmherzigkeit und Liebe für andere Menschen.
3. Herr, gib mir die Gelegenheit, für dich heute Zeugnis abzulegen.
4. Herr, mach mich dir ähnlicher.
5. Herr, hilf mir, ein besserer Ehemann (eine bessere Ehefrau) zu sein.
6. Herr, gib, daß ich großzügiger dir und meinen Freunden gegenüber bin.
7. Herr, gib, daß ich zu einer tieferen Kenntnis deines Willens gelange.
8. Herr, schenk mir die Gnade, meinem Bruder zu vergeben, der mich gekränkt hat.
9. Herr, stärke meinen Vorsatz, dir besser zu dienen.
10. Herr, schenk mir eine größere Liebe zu deiner Kirche.

All das bedeutet, daß wir dazu aufgerufen sind, unsere Wünsche nicht zu reduzieren, sondern sie *auszudehnen*. Letztendlich sollten wir Gott mutiger, und nicht so schüchtern gegenübertreten. Wir müssen in großen Zusammenhängen denken, in größeren als je zuvor. So merkwürdig es auch klingen mag, erwarten wir doch immer zu wenig von Gott, und nie zu viel. Der baptistische Missionar William Carey (1761–1834) pflegte zu sagen: „Erwarte Großes von Gott! Wirke Großes für Gott!" Und die wunderbare Heilige Therese von Lisieux schrieb, wir sollten „alles vom lieben Gott erwarten, so wie ein kleines Kind alles von seinem Vater erwartet." Statt Gott nach unserer eigenen Engstirnigkeit zu bemessen, müssen wir unsere Wünsche nach seiner Größe bemessen!

Um das Falsche zu beten ist so, wie wenn man seine Mutter um Schokolade bitten würde, wenn man bereits übergewichtig wäre. Wenn sie Ihnen dann statt eines Schokoriegels einen Apfel gibt, handelt sie besser.

NATALIA, 22 JAHRE

Kommen wir also zur Sache: was können wir nun eigentlich von Gott erwarten? Was sind diese „großen Dinge", die er uns gerne geben möchte? Wenn ich Ihnen die Liste vorlege, werden Sie womöglich überrascht sein. Es ist schon sehr eindrucksvoll.

1. Ich werde dir stets die Wahrheit sagen
Wie es so schön heißt: die Wahrheit tut weh – manchmal zumindest. Nur ein guter Freund wird einem immer die Wahrheit sagen, ob es nun wehtut oder nicht. Sie können sich deshalb auf sein Wort verlassen, weil er Ihnen nicht einfach das erzählen wird, was Sie hören wollen, sondern weil er Ihnen ehrlich Auskunft geben wird. Ebenso ist es bei Jesus, auf dem höchsten Niveau. Jesus identifiziert sich dermaßen absolut mit der Wahrheit, daß er verkündet, selbst „der Weg, die Wahrheit und das Leben" (Johannes 14,6) zu sein. Jesus sagt also nicht nur die Wahrheit, er *ist* die Wahrheit. Die Wahrheit gehört zu seiner ureigensten Natur. Dies steht in einem scharfen Kontrast zum Teufel, dem „Vater der Lügen". Jesus beschreibt ihn normalerweise immer in einer deutlichen Sprache:

> [Der Teufel] war ein Mörder von Anfang an. Und er steht nicht in der Wahrheit; denn es ist keine Wahrheit in ihm. Wenn er lügt, sagt er das, was aus ihm selbst kommt; denn er ist ein Lügner und ist der Vater der Lüge. Mir aber glaubt ihr nicht, weil ich die Wahrheit sage. Wer von euch kann mir eine Sünde nachweisen? Wenn ich die Wahrheit sage, warum glaubt ihr mir nicht?
>
> (JOHANNES 8,44–46)

Jesus sagte zu seinen Jüngern viele Dinge, die sie nur schwer akzeptieren konnten. Er teilte ihnen unangenehme Dinge, mysteriöse Dinge, unverständliche Dinge mit. Als er ihnen beispielsweise erzählte, daß er das „Brot des Lebens" sei und daß sie „sein Fleisch essen und sein Blut trinken" müßten, sagten viele seiner Jünger: „Was er sagt, ist unerträglich. Wer kann das anhören?" (Johannes 6,60). Seine Predigten waren offenbar so unzumutbar, so unklar und so ausgesprochen skandalös, daß viele seiner Jünger ihn nach und nach verließen.

Wie reagierte Jesus darauf? Lief er ihnen hinterher und sagte: „Kommt zurück, Jungs! Das war doch nur metaphorisch gemeint. Ich erklär' es noch mal genauer"? Nein. Jesus nahm keines seiner Worte zurück, denn er hatte die Wahrheit gesagt. Und als nur noch die zwölf Apostel zurückgeblieben waren, schaute Jesus sie an und fragte sie: „Wollt auch ihr weggehen?" Es war – wie gewöhnlich – Simon Petrus, der ihm antwortete: „Herr, zu wem sollen wir gehen? Du hast Worte des ewigen Lebens. Wir sind zum Glauben gekommen und haben erkannt: Du bist der Heilige Gottes" (Johannes 6,67–69). So schwer die Worte Jesu auch zu verstehen oder zu akzeptieren waren – Petrus wußte, daß er nur die Wahrheit sagte.

Das ist für unser eigenes Leben überaus tröstlich. Zu wissen, daß Gott uns niemals belügen wird, bedeutet, daß wir ihm wirklich vertrauen können.

Gott hält seine Versprechen. Er steht zu seinem Wort. Womöglich gefällt es uns ja nicht immer, was wir da hören, aber wir wissen, daß es die Wahrheit ist. Das heißt: wenn er es sagt, kann man es glauben.

2. Ich habe dich immer geliebt und werde dir meine Liebe niemals entziehen

Uns wurde oft gesagt, daß Gottes Liebe zu uns „bedingungslos" ist. Was bedeutet das? Ich glaube, das heißt, daß Gott nicht unzuverlässig, nicht launisch ist. Er ist kein unberechenbarer Liebhaber, der uns heute sagt, daß er uns liebt, und uns morgen nicht mehr sehen will. Er schwankt nicht in seiner Liebe und entzieht sie uns nie. Nichts kann sie zerstören. In der Bibel sagt Gott zu Israel: „Mit ewiger Liebe habe ich dich geliebt" (Jeremia 31,3), und dasselbe sagt er zu jedem einzelnen von uns. Von Ewigkeit her (bevor wir überhaupt existierten!) hat er an uns gedacht, und seine Liebe zu uns ist standhaft und unerschütterlich. Wir können viele Dinge in diesem Leben anzweifeln, doch Gottes Liebe für uns sollten wir niemals in Frage stellen.

Das bedeutet, daß Gott stets unser Bestes will. Er möchte, daß wir dort erfolgreich sind, wo es am meisten zählt. Er möchte, daß wir (in den Worten Jesu) „das Leben haben und es in Fülle haben" (Johannes 10,10). Und das bedeutet auch das ewige Leben. Gott möchte unbedingt, daß wir erlöst werden und Anteil haben an seinem ewigen Leben im Himmel. So unwahrscheinlich es vielleicht auch aussieht: Gott möchte mit Ihnen und mit mir in alle Ewigkeit zusammensein.

Ich bin in meinem Leben Menschen begegnet, die mir nicht besonders liebenswert erschienen. Wenn ich genau darüber nachdenke, würde ich die Frage, ob ich gerne die Ewigkeit mit ihnen verbringen möchte, unbedingt verneinen. Und ich bin mir auch ziemlich sicher, daß viele Leute keinen Wert darauf legten, mit mir die Ewigkeit zu verbringen, wenn sie sich im Himmel einen Mitbewohner aussuchen könnten. Gott schon. Das weiß ich. Allein dieser Gedanke reicht aus, um mich die schlimmsten Tage überstehen zu lassen.

Gottes hartnäckige Liebe zu den sündhaften Menschen bedeutet aber auch, daß er uns niemals je aufgeben wird. Andere Menschen mögen vielleicht die Flinte ins Korn werfen, weil sie überzeugt sind, daß es keine Hoffnung für sie gibt. Vielleicht sind wir ja versucht, uns selbst aufzugeben. Doch Gott tut das nicht. Er ist stets an unserer Seite. Wenn wir fallen, hilft er uns wieder auf. Wenn wir scheitern, sagt er uns, wir sollen es noch einmal versuchen. Sein „ja" zu uns ist ein „ja" für immer.

3. Ich werde dir alles geben, was du brauchst, um in den Himmel zu kommen

Im Endeffekt hat unser tiefstes Vertrauen zu Gott nichts mit Geld, Ruhm oder Glück zu tun. Wir vertrauen Gott nicht, damit er uns reich, berühmt oder beliebt mache. Letztlich hat unser Vertrauen zu ihm überhaupt nichts mit unserem Leben auf Erden zu tun. Es ist die Hoffnung auf das kommende Leben. Jesus erinnert uns daran, daß es nichts nütze, die ganze Welt zu gewinnen und dabei unsere Seele zu verlieren (siehe Matthäus 16,26). Unser kurzes Leben ist zu Ende, bevor wir es kennengelernt haben, und worauf es wirklich ankommt, das ist die Ewigkeit. Die heilige Teresa von Ávila verglich einmal unser irdisches Leben bitter mit „una mala noche en una mala posada" (einer schlechten Nacht in einem schlechten Wirtshaus). Was ihre Freude und Begeisterung jedoch aufrechterhielt, war der Gedanke an die Ewigkeit.

Wenn wir uns umschauen, sehen wir, daß es auf der Welt keine endgültige Gerechtigkeit gibt. Die Guten leiden, häufig triumphiert das Böse, und die Waagschalen der Gerechtigkeit stehen nur selten auf gleicher Ebene. Das, was das Christentum an Vorteilen aufzuweisen hat, gilt vor allem für die künftige Welt. „Wenn wir unsere Hoffnung nur in diesem Leben auf Christus gesetzt haben", schreibt Paulus, „sind wir erbärmlicher daran als alle anderen Menschen" (1 Korinther 15,19). Nur aus dem Blickwinkel der Ewigkeit heraus erlangen die Dinge dieser Erde ihre wahre Proportion und ihren eigentlichen Wert.

Das bedeutet, daß für Paulus alles nach seiner Hinordnung auf die Ewigkeit beurteilt werden muß. Das ist gar nicht so einfach! Wir verfangen uns allzu leicht in unseren kurzfristigen Zielvorstellungen, und die Ewigkeit scheint noch so weit entfernt zu sein. Letztendlich ist der Himmel jedoch die wahre Bestimmung unserer Existenz. Daher schreibt Paulus: „… aber ich schäme mich nicht, denn ich weiß, wem ich Glauben geschenkt habe, und ich bin überzeugt, daß er die Macht hat, das mir anvertraute Gut bis zu jenem Tag zu bewahren" (1 Timotheus 1,12). Paulus setzte sein Vertrauen auf Gott, weil er wußte, daß er nicht enttäuscht werden würde. Doch dieses Vertrauen bezog sich vor allem auf „jenen Tag", wenn sein Vertrauen sich für immer bestätigen würde.

Ebenso schrieb er: „Ich vertraue darauf, daß er, der bei euch das gute Werk begonnen hat, es auch vollenden wird bis zum Tag Christi Jesu" (Philipper 1,6). Auch hier ist es der „Tag Christi Jesu", an dem die Fülle der Hoffnung Pauli zum Vorschein kommen wird. Dieses auf die Ewigkeit gestützte Vertrauen veränderte auch die Art und Weise, wie Paulus andere Dinge beurteilte, die uns bedeutsam erscheinen, wie beispielsweise Vergnügen oder Leid. Er sagte:

> Durch ihn haben wir auch den Zugang zu der Gnade erhalten, in der wir stehen, und rühmen uns unserer Hoffnung auf die Herrlichkeit Gottes. Mehr noch, wir rühmen uns ebenso unserer Bedrängnis; denn wir wissen: Bedrängnis bewirkt Geduld, Geduld aber Bewährung, Bewährung Hoffnung. Die Hoffnung aber läßt nicht zugrunde gehen; denn die Liebe Gottes ist ausgegossen in unsere Herzen durch den Heiligen Geist, der uns gegeben ist.
>
> (RÖMER 5,2–5)

Die Hoffnung in Christus brachte Paulus dazu, sich sogar seiner Leiden zu rühmen, da sie ein Mittel waren, Jesus gleich zu werden, und auch, weil sie „nützlich" waren, um zur Persönlichkeitsbildung beizutragen und Hoffnung aufzubauen. *Leiden ist gar nicht mal so schlecht,* argumentierte er, *wenn es mich näher zu Gott bringt.* Was unter allen Umständen vermieden werden sollte, ist das, was uns von ihm trennt und unser ewiges Heil aufs Spiel setzt.

Auch Christus konzentrierte sich ja ganz auf die Ewigkeit. Deshalb schrieb der Verfasser des Briefes an die Hebräer, Jesus „hat angesichts der vor ihm liegenden Freude das Kreuz auf sich genommen, ohne auf die Schande zu achten, und sich zur Rechten von Gottes Thron gesetzt" (Hebräer 12,2). Wie die Hoffnung, so freut sich auch das Vertrauen, wenn es belohnt wird. Wir wissen ja, an wen wir geglaubt haben. Wir vertrauen auf sein Wort. Der Gedanke an den Himmel gibt uns Kraft, in diesem Tal der Tränen Prüfungen durchzustehen.

Eines der Dinge, das wir am meisten benötigen, um in den Himmel zu gelangen, ist die Vergebung Gottes. Ein jeder von uns braucht die Barmherzigkeit Gottes. Wir alle fallen. Wir sündigen alle. Wir alle wenden uns von Gott und seiner Liebe ab. Natürlich, manchmal sind unsere Sünden riesengroß, schlimm und ganz offensichtlich. Manchmal sind sie unbedeutend, subtil und anscheinend harmlos. Aber keine Sünde ist harmlos, und keine Sünde ist unbedeutend.

Gott schenkt seine Vergebung im Überfluß jenen, die ihn darum bitten. Er gießt seine Gnade über uns aus und stärkt uns für den langen Weg. Er schenkte uns sein Wort, seine Sakramente, seine Kirche, seinen Heiligen Geist – großzügige Gaben, die uns alle dabei unterstützen, in den Himmel zu gelangen!

4. Ich werde nur das von dir verlangen, was du auch geben kannst
Gott fordert eine Menge von uns, das stimmt schon. Bisweilen haben wir das Gefühl, daß er *zuviel* von uns verlangt. Manchmal meinen wir, daß er uns so stark drängt, daß wir zusammenbrechen. Doch in Wirklichkeit wird er es nie zulassen, daß wir über unsere Kraft hinaus versucht werden. Und er wird uns „in der Versuchung einen Ausweg schaffen, so daß [wir] sie bestehen" können (1 Korinther 10,13). Gott ist fordernd, weil Liebe fordernd ist. Er kennt uns und weiß, wozu wir fähig sind. Wie ein guter Lehrer oder Trainer drängt er uns so stark, damit wir unser Bestes geben, und er hört nicht auf unsere Ausreden.

Zugleich hat er unendlich viel Verständnis für unsere Schwächen und ist stets bereit, uns immer wieder von vorne beginnen zu lassen. Er empfindet Mitleid mit uns, wenn wir Sorgen haben, und steht uns in unseren Nöten bei.

Da Gott nie mehr von uns verlangt, als wir geben können, stellt er auch die Werkzeuge zur Verfügung, damit wir seinen Willen erfüllen. Das wichtigste „Werkzeug", das er anbietet, ist seine Gnade. Er läßt uns an seiner eigenen Stärke teilhaben, so daß wir in ihm und durch ihn zu Dingen imstande sind, die wir niemals für möglich gehalten hätten. Wir erreichen sogar Unmögliches durch ihn! Wie sonst läßt sich die wahrhaft übermenschliche Tugendhaftigkeit der Heiligen erklären? Ihre Nächstenliebe, ihre Demut, ihre Standhaftigkeit, ihre Hochherzigkeit und ihre Tapferkeit erfüllen uns mit Bewunderung. Doch sie wären die letzten, die uns sagten, daß es *ihre* Tugendhaftigkeit war – es war Christus selbst und sein Heiliger Geist, der in ihnen lebte. Es ist seine Gnade, die uns in die Lage versetzt, alles zu tun. Daher mahnt Paulus Timotheus: „Bewahre das dir anvertraute kostbare Gut durch die Kraft des Heiligen Geistes, der in uns wohnt" (2 Timotheus 1,14).

Erinnern Sie sich noch an die ungewöhnliche Beschreibung der Helden aus dem Alten Testament im Hebräerbrief? Es ist ein mächtiges Zeugnis für die Kraft der Gnade Gottes und die Notwendigkeit eines grenzenlosen Glaubens und Vertrauens:

> Die Zeit würde mir nicht reichen, wollte ich von Gideon reden, von Barak, Simson, Jiftach, David und von Samuel und den Propheten; sie haben aufgrund des Glaubens Königreiche besiegt, Gerechtigkeit geübt, Verheißungen erlangt, Löwen den Rachen gestopft, Feuersglut gelöscht; sie sind scharfen Schwertern entgangen; sie sind stark geworden, als sie schwach

waren; sie sind im Krieg zu Helden geworden und haben feindliche Heere in die Flucht geschlagen. Frauen haben ihre Toten durch Auferstehung zurückerhalten. Einige nahmen die Freilassung nicht an und ließen sich foltern, um eine bessere Auferstehung zu erlangen. Andere haben Spott und Schläge erduldet, ja sogar Ketten und Kerker. Gesteinigt wurden sie, verbrannt, zersägt, mit dem Schwert umgebracht; sie zogen in Schafspelzen und Ziegenfellen umher, Not leidend, bedrängt, mißhandelt. Sie, deren die Welt nicht wert war, irrten umher in Wüsten und Gebirgen, in den Höhlen und Schluchten des Landes.

(HEBRÄER 11,32–38)

Dabei handelt es sich nicht nur um eine Litanei der Leiden und Qualen. Es ist ein tief empfundenes Zeugnis dafür, wie machtvoll sich die Gnade Gottes im Menschen entfalten kann. Da Christen wissen, daß Gott niemals mehr von ihnen verlangt, als sie geben können, können sie auch die offenbar gigantischen Aufgaben annehmen, die er ihnen mitunter auferlegt! Da er uns mit seiner Gnade unterstützt, gibt es nichts, das wir nicht tun können. Manchmal sind es gerade diejenigen, die am wenigsten dazu geeignet scheinen, bestimmte Aufgaben zu übernehmen, und die sich dann bei der Bewältigung schwieriger Einsätze als besonders fähig erweisen. Sie stützen sich nicht auf sich selbst, sondern auf den lieben Gott, der ihnen die Kraft für alles gibt.

5. Ich werde stets bei dir sein

Eines der geheimnisvollsten und wundervollsten Versprechen, das Jesus uns je gab, war seine Verheißung, allezeit bei uns zu sein. Das einzige, das für einen Menschen tatsächlich unerträglich ist, wäre es, völlig allein und verlassen zu sein. Jesus versprach, daß wir uns niemals in einer derartigen Situation befinden werden. Wir werden womöglich harte Zeiten durchmachen müssen. Wir werden vielleicht leiden müssen. Und vielleicht wegen unseres Glaubens verfolgt und ausgelacht werden. Vielleicht müssen wir uns ja auch mit Krankheit und Tod und Trennungen von Menschen auseinandersetzen, die wir innig lieben. Wir werden aber nie alleine sein. Dafür wird Jesus Sorge tragen.

Ganz sicher sind Sie schon einmal krank gewesen. Möglicherweise haben Sie ja schon einmal eine gewisse Zeit in einem Krankenhausbett verbracht oder einige Tage oder Wochen zur Genesung zu Hause gelegen. Wenn wir krank sind, wünschen wir uns vor allem eins: Gesellschaft. Wir verstehen natürlich, daß andere Menschen nicht immer das von uns nehmen können, was uns plagt. Sie können uns nicht immer gesund machen. Was sie uns jedoch schenken können, ist ihre liebevolle, oder auch nur schweigende Anwesenheit.

> *Als bei mir Krebs festgestellt wurde, dachte ich tatsächlich, daß Gott mich verlassen hatte. Ich fragte mich immer wieder: „Warum? Warum? Warum?" Am Ende wurde mir klar, daß er da war. Es war schmerzvoll und beängstigend, aber er war die ganze Zeit da.*
>
> PHOEBE, 42 JAHRE

Das Ironische daran ist, daß *wir* zwar oftmals Jesus verlassen, *er* aber niemals *uns*. Eigentlich haben wir seine Liebe gar nicht verdient, und trotzdem benehmen wir uns häufig ausgesprochen gefühllos ihm gegenüber. Wir ziehen die Gegenwart eines jeden Menschen seiner Gegenwart vor, doch selbst wenn alle anderen uns verlassen haben, bleibt er doch bei uns. Wir sagen ihm, er solle uns in Ruhe lassen, damit wir unseren Spaß haben, doch wenn es hart auf hart kommt, halten wir erneut nach ihm Ausschau und finden ihn. Wir halten ihn für einen lästigen Kerl, einen Spielverderber und eine Spaßbremse, doch wenn all unsere anderen Sicherheiten im Sand verlaufen, bleibt nur noch Jesus übrig.

Niemals hören wir aus seinem Mund jene Worte, die er doch jedes Recht hätte auszusprechen: *Ach, ich merke schon! Bis jetzt hattest du keine Verwendung für mich, aber jetzt, wo du leidest, wendest du dich an mich? Bisher hat dir meine Freundschaft wenig bedeutet, aber jetzt willst du, daß ich angelaufen komme, wenn all deine anderen Kumpels dich wegen amüsanterer Gesellschaft verlassen haben?* Nein! Er ist einfach froh, daß er in unserer Not bei uns sein kann. Wir wissen einfach nicht, was Treue bedeutet, solange wir nicht die Treue Christi erfahren haben.

Aber – so werden Sie vielleicht einwenden – verläßt er uns nicht tatsächlich häufig? Läßt er uns nicht oftmals in Ruhe, damit wir uns ganz allein durchs Leben schlagen? Verstummt er nicht plötzlich genau dann, wenn wir es am meisten brauchen, daß er zu uns spricht? Es stimmt schon, daß wir ihn nicht so sehen oder erfahren, wie wir es häufig gerne hätten. Er verbirgt sich tatsächlich hinter einem Schleier, was uns davon abhalten kann, seine Gegenwart wahrzunehmen. Aber er ist wirklich da. Der Glaube streift den Schleier oftmals ab, der ihn unserem Blickfeld entzieht. Manchmal wiederum tut er sich selbst mit einer solchen Vehemenz und Deutlichkeit kund, daß wir uns fragen, wie wir jemals an ihm zweifeln konnten.

Nein, er wird uns nie verlassen. Er hat aber auch nie versprochen, sichtbar oder erkennbar zu sein. Was er versprach, war: „Ich bin bei euch alle Tage bis zum Ende der Welt" (Matthäus 28,20). Selbst dann, wenn er anscheinend nicht da ist, oder wenn er schweigt … Ist er doch bei uns, *allezeit.*

6. Ich werde deinem Leben einen Sinn geben

Es war der Philosoph und Philologe Friedrich Nietzsche, der sagte, daß der Mensch immer ein Wie finden kann, solange er ein Warum hat. Nietzsche hat sich zwar in vielem geirrt, doch hier hatte er recht. Die Menschen brauchen einen Sinn. Sie müssen wissen, daß die Dinge einen Sinn haben und einen Wert besitzen. Es gibt nichts, was frustrierender und ärgerlicher ist als etwas Absurdes. Erinnern Sie sich an die furchtbare, höllische Qual, die für Sisyphus, den legendären Herrscher von Korinth, vorgesehen war? Seine Strafe im mythologischen Tartaros bestand darin, bis in alle Ewigkeit einen riesigen Felsblock bis zur Spitze eines Hanges hinaufzurollen, bis dieser – oben angekommen – dann wieder hinabrollte, und das ganze Spielchen von vorne losging. Genau das ist etwas Absurdes!

Wenn unsere Arbeit wichtig ist, egal wie schwer sie auch sei, können wir die Entschlossenheit aufbringen, sie zu tun. Wenn unsere Mühen und Opfer sich lohnen, finden wir die Kraft, sie weiterzuverfolgen. Wenn all unsere Prüfungen, Drangsale und Leiden irgendeinen Sinn für die Ewigkeit haben und nicht im Meer der Bedeutungslosigkeit verloren sind, können wir bis zum Ende aushalten. Das ist die Gabe, die Gott uns schenkt: die Sinnhaftigkeit. Wenn wir eines Tages in seiner Gegenwart auf unser Leben zurückblicken, wird alles einen Sinn ergeben. Alles wird sich zusammenfügen.

In Christus zusammengeführt, bekommt jede menschliche Handlung einen Wert. Nichts ist gering vor Gottes Angesicht; nichts ist ohne Bedeutung. So sagte Jesus: „Bei euch aber sind sogar die Haare auf dem Kopf alle gezählt" (Matthäus 10,30). Alle Anstrengungen, die Sie unternahmen, um in der Tugend zu wachsen, Ihre Geduld, die Sie Ihrer lästigen Tante gegenüber an den Tag legten, all die endlosen Stunden, die Sie im Krankenbett oder in der Gefängniszelle verbrachten: Jesus zahlt Ihnen alles zurück. Alles, was Sie in seine Hände oder in seine Obhut gelegt haben, verwandelt sich zu Gold. Es bekommt einen ewigen Wert.

Daher hält Paulus uns dazu an, „alles" zur Ehre Gottes zu tun, und wählt dafür die banalsten Beispiele, um das alles hervorzuheben. Er sagt tatsächlich: „Alles, was ihr in Worten und Werken tut, geschehe im Namen Jesu, des Herrn. Durch ihn dankt Gott, dem Vater!" (Kolosser 3,17). An anderer Stelle schreibt er: „Ob ihr also eßt oder trinkt oder etwas anderes tut: Tut alles zur Verherrlichung Gottes!" (1 Korinther 10,31). All diese kleinen Dinge, die so bedeutungslos in sich scheinen können, besitzen ihren Wert in Christus.

Das erstreckt sich dann auch nicht nur auf belanglose Dinge, sondern sogar auf unsere Sünden und Schwächen. Gott und nur Gott ist in der Lage, Böses zu Gutem zu wandeln, und vielleicht ist das ja sein größtes Wunder.

7. Ich werde dein Lohn im Himmel sein

Für die Christen ist die Vorstellung vom Himmel gewöhnungsbedürftig. Gott bietet uns keinen Harem mit siebzig Jungfrauen, die nur darauf warten, sich um jedes unserer Bedürfnisse zu kümmern. Er verheißt uns auch nicht einen riesigen Vergnügungspark, tonnenweise Schokolade oder eine Luxuskreuzfahrt in die Karibik. Letzten Endes verspricht Gott uns *überhaupt nichts.* Materielle Dinge können uns schließlich nie ausfüllen. Der Himmel ist kein Spielzeugladen und auch kein Garten der Lüste, vollgestopft mit allem, was wir uns nur ersehnen oder wünschen könnten. Er besteht nicht aus der einen oder anderen guten Sache, sondern aus Gott selbst. Wie Paulus uns in Erinnerung ruft, gehen alle „Dinge" dieser Welt dahin. Das eine große Versprechen, das Gott uns macht, ist, daß er sich uns selbst schenkt.

Viele Menschen ziehen heutzutage den „Wert" der Religion in Zweifel. Welchen Nutzen bringt sie der Menschheit? Wir fragen uns, ob sie nicht sogar besser ohne die Religion dran wäre (erinnern Sie sich noch an John Lennons „Imagine there's no heaven"?). Manchmal stellen wir uns vielleicht die gleiche Frage in bezug auf unser eigenes Leben: *Ist Gott nützlich? Was habe ich durch meinen Glauben an Christus erreicht?* Bevor Sie sich beeilen, mir all die Vorteile aufzuzählen, die Christus Ihnen gebracht hat, möchte ich gerne die Frage selbst in Zweifel ziehen. Ich denke nicht, daß Gott jemals versprochen hat,

„überhaupt „nützlich" zu sein. Ich glaube nicht, daß die Kategorie „nützlich" bei Gott funktioniert.

Ich gebe zu, daß diese Frage einen gewissen Vorzug hat. Wenn wir erkennen sollen, daß die Vorstellung von Gott sich auf die Menschen zerstörerisch und kontraproduktiv für die Zivilisation auswirken würde, müßten wir über Gottes Existenz gut nachdenken. Warum sollte letztlich die Anbetung eines vermutlich lieben Gottes immer negative Folgen hervorrufen? Glücklicherweise ist das nicht der Fall. Die Religion und besonders das Christentum sind für die Gesellschaft ein großer Segen gewesen und versorgten die Menschheit mit den bedeutendsten Ideen und Prinzipien zum Aufbau einer wahrhaft gerechten Welt. Freiheit, Menschenwürde, Gleichheit, Nächstenliebe und Brüderlichkeit (um nur einige wenige der allerwichtigsten zu nennen) sind alles typisch christliche Vorstellungen.

Dennoch gibt es da ein Problem bei dieser ganzen Betrachtungsweise. Wenn wir nach Gottes Nützlichkeit fragen, lassen wir damit eine Vorstellung von Gott erkennen, die zutiefst *utilitaristisch* ist. Gott wäre dann einfach ein Instrument oder ein Werkzeug, das uns dabei hilft, einige andere Ziele zu erreichen. Gott wird statt eines *Endziels* zu einem *Mittel*. Diese Unterscheidung mag Ihnen vielleicht wie Haarspalterei vorkommen, ist es aber nicht. Sie betrifft den Kern dessen, worum es bei der christlichen Religion überhaupt geht.

Der wesentliche Unterschied zwischen Religion und Magie besteht darin, daß die Magie versucht, sich übernatürliche Mächte nutzbar zu machen und sie unserem Willen unterzuordnen. Religion hingegen ist die Anbetung Gottes und die Unterordnung unseres Willens unter seinen. Die Magie trachtet danach, das Übernatürliche zu *nutzen,* wohingegen die Religion bestrebt ist, anzubeten und zu dienen.

In der Bibel finden wir eine ganz andere Vorstellung von Gott. Gott wird dort als der Anfang und das Ende, als das

Alpha und Omega dargestellt. Er ist nicht ein hilfreiches Teil eines umfassenderen Plans. Er ist die allumfassende Wahrheit, die dem Leben Sinn gibt. Von ihm kommen wir, und letztlich gehen wir wieder zu ihm. Er ist kein Mittel zu irgend etwas Größerem oder Bedeutungsvollerem als er selbst (Gesundheit, finanzieller Erfolg, Weltfrieden, saubere Umwelt...); er ist überhaupt kein *Mittel*.

In seinem Buch *Jesus von Nazareth* stellt Papst Benedikt XVI. eine sehr wichtige Frage und gibt darauf eine ebenso aufschlußreiche Antwort. Er wiederholt die Frage der Menschen in bezug darauf, was Jesus der Welt gegeben hat. Man könnte Jesus in vielerlei Hinsicht für einen menschlichen Versager halten. Es scheint, als habe keine seiner Bemühungen zu irgendeiner anhaltenden Änderung auf der Welt geführt. Jesus heilte zwar die Kranken, schaffte aber nicht die Krankheit ab; noch immer wimmelt es auf unserer Welt von Kliniken, die vollbelegt mit Kranken sind. Jesus gab den Blinden das Augenlicht zurück, rottete aber nicht die Blindheit aus. Und er erweckte sogar die Toten, dennoch starben die Menschen danach auch weiterhin. Krankheit und Tod sind nicht ausgemerzt worden. Mit der Vermehrung von Brot und Fisch speiste Jesus fünftausend Menschen an einem Nachmittag, aber er beseitigte nicht den Hunger. Noch immer kommen Menschen arm und hungrig auf die Welt, und es sterben jeden Tag Menschen arm und hungrig. Außerdem vergab Jesus den Sündern ihre Sünden, dennoch hören die Menschen nicht auf zu sündigen. Jesus erschien als Friedensfürst und predigte der Menschheit Frieden und selbstlose Liebe, doch noch immer gibt es Kriege, Zwiste und Konflikte auf der ganzen Erde. Einen dauerhaften Frieden hat Jesus nicht verwirklicht.

Was hat Jesus dann der Welt gegeben? Benedikt gibt darauf eine rechte einfache Antwort: *Er hat uns Gott geschenkt.* Jesus kam nicht als Lösung für unsere Probleme, sondern um uns die endgültige Wahrheit zu geben, nach der wir suchen: Gott selbst. Anders ausgedrückt: Jesus kam nicht als *nützlicher* Messias, sondern einfach, um der Welt Gottes Angesicht zu zeigen. Er war – und ist – Emmanuel, Gott mit uns.

Natürlich kam Jesus auch, um uns zu retten, um uns die Erlösung von unseren Sünden anzubieten und uns den Weg zu unserem Vater zu zeigen. Er sandte seinen Jüngern seinen Heiligen Geist und schenkt uns auch weiterhin seine Gnade und seine Kraft, damit wir das Gute wählen können. Doch letzten Endes ist es die Vereinigung mit ihm, nach der wir trachten, und kein anderes Gut. Er ist der *Weg* und das *Leben*. Deshalb findet es unser Zeitalter auch so schwierig, sich eine Vorstellung vom Himmel zu machen und an dieser auch Gefallen zu finden. Wir möchten wissen, welche Belohnung wir bekommen, wenn wir gut sind und nicht vom Pfad der Rechtschaffenheit abweichen. Ein eher irdischer Himmel mit Freuden und Genüssen, die wir begreifen können, wäre uns fast lieber. Doch das ist nun wirklich überhaupt nicht die christliche Auffassung vom Himmel.

Auf Gott zu vertrauen bedeutet, nach Gott zu streben, mehr als nach irgend etwas anderem. Es bedeutet, daß er unser Schatz sein wird, der uns zufriedenstellen und erfüllen wird. Gott lediglich als eine Lösung unserer Probleme anzusehen – als ein wirksames Mittel um unsere Ziele zu erreichen – liefe für uns auf eine Riesenenttäuschung hinaus. Gott möchte sehr viel mehr für uns sein – und muß es auch. Er ist der Himmel selbst.

Wir sollten nun auch einmal einen Moment lang einen Blick darauf werfen, wie Gott eigentlich *uns* vertraut. Gott ist nicht nur vertrauenswürdig, er selbst *vertraut* auch.

Gott erwartet nicht nur Vertrauen. Er selbst schenkt ebenfalls
Vertrauen. Wenn man darüber nachdenkt, ist das zweifelsohne
eine äußerst seltsame Sache. Im Grunde genommen sind wir
die wankelmütigsten, wechselhaftesten und fehlbarsten Krea-
turen im gesamten Kosmos. Und dennoch vertraut er uns. Er
vertraut schwachen menschlichen Wesen das an, was ihm das
Kostbarste ist. Er betraut Mütter und Väter mit dem ungeheu-
ren Privileg und der Verantwortung, gemeinsam mit ihm Kinder zu zeugen und für sie zu sorgen. Er überträgt der gesamten
Menschheit die Aufgabe, seine Schöpfung zu wahren: seine
Welt und alles, was in ihr ist.

Indem Gott uns frei macht, legt er unser endgültiges Schicksal und das Gelingen unseres Lebens auf Erden in unsere Hand.
Das heißt nicht, daß Gott sich nicht weiter um uns kümmert.
Er ist auch weiterhin an unserer Seite und stärkt uns mit seiner Gnade. Doch zugleich mißachtet er niemals unsere Freiheit
oder zwingt uns dazu, gegen unseren Willen zu handeln. Er
bittet, er ermutigt, er redet uns gut zu, er bestürmt uns und
verlangt, aber er zwingt uns nicht. Keiner kommt gegen seinen
eigenen Willen in den Himmel.

Die Freiheit war Gottes größtes Geschenk an das menschliche
Geschlecht, aber sie war auch Gottes größtes Risiko. Unsere Freiheit ermöglicht uns, seine Liebe bereitwillig anzunehmen und
sie ihm zurückzugeben, doch wir können auch gegen ihn aufbe-
gehren und unserem Schöpfer andere Geschöpfe vorziehen. Das
war also ein riskantes Unterfangen, weil Gott genau das damit
in Gefahr bringt, was ihm am kostbarsten ist: seine Beziehung
zu uns, seinen Kindern. Indem Gott uns aus der Schafhürde
entließ, ging er das Risiko ein, daß wir über die Hügel davon-
zogen, weit weg vom himmlischen Hirten. Und doch ist es das,
was er tun wollte. Erzwungene Liebe ist keine Liebe. Er schuf

uns nach seinem eigenen Bild, damit wir frei aus der Tiefe unseres Wesens uns für ihn entscheiden können, aber zugleich auch frei sind, ihn zu verleugnen und zu kreuzigen.

Warum hat Gott das getan? Weil er uns vertraut. Er glaubt an uns. Er weiß, „wie tief wir sinken können", aber er kennt auch die Größe, zu der wir fähig sind, und die Liebe, die wir schenken können. Wie der beste aller Väter läßt Gott uns lieber gehen, als daß er sich an uns klammert und unsere Bewegung einschränkt. Bestimmt haben Sie schon einmal den Spruch von Richard Bach gehört: „Wenn du etwas liebst, laß es frei. Wenn es zu dir zurückkehrt, dann gehört es dir, wenn nicht, dann war es niemals deins." Ganz ähnlich behandelt Gott auch seine Kinder. Der einzige Unterschied besteht darin, daß er sogar dann nach uns Ausschau hält, wenn wir uns verirren, uns aber nicht zur Umkehr zwingt, sondern uns darum inständig bittet.

> *Wenn man mit Gott lebt, lernt man ihm zu vertrauen, und er vertraut einem ebenfalls. Damit eine Beziehung funktioniert, muß man Vertrauen zu ihr haben, und dieses Vertrauen muß hundertprozentig sein.*
> Annetta, 23 Jahre

Wenn Gott Ihnen vertraut, dann können *Sie* das auch

Vom Augenblick der Erschaffung des Menschen hat Gott ihm die Welt anvertraut. Männer und Frauen sollen die Erde bevölkern und sie sich untertan machen. Sie sollen „über die Fische des Meeres, über die Vögel des Himmels und über alle Tiere, die sich auf dem Land regen", herrschen (Genesis 1,28). Sie sollen den Garten bebauen und hüten, in den sie gesetzt wurden (vgl. Genesis 2,15).

Gleich von Anfang an hat Gott den Menschen seine göttliche Fürsorge für die Schöpfung übertragen und sie damit zu seinen Verwaltern und Botschaftern gemacht.

Im Evangelium greift Jesus ein ähnliches Thema auf, als er seine Jünger mit Verwaltern vergleicht, die ihren Mitknechten deren Anteil an Nahrung zur rechten Zeit zuteilt (vgl. Lukas 12,42). Das ist eine große Verantwortung, für die von den Jüngern eine Abrechnung gefordert wird. Daher beendet Jesus sein Gleichnis vom treuen und vom schlechten Knecht mit der ernsten Warnung: „Wem viel gegeben wurde, von dem wird viel zurückgefordert werden, und wem man viel anvertraut hat, von dem wird man um so mehr verlangen" (Lukas 12,48).

Doch Gott schenkt sein Vertrauen nicht vergeblich. Er legt keine unerträglichen Lasten auf unsere Schultern, nur um uns scheitern zu sehen. In Wirklichkeit ist sein Vertrauen überhaupt die Ursache dafür, daß wir beherzt und zuversichtlich all das auf uns nehmen können, was er von uns verlangt. Gottes Vertrauen fordert von uns einen heiligen Wagemut, wenn wir Aufgaben übernehmen sollen, die menschlich betrachtet eigentlich nicht zu bewältigen sind. Dem nicht gewachsen zu sein, akzeptiert Gott nicht als Entschuldigung, wenn wir seine Pläne nicht erfüllen. Es ist vielmehr eine Grundvoraussetzung. Was er von uns verlangt, übersteigt nicht nur *oftmals* unsere menschlichen Fähigkeiten; es übersteigt sie *unentwegt*. Gott wirkt nicht durch ausschließlich perfekte, makellose Werkzeuge. Wenn es so wäre, hätte er in den vergangenen zweitausend Jahren keinerlei geeignete Gehilfen gehabt. Was er aber sehr wohl braucht, ist unsere Demut, unsere Bereitwilligkeit, harte Arbeit und Vertrauen. Damit können wir nicht fehlgehen. Denn Gottes Vertrauen geht Hand in Hand mit seiner Hand und wird von ihr verstärkt. Er gibt uns alles, was wir brauchen, um voranzukommen.

Dieser Wagemut, alles auf sich zu nehmen, was von uns verlangt wird, muß von der wahren Demut begleitet sein, zu wissen, daß wir niemandes Erlösers sind; allein Christus ist das. Es wäre hinterlistig und unfair, jemanden dazu zu bringen, sein Vertrauen statt auf Gott auf uns zu setzen. Oft gefällt es uns zwar, wenn wir eine Stütze für andere sind oder selber Beistand bei anderen finden. Bis zu einem gewissen Punkt funktioniert das auch. Häufig finden wir tatsächlich Trost, Rat, Gemeinschaft und Kraft bei anderen. Darüber hinaus können wir auch selber unsere Unterstützung anbieten, und das ist dann eine Quelle echter Freude.

Doch es kann auch beängstigend sein. Wenn jemand anders anfängt, sein ganzes Vertrauen auf uns zu setzen, sind wir gezwungen, unserer eigenen Schwäche und Anfälligkeit ins Auge zu sehen. Wir wissen zwar, daß wir für vieles sorgen können, aber wir wissen auch, daß wir nicht alles zur Verfügung stellen können, so gern wir es auch täten. Wenn ein uns nahestehender Mensch krank im Bett liegt, völlig verarmt oder arbeitslos ist oder von seinem Ehepartner verlassen wurde, können wir letztendlich nur bedingt helfen. Es gibt Wunden, die wir nicht heilen, und Schäden, die wir nicht ausbessern können.

Doch da weiß ein echter Christ, daß er ein Fürsprecher ist, der andere zu Christus bringen soll. Keiner von uns kann den Platz Jesu einnehmen. Wie Johannes der Täufer müssen auch wir schnell eingestehen: „Wer die Braut hat, ist der Bräutigam; der Freund des Bräutigams aber, der dabeisteht und ihn hört, freut sich über die Stimme des Bräutigams. Diese Freude ist nun für mich Wirklichkeit geworden. Er muß wachsen, ich aber muß kleiner werden" (Johannes 3,29–30). Wir sind, wenn Sie so wollen, bloße „Ehevermittler", deren Auftrag es ist, Christus an Seelen heranzuführen, die in ihm ihre Erlösung finden werden. Wir sind nicht dazu da, um

Ich wundere mich häufig darüber, wieviel ich von Gott aufgebürdet bekommen habe. Als ich jung war, hätte ich mir nie vorstellen können, daß ich dazu berufen wäre, sieben Kinder großzuziehen und die vielen Dinge zu tun, die ich getan habe. Er hat eine ganze Menge von mir gefordert, und ich habe versucht, ihn nicht zu enttäuschen. Und auch er hat mich nie im Stich gelassen.

MARISOL, 67 JAHRE

Seelen zu uns zu ziehen, damit *wir* ihre Treue und ihre Liebe gewinnen, sondern damit wir sie zum Bräutigam führen. Wir sind die Freunde des Bräutigams, der überglücklich ist, wenn er bekannt ist und geliebt wird.

Und genau dieses Wort *Freunde* benutzt Jesus auch, um beim Letzten Abendmahl seine Jünger zu beschreiben. Er will sie nicht einfach nur als Diener. Er möchte, daß sie wissen, daß er seinen Auftrag mit ihnen geteilt hat, indem er ihnen alles offenbart hat, was er von seinem Vater gehört hat. Jesus sagte:

> Ich nenne euch nicht mehr Knechte; denn der Knecht weiß nicht, was sein Herr tut. Vielmehr habe ich euch Freunde genannt; denn ich habe euch alles mitgeteilt, was ich von meinem Vater gehört habe. Nicht ihr habt mich erwählt, sondern ich habe euch erwählt und dazu bestimmt, daß ihr euch aufmacht und Frucht bringt und daß eure Frucht bleibt. Dann wird euch der Vater alles geben, um was ihr ihn in meinem Namen bittet.
> (JOHANNES 15,15–16)

Jesus bezeichnet uns als seine Freunde, weil er uns vertraut. Er vertraut uns so sehr, daß er uns seine innigsten Wahrheiten anvertraut. Er erleuchtet uns, stärkt uns und bestimmt uns dazu, seinen Missionsauftrag fortzuführen. So sehr vertraut er uns!

VERTRAUEN ALS MITTEL ZUM AUFBAU VON VERTRAUENSWÜRDIGKEIT

Doch das Vertrauen des Herrn hat auch noch einen weiteren Zweck. Mitunter wird jemandem Vertrauen geschenkt, auch wenn er es gar nicht verdient hat. Das mag seltsam erscheinen, da es so aussehen würde, als ob Vertrauen stets mit Vertrauenswürdigkeit korrespondieren müßte. Das ist nicht unbedingt der Fall.

Ein gutes Beispiel dafür ist eine Eltern-Kind-Beziehung, bei der sich das Kind – vielleicht ein Jugendlicher – nicht als übermäßig vertrauenswürdig erwiesen hat. Eine logische Reaktion darauf wäre der Entzug von Vertrauen. Wir könnten einfach aufhören, dem unzuverlässigen Kind unser Vertrauen zu schenken. Doch Eltern verfolgen ja für ihr Kind ein langfristiges Erziehungsziel, wozu gehört, daß sich das Kind zu einem reifen und verantwortungsbewußten Erwachsenen entwickelt. Manchmal kann ein Vertrauensvorschuß bei jemandem, der diesen eigentlich gar nicht verdient hat, einen heilsamen Effekt haben, um ihm zu zeigen, daß man sein Vertrauen nicht umsonst geschenkt hat. Natürlich gibt es kein Rezept dafür, wann man diese Maßnahme ergreifen soll. Das „Timing" muß einfach stimmen.

Gott legt beim Vertrauen in uns eine Art „vorsätzlicher Blindheit" an den Tag. Offenbar vergißt er dabei all unsere Vergehen. Immer wieder versagen wir, und doch kommt er unablässig zu uns zurück, bereit, uns erneut zu vertrauen.

Nehmen wir als zeichenhaftes Beispiel dafür das von Jesus und Judas. Judas war nicht vertrauenswürdig, und Jesus, der stets wußte, was sich im Herzen eines Menschen abspielte (vgl. Johannes 2,24–25), mußte sich dieser Tatsache bewußt gewesen sein. Doch aus allen möglichen Kandidaten für den Job des Schatzmeisters der Apostel wählte Jesus Judas aus. Er verwaltete die gemeinsame Kasse – das war eine extreme Vertrauensposition. Er führte die Bücher, tätigte die Ausgaben und nahm Spenden entgegen, ohne daß er irgendwie überprüft worden wäre. Leider war Judas ein Dieb, er entkam damit, und keiner (mit Ausnahme von Jesus) wußte davon.

Jesus hat seinen Jüngern ganz offen gesagt: wer in den kleinsten Dingen zuverlässig ist, der wird es auch in den großen sein; wer in kleinen Dingen unehrlich ist, der ist es auch bei großen (vgl. Lukas 16,10–12). Unsere Zuverlässigkeit hängt nicht von der Größenordnung dessen ab, was uns an Vertrauen gegeben wird, sondern von unserem eigenen Charakter.

WIE VERTRAUEN GESCHIEHT

Verlorengegangenes Vertrauen
Wiedergewinnen

Auch wenn junge Leute darauf drängen, schnell erwachsen zu werden, zog Jesus als nachahmenswertes Vorbild für Christen häufig das Beispiel kleiner Kinder heran. Für einen Christen ist es nicht gut, zu sehr „erwachsen" zu sein. Vor Gott ist niemand erwachsen. Und daher forderte Jesus von seinen Anhängern, wie kleine Kinder zu sein und das Himmelreich so anzunehmen, wie es Kinder tun würden. Gewiß erinnern Sie sich an die folgende Episode aus dem Markusevangelium:

> Da brachte man Kinder zu ihm, damit er ihnen die Hände auflegte. Die Jünger aber wiesen die Leute schroff ab. Als Jesus das sah, wurde er unwillig und sagte zu ihnen: Laßt die Kinder zu mir kommen; hindert sie nicht daran! Denn Menschen wie ihnen gehört das Reich Gottes. Amen, das sage ich euch: Wer das Reich Gottes nicht so annimmt, wie ein Kind, der wird nicht hineinkommen. Und er nahm die Kinder in seine Arme; dann legte er ihnen die Hände auf und segnete sie.
>
> (Markus 10,13–16)

Sich wie Kinder zu verhalten, ist für Erwachsene, besonders für die von heute, nicht einfach. Wir sind gebildet, freigeistig, kritisch und manchmal sogar zynisch. Das gilt besonders im

206

Falle des Vertrauens. Kleine Kinder vertrauen ganz spontan. In einem Augenblick der Desorientierung nach Mamas Hand zu greifen, ist eine natürliche Reaktion eines Kindes. Kinder glauben, was ihre Eltern ihnen erzählen. Sie vertrauen auf ihre Wort und ihre Versprechen. Kinder kritisieren nicht die Motive ihrer Eltern und ziehen auch nicht ihre Integrität in Zweifel. Doch irgendwann ändert sich das.

Vielleicht deswegen, weil wir – wenn wir erwachsen werden – immer unabhängiger werden, und uns eher auf uns selbst als auf andere verlassen. Vielleicht ist es ja auch deswegen, weil wir übers Ohr gehauen wurden und keinem anderen mehr glauben, sondern nur noch uns selbst. Vielleicht ja auch, weil unsere Gesellschaft uns dazu drängt, selbstbewußt zu werden und nicht auf andere angewiesen zu sein. Welche Gründe auch immer es dafür geben mag (bestimmt gibt es viele dafür): je älter wir werden, desto schwieriger wird es.

Was also, wenn wir uns in der unerfreulichen – aber typischen – Situation jener wiederfinden, die nicht mehr vertrauen oder nicht so viel vertrauen, wie sie sollten? Können wir das, was wir verloren haben, jemals zurückgewinnen? Natürlich können wir das. Auch wenn das ein weiter Weg zu sein scheint, erinnert uns Jesus daran: „Was für Menschen unmöglich ist, ist für Gott möglich" (Lukas 18,27).

Ich glaube, ich habe früher, als ich jung war, an Gott geglaubt. Doch ich vermute, je älter ich werde, desto weniger Vertrauen habe ich. Das ist schon traurig, oder?
CARMEN, 56 JAHRE

Wenn es Ihnen wirklich ernst damit ist, im Vertrauen zu wachsen, müssen Sie sich bei dem, was Sie erwartet, vielleicht auf etwas gefaßt machen. Es bedeutet unter anderem, daß Sie Ihre Risikobereitschaft erhöhen müssen. Es bedeutet außerdem harte Arbeit, da Sie Ihre Fähigkeit, zu vertrauen so einüben und formen müssen, wie ein Turner seine Muskeln formt und stärkt. Doch auch dabei wird Gott an Ihrer Seite sein und Ihnen beistehen. Das, was wir leisten und schaffen, geht Hand in Hand mit Gottes Gnade. Wie geht das vor sich?

Wie wir im Vertrauen wachsen

Unsere Bitten nach größerer Tugendhaftigkeit beantwortet Gott oftmals, indem er uns Anlässe schickt, um die betreffende Tugend *einzuüben*. Wenn wir um Demut beten, sagt Gott nicht einfach „Presto!" und macht uns so demütig wie ein Lamm. Statt dessen bietet er uns Gelegenheiten, damit wir die Demut praktizieren, und er schenkt uns die Gnade und die Stärke, um diese Chancen dann auch zu nutzen. Wenn Sie in ähnlicher Weise um größeres Vertrauen bitten: seien Sie nicht überrascht, wenn Gott Ihnen statt einer sofortigen vertrauensseligen Einstellung Möglichkeiten bietet, bei denen Sie auf ihn allein vertrauen müssen.

Die Entscheidung zu vertrauen

Wir haben gesehen, daß das, was für Kinder ganz selbstverständlich ist, von Erwachsenen oftmals erneut gelernt werden muß, was uns zu der Frage führt: Kann Vertrauen wirklich erlernt werden? Ist es nicht vielmehr so, daß wir Vertrauen entweder haben oder eben nicht? Wir dürfen nicht vergessen, daß zum Vertrauen die *Entscheidung* gehört. Gott zu vertrauen, ist außerdem keine einmalige Angelegenheit, sondern es ist eine Tugend, eine *gute Angewohnheit*. Gewohnheiten sind Verhaltensmuster, die für uns zu einer zweiten Natur geworden sind. Manche Gewohnheiten kommen ganz instinktiv, doch die meisten sind erlernt. Für all jene, denen klar wird, daß wir nicht so sind, wie wir sein sollten, ist das eine gute Nachricht. Es besteht also noch Hoffnung! Nur weil ich momentan noch

Schwierigkeiten mit dem Vertrauen habe, heißt das nicht, daß ich es nicht doch noch lernen kann!

Wie eignet man sich Gewohnheiten an? Durch eine *Wiederholung von Handlungen.*

Bestimmt haben Sie schon mehrere Gewohnheiten, die Ihnen noch nicht einmal völlig bewußt sind. Achten Sie mal darauf, wie Sie Ihre morgendlichen und abendlichen Rituale durchführen. Sie werden feststellen, daß Sie die meisten Dinge tagein tagaus auf dieselbe Art und Weise erledigen. Sie sind für Sie zur Routine geworden, zu einer *gewohnheitsmäßigen* Art des Seins und des Handelns! Das meiste davon könnten Sie ändern, wenn Sie wollten, einfach, indem Sie für eine gewisse Zeitdauer die Dinge bewußt anders machten. Je nachdem, wie stark die derzeitigen Gewohnheiten Ihnen in Fleisch und Blut übergegangen sind, werden Sie mehr oder weniger Zeit brauchen, um neue Gewohnheiten auszubilden, um die alten zu ersetzen.

Ich glaube, Sie merken schon, was ich damit sagen will. Die Gewohnheit oder die Tugend des Vertrauens wird durch viele wiederholte Vertrauensakte ausgebildet. Indem man sich immer wieder dazu *entscheidet* zu vertrauen, baut man diese Tugend auf.

ÜBUNGEN, UM VERTRAUEN AUFZUBAUEN

Ob Sie es glauben oder nicht: im Internet gibt es ganze Webseiten, die sich mit Übungen zum Aufbau von Vertrauen befassen. Die meisten davon haben natürlich keinen religiösen Hintergrund. Sie beschäftigen sich nicht so sehr mit dem Aufbau von Vertrauen zu Gott, sondern versuchen eher eine Atmosphäre des Vertrauens in einem beruflichen oder schulischen Umfeld zu schaffen. So verkündet eine dieser Seiten beispielsweise, daß „Aktivitäten zum Aufbau von Vertrauen Menschen dabei helfen, sich gegenseitig respektvoll, offen, verständnisvoll und einfühlsam zu begegnen sowie Kommunikations- und Teamworkfähigkeiten zu entwickeln."[22] Teamwork beruht auf Vertrauen. Doch trotz dieses bedeutenden Unterschiedes können diese Übungen auch viel Aufschluß darüber geben, was es heißt, Gott zu vertrauen.

Eine der typischsten Vertrauensübungen heißt „Vertrauensfall". Dabei läßt sich eine Person von Tischhöhe rückwärts in die Arme und Hände der Gruppe fallen. Dabei geht es darum, daß der Fallende sich so entspannt und vertrauensvoll wie nur möglich – ohne sich zu versteifen – fallen läßt.

Das Ziel dieser Übung besteht darin zu lernen, völlig auf andere Menschen im Bewußtsein zu vertrauen, daß sie einen nicht fallen lassen werden. Normalerweise möchten wir gerne sehen, wohin wir gehen, und wir möchten die erforderlichen Vorkehrungen treffen, damit wir uns nicht verletzen. Bei dieser Übung besteht die „Vorkehrung" oder „Vorsichtsnahme" einfach darin, sein Vertrauen auf andere zu setzen.

Eine andere vertrauensbildende Übung nennt sich Minenfeld. Dabei werden in einem Raum oder draußen auf einem Platz Gegenstände verteilt. Eine Person leitet ihren Partner, dem die Augen verbunden sind und der nicht sprechen kann, mit mündlichen Anweisungen durch das Minenfeld. Die führende Person kann sehen und sprechen, aber nicht das Feld betreten und auch nicht die „blinde" Person berühren. Die Aufgabe für den mit den verbundenen Augen besteht nun darin, von einer Seite des Feldes zur anderen zu gelangen und dabei die „Minen" zu vermeiden, indem er auf die verbalen Anweisungen seines Partners hört.

Weitere Vertrauensübungen heißen beispielsweise „Lost in Shanghai" oder die „Quadratur des Kreises". Alle starten mit der Voraussetzung, daß Vertrauen etwas Schwieriges ist und daß wir unser natürliches Bestreben, unser eigenes Schicksal selbst unter Kontrolle zu haben, zu überwinden lernen müssen. An andere Menschen zu glauben, führt zu der Bereitschaft, sein Wohl deren Fürsorge anzuvertrauen.

Gottesvertrauen aufzubauen, erfordert eine andere Art von Übung. Es wäre töricht, den „Vertrauensfall" mit Gott zu spielen, indem man sich von einem Abhang stürzte und dabei ausriefe: „Gott, fang mich auf!" Das wäre so ähnlich wie die spöttische Bemerkung des Teufels gegenüber Jesus, sich doch vom Tempel herabzustürzen und dabei zu vertrauen, daß die Engel Gottes ihn schon auffangen würden (vgl. Lukas 4,9–12). Wie wir gesehen haben, wachsen wir nicht im Vertrauen, indem wir Gott *auf die Probe stellen,* sondern indem wir so handeln, wie es ihm gefällt, im Vertrauen darauf, daß sich alles zum Guten wenden wird.

Gott selbst bietet uns viele Gelegenheiten, im Vertrauen zu wachsen. Wir müssen sie einfach nur erkennen und sie wahrnehmen.

Vertrauen und Erinnerung

Von allen erdenklichen Übungen, die uns zum Aufbau von Vertrauen zur Verfügung stehen, ist die vielleicht effektivste – und die biblischste von allen – die Gedächtnisübung. Um unser Vertrauen zu stärken, fordert Gott, daß wir uns *erinnern.* Er behandelt uns so, wie er die Israeliten behandelt hat. Seine Gespräche mit ihnen beginnt er oftmals damit, daß er ihnen seine göttliche Fürsorge und seine großen Taten in Erinnerung ruft. Wie häufig lesen wir: „Ich bin der Herr, dein Gott, der dich aus Ägypten geführt hat"? Mit anderen Worten: „Wenn ich mit deiner Knechtschaft in Ägypten fertiggeworden bin, meinst du dann nicht, daß ich jetzt deine kleineren Probleme lösen kann?" Und Gott bestärkt sie, ja verlangt von ihnen, sich daran zu erinnern.

Daher sagt Moses zum Volk: „Denkt an diesen Tag, an dem ihr aus Ägypten, dem Sklavenhaus, fortgezogen seid; denn mit starker Hand hat euch der Herr von dort herausgeführt" (Exodus 13,3). Weshalb all dieses Gedenken? Sich an die Vergangenheit zu erinnern, bedeutet auf die Zukunft zu vertrauen. Sich Gottes Treue ins Gedächtnis zurückzurufen heißt, zu erkennen, daß er treu war und ist, damals wie heute.

Paulus lehrt uns, wie wir in unserem Leben unsere Erinnerung wachrufen, um aus der Erfahrung von Gottes treuer Liebe Kraft zu ziehen:

> Wir wollen euch die Not nicht verschweigen, Brüder, die in der Provinz Asien über uns kam und uns über alles Maß bedrückte; unsere Kraft war erschöpft, so sehr, daß wir am Leben verzweifelten. Aber wir haben unser Todesurteil hingenommen, weil wir unser Vertrauen nicht auf uns selbst setzen wollten, sondern auf Gott, der die Toten auferweckt. *Er hat uns aus dieser großen Todesnot errettet und rettet uns noch;* auf ihm ruht unsere Hoffnung, daß er uns auch in Zukunft retten wird.
>
> (2 Korinther 1,8–10, meine Hervorhebung)

Paulus erinnert hier deswegen an Gottes frühere Treue, um zuzusichern, daß Gott auch künftig treu sein wird. Da sich Paulus über diese Erfahrungen aus der Vergangenheit bewußt ist, wird es ihm möglich, auch jetzt, zum gegenwärtigen Zeitpunkt, zu vertrauen. Doch dies ist nicht die einzige Möglichkeit, Gottvertrauen aufzubauen. Es gibt Momente im Leben, die besonders günstige Voraussetzungen dafür bieten, Vertrauen zu üben und die uns die Gelegenheit bieten, allmählich immer mehr zu vertrauen. Welche sind das?

Schulen des Vertrauens

Wenn man wirklich etwas lernen will, geht man in die Schule. Heutzutage gibt es Schulen für einfach alles. Denken Sie mal an Kinder, die wirklich gerne Sport treiben und die Besten in ihrer Sportart sein wollen. Es gibt Basketball-, Fußball- und Tenniscamps. Auch für das Erlernen einer Sprache ist der Besuch einer Schule eine absolute Notwendigkeit. Wer malen oder zeichnen lernen möchte, meldet sich an einer Kunstschule an, und so ist das auf fast jedem Gebiet. Solche Schulen vermitteln Inhalte, haben eine Kontrollfunktion und bieten ein wichtiges Feedback, damit wir uns selbst besser einschätzen können und Fehler korrigieren, bevor sich diese richtig festsetzen.

Wie aber ist das mit einer Tugend? Wäre es nicht schön, wenn es eine Schule gäbe, in der man Vertrauen lernen könnte? Zum Glück gibt es mehrere davon!

GEBET

Um unser Vertrauen wiederzuerlangen oder es zu stärken, ist das erste, was wir tun müssen: beten. Von allen Dingen, für die wir beten, sollte ein Zuwachs an Vertrauen ganz weit oben auf unserer Liste stehen. Jesus lehrte uns, unsere Nöte vor Gott zu bringen, zu bitten, damit uns gegeben werde (vgl. Lukas 11,9), und wir alle brauchen Vertrauen. Er kann unsere verwundeten Herzen heilen und uns einen Frieden geben, den wir sonst nirgends finden. Er kann unsere Unfähigkeit zu vertrauen wieder instandsetzen und unsere Zweifel und Ängste dämpfen. Das Paradoxe daran ist, daß unser Gebet um Vertrauen zugleich eine Vertrauens*übung* ist. Im Grunde genommen würden wir nicht beten, wenn wir nicht auch schon vertrauen würden. Vielleicht sind wir, wenn wir beten, wie der Mann in der Bibel, dessen Sohn an der Gegenwart eines unreinen Geistes litt. Er sagte zu Jesus: „Ich glaube; hilf meinem Unglauben!" (Markus 9,24). Mit anderen Worten: er glaubte tatsächlich schon, wußte aber, daß er noch mehr glauben konnte und sollte. Genauso vertrauen wir bereits, wenn wir beten, während wir gleichzeitig um mehr Vertrauen bitten.

Das Gebet ist eine Zuflucht, wenn alles andere sich gegen uns stellt. Wenn all unsere Freunde uns verlassen haben, erkennen wir, daß Gott uns im Gebet beharrlich erwartet. Wenn unsere Vorhaben gescheitert sind, und es scheint, als fiele unser ganzes Leben in sich zusammen, wartet Gott auf uns, Gott – ein guter und treuer Freund. Wenn kein anderer Zeit für mich hat – Gott hat immer Zeit für mich. Wenn kein anderer mir mehr zuhört – Gott hört mir immer zu. Wenn alle anderen mich aufgegeben haben – Gott hat es nicht. Wenn es offenbar keine Lösung für meine Probleme gibt, wird Gott zu meiner Lösung.

Im Gebet lernen wir, gemeinsam mit Gott die Dinge so zu sehen, wie sie wirklich sind. Wir erkennen, daß vieles, worauf wir einst unser Vertrauen setzten, dieses in Wirklichkeit nicht verdient. Uns wird bewußt, daß nur wenige Dinge im Leben tatsächlich von Bedeutung sind und daß wir viel zuviel Zeit und Energie darauf verwenden, Dingen hinterherzujagen, die uns niemals erfüllen werden. So schreibt Papst Benedikt:

Beten bedeutet nicht, aus der Geschichte auszusteigen und sich in den privaten Winkel des eigenen Glücks zurückzuziehen. Rechtes Beten ist ein Vorgang der inneren Reinigung, der uns gottfähig und so gerade auch menschenfähig macht. Im Beten muß der Mensch lernen, was er von Gott wirklich erbitten darf – was Gottes würdig ist. Er muß lernen, daß er nicht gegen den anderen beten kann. Er muß lernen, daß er nicht um die oberflächlichen und bequemen Dinge bitten darf, die er sich gerade wünscht – die falsche kleine Hoffnung, die ihn von Gott wegführt. Er muß seine Wünsche und Hoffnungen reinigen. Er muß sich von seinen stillen Lügen befreien, mit denen er sich selbst betrügt: Gott durchschaut sie, und die Konfrontation mit Gott nötigt ihn, sie selbst zu erkennen.[23]

Auf diese Weise bietet das Gebet eine notwendige Läuterung unserer Hoffnungen und Ambitionen. Wenn wir uns beim Gebet in die Gegenwart Gottes versetzen, ist es so, als stünden wir vor einem Spiegel, der uns einzig die Wahrheit zeigt, und dessen Blick nichts entgeht. Er offenbart, was in uns das Beste und das Schlechteste ist, und wir werden veranlaßt, mit dem Psalmisten zu beten: „Wer bemerkt seine eigenen Fehler? Sprich mich frei von Schuld, die mir nicht bewußt ist!" (Psalm 19,13). Trotzdem lehrt uns Jesus im Gebet in ihm nicht nur die Wahrheit zu finden, sondern auch den Weg und das Leben. Das heißt, so real unsere Fehler auch sein mögen, er weiß sie auch immer zu beheben. Seine Liebe und seine Gnade geben uns Mut, die Wahrheit zu akzeptieren, uns so zu enthüllen, wie wir sind, ohne uns in die Täuschung zu flüchten. Unser Vertrauen auf ihn ermutigt uns, die Herausforderung eines christlichen Lebens ohne Abstriche oder Ausflüchte auf uns zu nehmen.

DAS APOSTOLAT

Unsere Bemühungen, das Reich Christi auszubreiten, stellt eine weitere Schule des Vertrauens dar. Wenn wir Projekte für Gott übernehmen, erkennen wir deutlicher, daß wir ihn brauchen. Wir stellen dann sofort fest: „Wenn nicht der Herr das Haus baut, müht sich jeder umsonst, der daran baut. Wenn nicht der Herr die Stadt bewacht, wacht der Wächter umsonst" (Psalm 127,1). Projekte für Gott erfordern göttlichen Beistand. Nur er kann unsere Arbeit auf nachhaltige, sinnvolle Weise wirklich fruchtbar werden lassen.

Für das Reich Christi zu arbeiten, hilft uns dabei, unsere Unentschlossenheit darüber zu überwinden, ob das, was wir tun, wirklich der Wille Gottes ist, besonders dann, wenn sich unsere Anstrengungen um unser eigenes berufliches Fortkommen drehen. Solange diese Unentschlossenheit besteht, kann auch unser Vertrauen ins Wanken geraten, da wir nicht wissen, ob wir für uns oder für Gott arbeiten. Wenn wir uns hingegen in den Dienst Christi und seiner Kirche stellen, schwinden diese Zweifel. Wir wissen, daß er unsere Bemühungen, so gut es geht, segnen wird. Das, was dabei herauskommt, entspricht vielleicht nicht dem, was wir uns vorgestellt haben, doch wir wissen, daß es trotzdem Frucht bringen wird, sogar mehr Frucht, als wir dachten.

Gott verlangt von uns oft Dinge zu tun, die unsere Möglichkeiten weitaus übersteigen. Auf diese Weise überbeansprucht er unser Vertrauen, wenn er von uns fordert, mehr auf ihn als auf unsere eigenen Talente und Begabungen zu vertrauen. Indem er uns aus unserer Bequemlichkeit herausholt, macht er Vertrauen zu einer Notwendigkeit. Es war nicht Davids Schleuderkunst, die es ihm ermöglichte, den Riesen Goliath zu töten. Es war nicht der Scharfsinn Petri oder seine Führungsstärke, die ihn die junge Kirche Christi nach Pfingsten so entschlossen leiten ließen. Es war nicht das rhetorische Talent, das Paulus zu einem solch erfolgreichen Völkerapostel machte. Sobald wir den Ruf Christi vernehmen, müssen wir einen Akt des Vertrauens leisten. Wir lehnen uns für ihn weit aus dem Fenster. Wenn er ruft – so wissen wir –, dann muß er auch all die nötigen Werkzeuge bereitstellen, die wir brauchen, um die Aufgabe zu erfüllen, die er von uns fordert. Einen Christen, der

Ich hatte wirklich so lange keine Vorstellung darüber, was Vertrauen überhaupt war, bis ich anfing, in der Sonntagsschule zu unterrichten! Obwohl die Kinder, die ich unterrichtete, ziemlich nett waren, hatte ich Angst. Alles, was ich tun konnte war, mich dem Schutz des Herrn zu empfehlen und mich in die Arbeit zu stürzen. Indem ich mir meiner eigenen Unfähigkeit bewußt wurde, hatte ich keine andere Wahl, als mich nun erst recht auf ihn zu stützen. Ich glaube, daß ich aus dieser Erfahrung mehr als meine Schüler gelernt habe!

Jackie, 20 Jahre

Gottes Ruf vernommen hat und ihn mit Vertrauen und Reinheit des Herzens zu erfüllen sucht, werden selbst kleine Rückschläge nicht entmutigen. So werden wir wahrlich zu Mitarbeitern Gottes und tragen zum Heil der Welt bei.

PRÜFUNG UND LEIDEN

Vertrauen sollten wir unablässig üben, in guten wie in schlechten Zeiten. Gott ist stets bei uns. So sagt er Psalmist: „Steige ich hinauf in den Himmel, so bist du dort; bette ich mich in der Unterwelt, bist du zugegen" (Psalm 139,8). In guten Zeiten häufen wir Stärke und Vertrauen für die schwierigeren Momente an. Doch so hilfreich das auch ist, wächst unser Vertrauen doch zweifelsohne am stärksten dann, wenn es auf die Probe gestellt wird.

Genauso wie ein Sportler am meisten dann erreicht, wenn er auf einen starken Gegner trifft, macht unser Vertrauen große Fortschritte, wenn es sich bewähren muß. Ich weiß noch, wie ich mich damals, als ich noch viel Tennis spielte, besonders dann verbesserte, als ich gegen jemanden antreten mußte, der mir überlegen war. Es war furchtbar, und oft zog ich es vor, gegen Leute zu spielen, deren Können sich auf demselben Niveau wie meines oder noch darunter bewegte. Es ist sehr entmutigend, sich gegen einen Gegner behaupten zu müssen, der erfahrener und leistungsstärker ist als man selbst. Trotzdem waren das meine besten Spiele. Es waren die Spiele, bei denen ich buchstäblich gespürt habe, wie sich meine Schläge verbesserten, wo ich mein Äußerstes geben mußte, einfach um das zu überstehen. Und das Lustige daran ist, daß diese Leistungssteigerung auch noch nach dem Wettkampf nicht von mir gewichen ist. Von diesem Augenblick an war ich ein besserer Spieler.

Was für Prüfungen und Gegner gilt, das gilt ebenfalls für Schmerz und Leiden. Wenn wir leiden, merken wir, wie zerbrechlich wir sind, und wie wenig ausreicht, um uns außer Gefecht zu setzen. Wenn ich rasende Kopfschmerzen oder einen verstauchten Knöchel habe (um nur einmal die belanglosesten Beispiele anzuführen!), fühle ich mich ganz plötzlich nicht mehr in der Lage, viele Dinge zu tun, die ich normalerweise für selbstverständlich halte. Mein normaler Rhythmus ist aus dem Takt. Ich fühle mich von etwas Unbedeutendem richtig niedergeschlagen oder doch zumindest höchst eingeschränkt. Doch diese kleinen oder großen Leiden führen uns vor Augen, wie schwach wir sind. Sie führen dazu, daß wir uns an den einen wenden, der die wahre Quelle unserer Stärke ist. Wenn wir gesund sind und alles in Butter ist, fühlen wir uns leistungsfähig und unschlagbar. Das Leiden versetzt uns wieder in die Realität und fordert uns dazu auf, zu Gott zurückzukehren.

Bei diesen Anlässen erhalten wir außerdem die Gelegenheit, eine einfache, aber alte Tradition zu pflegen: Gott unsere Leiden „aufzuopfern". Unsere Leiden gewinnen an Wert und Bedeutung, wenn wir sie mit den Leiden Christi vereinen. Das ist nicht nur irgendein frommes Märchen, sondern bringt das christliche Verständnis zum Ausdruck, daß sich Jesus mit jedem einzelnen von uns vereinte, als er sich mit unserer menschlichen Natur verband. Die kleinen Ärgernisse, die unsere Tage übersäen, werden zu wertvollen Anlässen, Gott etwas zurückzugeben, ihn zu bitten, diese zu segnen und sie für uns und für andere fruchtbar zu machen. Unser Vertrauen auf Gottes Macht, aus Bösem Gutes zu wirken, verwandelt unsere täglichen Wehwehchen und Ärgernisse in etwas, das von ewiger Gültigkeit ist.

Leiden schult uns im Bereich des Vertrauens aber auch noch auf andere Weise. Mitunter scheint nichts unsere Schmerzen zu lindern. Manche Schmerzen – wie ein gebrochenes Herz – können so schlimm und unheilbar erscheinen. Man bringt uns Aspirin und Ibuprofen. Man betäubt uns mit Morphium oder versucht uns mit einem Plausch zu zerstreuen. Doch letztlich ist unser Schmerz mächtiger als all das. Es gibt einige Wunden, die nur Gott heilen kann, manchen Kummer, den nur Gott verstehen und schließlich nur er lindern kann. Ein solcher Kummer führt uns leicht vor Augen, wie schwach menschliche Heilmittel sind, und sie können uns lehren, auf Gott allein zu vertrauen.

Wenn das für Leid gilt, dessen Opfer wir sind, dann gilt das ebenso für Leid, das wir selbst verursacht haben. Wir können wir das Unrecht wiedergutmachen, das wir getan haben? Wie können wir den Schmerz wieder wettmachen, den wir anderen bereitet haben? Wie können wir die dummen, egoistischen Entscheidungen, die wir getroffen haben, wieder korrigieren? Auch das ist eine Schule des Vertrauens. Wir lernen, uns an Gott zu wenden, unsere Fehler wiedergutzumachen. Wir brauchen ihn, daß er uns heilt und uns vergibt. Wir brauchen ihn außerdem, damit er das wieder in Ordnung bringt, was wir verkehrt gemacht haben. Wir können sagen, daß es uns leid tut. Wir können versuchen, etwas wiedergutzumachen. Doch nur Gott kann wirklich das wieder in Ordnung bringen, was die

Sein Vertrauen auf Gott zu setzen, bedeutet zu glauben, daß Gott schon besser als wir selbst wissen wird, was für uns das Beste ist. Daß Er einen Plan hat, von dem wir nur kleine Bruchstücke erkennen können, die für sich allein genommen keinen Sinn zu ergeben scheinen. Ihm zu vertrauen bedeutet, daß trotz dieser Verwirrung, die auftritt, wenn wir mit diesen kleinen Bruchstücken konfrontiert werden, wir darauf vertrauen, daß es ein größeres Bild, diesen größeren Plan gibt. Ich meine: Vertrauen zu Gott manifestiert sich als Seelenfrieden – als innerer Frieden, der weiß, daß Gott uns liebt, einen Plan für uns hat und uns mit allem versorgt, was wir brauchen. Ich weiß, daß manch einer behauptet, das Leiden auf der Welt sei der Beweis dafür, daß Gott nicht glaubwürdig sei: „Wie können wir sagen, daß wir Gott glauben können, daß Er für alles sorgt, wenn Menschen doch verhungern? Offensichtlich hat Er für sie ja nicht gesorgt." Dies scheint ein etwas kleinkariertes Verständnis von der Fürsorge Gottes zu sein. Vielleicht ist das Leiden, daß Er uns zu ertragen gewährt, ja das, was wir brauchen, um Ihm näher zu kommen, was weit wichtiger ist, als unser irdisches Leben aufrechtzuerhalten.
KATIE, 24 JAHRE

219

Sünde kaputtgemacht hat. Nicht uns, sondern ihm müssen wir vertrauen.

Ob wir nun das Leid anderer verursacht haben oder nicht: wenn wir es miterleben, beschert uns das häufig ein Gefühl der Ohnmacht. Wir möchten gerne helfen. Wir möchten gerne etwas sagen, etwas tun, alles richtig machen. Aber wir können nicht. Entweder leiden wir Qualen der Verzweiflung oder wir wenden uns an den, der tatsächlich etwas tun *kann*. Doch das größte Geschenk, das wir einem geliebten Menschen, der leidet, anbieten können, ist, daß wir ihn an unserem Vertrauen teilhaben lassen. Wenn wir wirklich glauben, können wir auch Hoffnung spenden. Wenn wir überzeugt sind, daß alles, sogar das Leiden, in Gott seinen Sinn hat, und daß er eines Tages alles in Ordnung bringt, können wir Hoffnung und sogar die Aussicht auf Freude spenden.

GERICHT

Eine weitere Schule des Vertrauens findet man dort, wo man sie vielleicht nicht vermutet – in der Vorstellung vom Jüngsten Gericht. Seit Beginn der dokumentierten Geschichte hat die Menschheit den Tod schon immer für das größte Rätsel unserer irdischen Existenz gehalten. Er ist einfach sinnlos. Der Geist des Menschen schreit nach Unsterblichkeit, und wir können die Vorstellung nicht akzeptieren, daß dieses kurze Leben schon alles gewesen sein soll. Und in der Tat hat eine Zurückweisung der Idee, daß wir einfach „zu existieren aufhören", die Menschen immer hoffen lassen, daß der Tod wirklich nicht das letzte Wort hat. Manch einer hat sich einem Glauben an die Reinkarnation zugewandt, andere glauben an eine Wiederkehr historischer Ereignisse und wieder andere an einen Übergang in eine höhere Daseinsform.

Die christliche Antwort darauf ist in den „ewigen Wahrheiten" oder den „letzten Dingen" (auf griechisch *eschata)* zusammengefaßt, zu denen Tod, Gericht, Himmel und Hölle zählen. Wir glauben nicht nur, daß der Tod nicht das Ende unseres Daseins bedeutet, sondern daß er außerdem den Beginn unseres eigentlichen Lebens mit Gott in der Ewigkeit kennzeichnet. Er ist nicht das Ende, sondern ein Übergang, nach dem die Auferstehung kommt. Doch zu diesem Übergang gehört auch, daß wir vor Gott, unserem Schöpfer, Rechenschaft ablegen müssen. Dabei werden wir nach der Art und Weise beurteilt, wie wir unsere Freiheit während unserer Zeit hier auf Erden ausgenutzt haben. Unsere Gedanken, Worte und Taten und unsere Unterlassungen – unsere Reaktion auf Gottes Gnade in unserem Leben – werden Gegenstand dieser Abschlußprüfung sein. Wie es Johannes vom Kreuz so glänzend ausgedrückt hat: „Am Abend unseres Lebens werden wir nach unserer Liebe gerichtet werden."[24]

Die Vorstellung von einem Gericht dient als Ansporn für unsere guten Handlungen und zur Abschreckung für die Sünde, doch sie dient auch als Antrieb zu *vertrauen*. Da der, der uns richten wird, Jesus Christus, bekanntlich auch unser Retter und Erlöser ist, setzen wir unser Vertrauen auf seine Barmherzigkeit. Wer könnte es vor Gott aufgrund seiner eigenen Verdienste aushalten? Wer würde behaupten, ein „Recht" zu haben, in den Himmel zu kommen, wenn nicht aufgrund der Erlösung, die Christus für uns erwirkt hat? Jesus sagte ja: „Wacht und betet allezeit, damit ihr allem, was geschehen wird, entrinnen und vor den Menschensohn hintreten könnt" (Lukas 21,36). Wir alle brauchen Gottes Barmherzigkeit, und ohne sie kann keiner von uns vor seinem Richterstuhl erscheinen. Doch der uns richten wird, ist die Liebe selbst, die sehnlichst unsere Vereinigung mit ihm erstrebt. Und so erinnert uns der Apostel Paulus daran, daß Gott „will, daß alle Menschen gerettet werden und zur Erkenntnis der Wahrheit gelangen" (1 Timotheus 2,4). Wenn wir die Erlösergnade Gottes erkennen, wird uns das beflügeln, ihm zu vertrauen und uns voll Hoffnung ihm zuzuwenden.

Im Hinblick auf das Jüngste Gericht vertrauen wir zudem auf die ewige Gerechtigkeit. All die Ungerechtigkeit, von der unsere Welt voll ist und die uns aufschreien läßt ob der Not der Unschuldigen und der offensichtlichen Tatsache, daß die Bösen straflos davonkommen, löst sich schließlich auf in Gottes letzter Abrechnung mit der Welt. Alles, was in dieser Welt keinen Sinn ergeben hat, wird in der kommenden Welt letztlich eine Antwort erhalten. Wir werden die Geschichte der Menschheit in einem völlig neuen Licht betrachten und Gottes Vorsehung und seine Weisheit verstehen und ihn für seine Güte loben. Wir werden uns in Vertrauen auf jenen Tag freuen, und dieses Vertrauen ermöglicht uns, die Ungewißheiten und das Durcheinander der Gegenwart geduldig durchzustehen. Wir glauben, daß es in dieser letzten Stunde „den ‚Widerruf' des vergangenen Leidens, die Gutmachung, die das Recht herstellt",[25] geben wird. Nur Gott kann die historischen Ungerechtigkeiten beheben, die die Harmonie unserer Welt auf den Kopf gestellt hat.

Letzten Endes ist die Vorstellung vom Jüngsten Gericht eine Vorstellung der Hoffnung und des Vertrauens statt von Angst und Verzweiflung. Wir sehen in hoffnungsvoller Erwartung der Ankunft Christi entgegen, der alles in Ordnung bringen wird. Unser Glaube sichert uns ein Gericht zu, das uns in der Unruhe unseres Lebens mit Frieden erfüllt, sowie eine Hoffnung nicht nur für uns selbst, sondern für alle, die nach dem Wahren und dem Guten gesucht haben, und für alle, die gelitten haben. Diesem Tag sehen wir mit Vertrauen und Zuversicht freudig entgegen – dann, wenn Gott „alle Tränen von ihren Augen abwischen" (Offenbarung 7,17) wird.

Arm im Geist werden

Wahrscheinlich haben Sie schon einmal die Geschichte von dem Mann gehört (wird besonders gerne bei Predigten eingesetzt), der über den Rand eines Abgrunds stürzt und gerade noch deshalb überlebt, weil er sich bei seinem Sturz nach unten an einem Ast festhält. Da hängt er nun an der schwindelerregenden Bergwand und schreit um Hilfe. „Ist da jemand?" ruft er. Und immer wieder: „Halloooo, ist da jemand?" Nach einigen Minuten ist er überrascht, als er eine Antwort hört – eine donnernde Stimme von oben –, die zu ihm sagt: „Ich bin es, Gott." Der Mann entgegnet rasch: „Das ist ja wunderbar! Welch ein Glück! Kannst du mich bitte sicher von hier runtergeleiten?" Gott erwidert: „Natürlich kann ich das." „Was soll ich tun?" fragt der Mann. Worauf Gott antwortet: „Laß einfach den Ast los, und ich werde dich auffangen." Totenstille. Der Mann denkt noch einmal kurz über seine Lage nach, zögert, und ruft noch einmal nach oben: „Ist da oben noch jemand?"

Die Pointe dieser Geschichte veranschaulicht eine wichtige Wahrheit. Wir haben solange nicht so sehr viel dagegen, auf Gott zu vertrauen, solange wir uns nicht von etwas anderem lösen müssen.

Nur eingefleischte Spieler sind bereit, für die entfernte Möglichkeit von größeren Gewinnen sich von einer sicheren Sache zu lösen, und ein sicherer Ast scheint vielleicht zuverlässiger zu sein als Gottes Versprechen, uns aufzufangen, wenn wir fallen.

Doch wenn man jemandem vertraut, bedeutet das oftmals, daß man etwas anderes loslassen muß. Manchmal müssen wir uns von einer Stütze lösen – die uns bis jetzt gehalten hat, um eine neue, sicherere Stütze, die Gott uns bietet, zu ergreifen. Wir können nicht an beiden gleichzeitig hängen. Es ist so ähnlich wie mit dem Eis auf einem zugefrorenen See: Man kann nur dann sagen, ob das Eis trägt, wenn man es mit seinem Gewicht belastet hat. Man kann erst dann behaupten, daß Gott vertrauenswürdig ist, wenn man sich einmal auf ihn eingelassen hat.

Vertrauen und die Armut im Geiste

Die Tugend des Gottvertrauens fordert wahre „Armut im Geiste", eine Bereitschaft, andere Stützen loszulassen und sich ganz ihm zu überlassen. Unsere Sicherungen helfen uns nicht nur nicht bei unserem Gottvertrauen, sie können sogar ein Hindernis sein. Erst wenn wir sie gelegentlich mal beiseitelassen, erkennen wir, wie stark wir mit Gottes Gnade sind.

Denken Sie noch einmal an die Geschichte von David und Goliath. Wir alle kennen den Kern der Geschichte und wissen, wie der kleine Junge mit nichts weiter als einer Schleuder und ein paar Steinen den riesenhaften Philister besiegt. Doch es gibt bei dieser Begegnung noch ein wichtiges Detail, das wir nicht vergessen sollten. David, der hinausgesandt wird, um gegen den Philister zu kämpfen, trägt die schwere Rüstung Sauls, die ihm den bestmöglichen Schutz gegen die Übermacht des anderen bieten soll, dem er sich aussetzt. Und trotzdem fühlt sich David durch die Rüstung eher behindert als beschützt, und er kann kaum laufen oder seine Arme heben. Was ein Schutz zu sein schien, war in Wirklichkeit ein Hemmschuh. So legte David die Rüstung schließlich beiseite und war nun völlig wehrlos, abgesehen von seinem absoluten Vertrauen auf den Herrn. Und er *gewinnt*.

Sauls Rüstung könnte für uns alle problemlos die menschlichen Eigenschaften und Fähigkeiten verkörpern, auf die wir geneigt sind zu vertrauen. Unsere Intelligenz, unsere Kontakte und unsere Netzwerke, unsere Bankkonten und Wertpapiere, unsere Erfahrungen und unser Wissen – nichts davon wird uns letztlich retten. Nichts davon wird uns dort einen Sieg garantieren, wo es wirklich zählt, und nichts wird uns einen spirituellen Erfolg bescheren. Die evangelische Tugend der „Armut im Geiste" bedeutet, sich standhaft zu weigern, sein Vertrauen auf etwas anderes als auf Gott zu setzen.

Christus will nicht unsere letzte Zuflucht sein, wenn alles andere danebengegangen ist. Er will unsere erste und unsere absolute Quelle der Stärke und der Sicherheit sein. Er will, daß wir zusammen mit dem Apostel Paulus ausrufen: „Alles vermag ich durch ihn, der mir Kraft gibt" (Philipper 4,13). Vertrauen zu Christus zu haben, bedeutet nicht, daß wir keine Probleme mehr haben werden, sondern daß er uns die Gnade geben wird, sie zu überwinden und daß er uns bei diesem Kampf die ganze Zeit beistehen wird. Er wird uns nie allein lassen. Christus versicherte seinen Jüngern beim Letzten Abendmahl: „In der Welt seid ihr in Bedrängnis; aber habt Mut: Ich habe die Welt besiegt" (Johannes 16,33). Genau genommen wiederholt Jesus seine Anweisung „habt Mut" oder „fürchtet euch nicht" vor seinen Anhängern immer und immer wieder. Er scheint uns damit zu sagen: „Wie könnt ihr Angst haben, wenn ich doch bei euch bin?"

Vertrauen ist, wie wir gesagt haben, die notwendige Ergänzung der Demut. Ein gesundes Selbstmißtrauen wird durch ein fundiertes Gottvertrauen ausgeglichen. Wir können nur dann in unserer Wachsamkeit nachlassen, wenn wir uns sicher sind, daß ein anderer auf uns aufpaßt. Oftmals klammern wir uns so an unsere Unabhängigkeit, weil wir fürchten, wir könnten uns nur auf uns selbst verlassen. Wir glauben, Selbstvertrauen sei die einzige Möglichkeit, und kein anderer verdiene unser

Vertrauen. Vielleicht sind wir ja enttäuscht worden. Vielleicht sind wir ja zu oft übers Ohr gehauen worden. Doch der, der uns nie übers Ohr haut, ist Gott. Möglicherweise garantiert er uns kein Sonntagspicknick, aber er wird uns in guten wie in schlechten Zeiten beistehen und uns die Gnade und Kraft geben, die wir brauchen.

KAUFEN UND VERKAUFEN

Eine andere biblische Lehre kann das noch weiter verdeutlichen. Jesus predigte, daß das Himmelreich wie ein auf einem Acker vergrabener Schatz ist. Wenn ein Mann über ihn stolpert, weiß er, daß er alles tun muß, was er nur tun kann, um ihn zu besitzen. Der Mann aus dem Gleichnis Jesu ist total begeistert, als er den vergrabenen Schatz entdeckt! Er geht nach Hause, *verkauft alles, was er besitzt,* und kauft den Acker – zusammen mit dem Schatz! (vgl. Matthäus 13,44). Er machte das Geschäft seines Lebens. Es ist ihm völlig egal, daß er sein Haus, seinen Kühlschrank, seine Stereoanlage und seinen abgenutzten Sessel verkauft hat. Er hat an dessen Stelle etwas unendlich Wertvolleres bekommen!

Jesus erzählt noch ein weiteres Gleichnis, das ganz ähnlich ist, und bei dem ein Kaufmann auf der Suche nach schönen Perlen eine phantastische Perle von enormem Wert findet. Verzückt wie er ist, *verkauft er alles, was er besitzt,* und kauft diese Perle. Das ist alles, was er sich jemals gewünscht hat, und es krönt seine Jahre als Perlen-Kaufmann. Die Suche ist vorüber, seitdem er das gefunden hat, wonach sich sein Herz sehnte (vgl. Matthäus 13,45).

Wie Sie feststellen können, handelt es sich bei dem roten Faden, der sich durch beide Gleichnisse zieht, um das Finden, das Verkaufen und das Kaufen. Manche Dinge sind so viel wert, daß die einzige Möglichkeit sie zu besitzen, darin besteht, alles andere, was wir haben, zu verkaufen. Wie sonst sollen wir sie kaufen können? Manchmal müssen wir alles verlassen, um alles zu besitzen, uns selbst entleeren, um ausgefüllt zu werden, alles verkaufen, um alles zu erlangen. Wenn wir uns auf Gott stützen und ihm voll vertrauen, müssen wir uns von anderen Sicherheiten lösen. Wir müssen die persönliche Entscheidung treffen, wohin wir gehen wollen. Welchen festen Stand garantiert mir die Sicherheit, nach der ich Ausschau halte?

In der Heiligen Schrift spricht Jesus oft von den nötigen Entscheidungen zwischen Dingen, die miteinander unvereinbar sind. Er tritt dem Versuch entgegen, einen Keks essen und ihn gleichzeitig behalten zu wollen. So erzählt er beispielsweise seinen Jüngern, daß sie sich entscheiden müssen, wem sie dienen wollen: Gott oder dem Geld (vgl. Lukas 16,13). Seine Worte scheinen sehr hart zu sein: „Niemand kann zwei Herren dienen; er wird entweder den einen hassen und den andern lieben, oder er wird zu dem einen halten und den andern verachten. Ihr könnt nicht beiden dienen, Gott und dem Mammon" (Matthäus 6,24). In diesem Zusammenhang bedeutet „dienen" mehr als sich nur kümmern. In der Antike war ein Herr sowohl Gebieter als auch Beschützer; ein Diener erbot seine Treue und seine Arbeitskraft und erhielt dafür Schutz und Zuflucht. Es war keine Einbahnstraße. Wenn sich jemand einem Herrn wie diesem anschloß, wurde er sein Diener, erlangte dadurch aber auch persönliche Sicherheit. Hier ähnelt das „Dienen" ebenfalls dem „Vertrauen", da der, dem wir dienen, zugleich unser Fürsorger und unser Be-

Irgendwie vertraue ich Gott ja, aber ich vertraue nicht nur Gott, verstehen Sie? Ich meine, man muß doch auch anderen Dingen vertrauen, oder? Manchmal hilft Gott einem, aber manchmal eben auch nicht. Man braucht auch andere Optionen. Ich vertraue Gott, aber ich glaube, daß ich mir selbst mehr vertraue.
Dan, 25 Jahre

schützer ist. Dienen bedeutet hier, daß man für etwas lebt, etwas mit Hingabe verfolgt, nach Führung und Geborgenheit sucht. Unser volles Interesse können wir nur einer Sache zuwenden. Glück können wir nur aus einer Quelle erwarten. Ebenso müssen wir uns entscheiden, wem wir vertrauen wollen. Jesus als Herrn und Gebieter anzunehmen bedeutet, nur ihm zu dienen und nur ihm zu vertrauen.

Jesus war selbst ausgesprochen hart, als er darüber sprach, daß man nur ihm allein vertrauen darf. Er verwendet eine radikale Formulierung: niemand kann zu Christus kommen, der nicht Vater und Mutter, Frau und Kinder, ja, sogar sein eigenes Leben „geringachtet" (siehe Lukas 14,26). Das alles sind Konkurrenten, nicht nur der Liebe, die allein Gott zusteht, sondern auch seines Vertrauen. All das muß nach dem Vertrauen, das wir Gott schulden, den zweiten Platz einnehmen.

DIE ENTKLEIDUNG DER APOSTEL

Bei der Art und Weise, wie Christus die zwölf Apostel und später die zweiundsiebzig Jünger aussendet, fällt etwas wirklich Seltsames auf. Sie erinnern sich an diese Episoden. Jesus schickte die Jünger zu zweit in jede Stadt und an jeden Ort, den er besuchen wollte, um ihm den Weg zu bereiten. Doch statt sie *auszurüsten, entkleidet* er sie. Statt ihnen eine Reihe nützlicher Hilfsmittel mitzugeben, nimmt er ihnen noch die paar Dinge ab, die sie besitzen. Er will, daß sie sich bedürftig und nackt fühlen. Und das trägt er den Aposteln auf: „Umsonst habt ihr empfangen, umsonst sollt ihr geben. Steckt nicht Gold, Silber und Kupfermünzen in euren Gürtel. Nehmt keine Vorratstasche mit auf den Weg, kein zweites Hemd, keine Schuhe, keinen Wanderstab; denn wer arbeitet, hat ein Recht auf seinen Unterhalt" (Matthäus 10,8–10).

Zu den Zweiundsiebzig sagt Jesus etwas ganz Ähnliches:

Geht! Ich sende euch wie Schafe mitten unter die Wölfe.
Nehmt keinen Geldbeutel mit, keine Vorratstasche und
keine Schuhe! Grüßt niemand unterwegs! Wenn ihr in
ein Haus kommt, so sagt als erstes: Friede diesem Haus!
Und wenn dort ein Mann des Friedens wohnt, wird der
Friede, den ihr ihm wünscht, auf ihm ruhen; andern-
falls wird er zu euch zurückkehren.
(LUKAS 10,3–6)

Nun ja. Wie ein Erfolgsrezept sieht das ja nun nicht gerade aus.
Nicht nur, daß Jesus keine Unterstützung für eine erfolgreiche
Reise anbietet, er nimmt ihnen auch noch das wenige, das sie
haben, weg! Wenn Sie oder ich Leuten eine Reiseliste mit Dingen aufstellen sollten, die sie mitzunehmen hätten, würde sie
nicht so aussehen. Wir würden unsere Freunde daran erinnern,
eine Zahnbürste, einen Schlafanzug, Unterwäsche, einen Pull-
over und eine leichte Jacke (für den Fall, daß es kalt wird), ein
Handy sowie ein Verzeichnis mit wichtigen Telefonnummern,
etwas Geld für den Notfall und Dutzende anderer Dinge mitzunehmen, die „im Fall der Fälle" nützlich sein könnten. Jesus
tut das aber nicht. Er präsentiert keine Liste mit den Dingen,
die sie mitnehmen müssen, sondern eine Liste der Dinge, die
sie nicht brauchen werden! *Nehmt kein Geld mit. Nehmt keine
zusätzliche Tasche mit. Und keine Schuhe. Und auch keinen
Wanderstab* ... Was macht Jesus denn da?

Er predigt über die *geistige Armut*. Er predigt seinen Anhängern, was es bedeutet – in der Praxis und nicht nur in der
Theorie –, arm im Geiste zu sein. Das ist keine von den äu-
ßeren Umständen auferlegte Armut, sondern eine evangelische
Armut, die bewußt angestrebt und freiwillig ausgeübt wird. Er
fordert uns auf, uns zu *entscheiden*, arm zu sein. Doch warum
sollten wir diese Form der Armut praktizieren wollen? Warum

sollte Jesus es verlangen? Weil es uns zwingt, mehr auf Gott als auf menschliche Sicherheiten zu vertrauen. Wie oft warnt Jesus seine Jünger vor der Gefahr des Reichtums! Wie oft mahnt er uns zur Vorsicht, auf etwas anderes als auf seine Gnade zu vertrauen! So sagte Jesus zu Paulus, als dieser meinte, ihm mangele es besonders an Unterstützung und Halt: „Meine Gnade genügt dir" (2 Korinther 12,9).

Glauben Sie, die Warnungen Jesu vor den Gefahren des Reichtums hätten etwas mit dem Haß auf Geld oder Erfolg zu tun? Meinen Sie, Jesus dachte, Gold sei etwas Schlimmes oder daß Silber die Seele verderbe? Natürlich nicht! Alles an der Schöpfung ist gut! Jedes geschaffene Ding trägt den Stempel seines Schöpfers und zeugt von dessen Güte und seiner Vorsehung. Jesus verlangt von uns durchaus nicht, das Werk seines Vaters zu verachten. Das Problem mit dem Wohlstand ist nicht, daß BMWs und Swimming-Pools und spanische Villen, Urlaubsreisen und Aktienpakete etwas Schlechtes sind, sondern daß wir in Versuchung geraten, auf diese Dinge zu *vertrauen,* wenn wir vieles besitzen. Wir sind versucht, in ihnen den Quell unserer Sicherheit und unseres Wohlergehens zu erblicken. Kurz gesagt, sie können in Konkurrenz zu der Sicherheit treten, die wir *allein* in Gott finden sollen.

Frühjahrsputz

Was hat das für uns praktisch zu bedeuten? Welche Konsequenzen sollte das im 21. Jahrhundert im Leben eines Mannes oder einer Frau haben? Sollten Sie das Sofa aus dem Fenster werfen und all Ihre Designerklamotten aus dem Schrank ins nächste Obdachlosenheim bringen? Nicht unbedingt. Geistige Armut ist vor allem eine Sache des Herzens. Damit ist eine innere *Bindung* an Gott und eine *Ablösung* von allem gemeint, was nicht Gott ist – zusammen mit einer Bereitschaft, alles für Gott zu opfern, wenn es darauf ankommt.

Doch obwohl Armut im Geiste vor allem eine innere Disposition ist, hat sie doch reale Auswirkungen auf unser Leben. Ob wir arm im Geist sind, stellen wir dann unter Beweis, wenn wir Entscheidungen treffen müssen. Wenn wir einem einträglichen Geschäft mehr Aufmerksamkeit widmen als einem Nachbarn in einer Notlage, wenn wir das *Wall Street Journal* andächtiger lesen als Gottes Wort oder wenn wir uns mehr über den Kursverfall bei den Aktien von IBM aufregen als über eine Freundin, die ihren Glauben an Gott verloren hat, dann wissen wir, daß wir definitiv nicht arm im Geiste sind. Geistige Armut zeigt sich an unseren Prioritäten, an unseren Werten sowie unseren alltäglichen Entscheidungen.

Die Art von Armut, die Jesus da von uns verlangt, ist keine Bestrafung; sie ist ein Geschenk. Sie bindet uns nicht; sie befreit uns. Sie ermöglicht uns, durch diese Welt als Pilger zu wandeln, die wissen, daß sich unsere Heimat und unser Herz woanders befinden. Geistige Armut bewahrt uns davor, übermäßig euphorisch über unsere weltlichen Gewinne bzw. übermäßig bestürzt über unsere weltlichen Verluste zu werden.

Jesus versprach, daß die Wahrheit – seine Wahrheit – uns freimachen würde (vgl. Johannes 8,32). Ein wahrer Christ ist von der unerträglichen Last aller irdischen Furcht befreit. Durch unseren Glauben werden wir in die Lage versetzt, uns weder zu sehr über das zu freuen, was nur wenig ewigen Wert besitzt, noch zu viele Tränen zu vergießen, wenn weltlicher Reichtum ausbleibt. Wie schön hat doch der heilige Paulus die Freiheit und den Frieden der Seele zum Ausdruck gebracht, die diese innere Ablösung mit sich brachte:

Ich sage das nicht, weil ich etwa Mangel leide. Denn ich habe gelernt, mich in jeder Lage zurechtzufinden: Ich weiß Entbehrungen zu ertragen, ich kann im Überfluß leben. In jedes und alles bin ich eingeweiht: in Sattsein und Hungern, Überfluß und Entbehrung. Alles vermag ich durch ihn, der mir Kraft gibt.

(PHILIPPER 4,11–13)

Doch diese innere Freiheit kommt nicht einfach so zustande; sie ist das Ergebnis einer echten Entscheidung. Wir müssen uns bewußt für Christus und gegen eine Abhängigkeit von der Welt entscheiden. Die Armut des Herzens muß praktische Auswirkungen zur Folge haben. Manchmal müssen wir unser Leben vereinfachen. So wie ein Pornosüchtiger vielleicht seinen Internetanschluß loswerden muß, müssen wir möglicherweise solche Dinge ausmisten, die unsere Beziehung zu Gott in Unordnung bringen und drohen, seinen Platz in unserem Leben einzunehmen. Das gilt nicht nur für sündhafte Dinge, sondern für alles, was uns behindert oder übermäßig ablenkt. Gelegentlich wird manches, was in sich nicht schlecht ist, schlecht für uns, wenn es zu wichtig für uns wird, wenn wir meinen, wir könnten ohne das nicht leben. Glauben Sie nicht manchmal auch, daß Sie Gott näher wären, wenn Sie nicht so viele „Dinge" hätten, die Ihr Leben überhäufen? Wünschen Sie sich nicht manchmal auch, Sie könnten manches von dem wertlosen Gerümpel loswerden, das sich in Ihrem Herzen angehäuft hat, um Gott mit einer größeren Zielstrebigkeit zu lieben?

Das Aufräumen meines Büros schiebe ich oftmals so lange hinaus, bis ich es nicht mehr aushalte. Ich weiß, es wäre einfacher, wenn ich es täglich so mache, wie ich es sollte, damit sich nicht erst so viel ansammeln würde, doch bis jetzt habe ich mir das noch nicht angewöhnt. Dennoch geht doch nichts über das Gefühl, so viel Zeug durchforstet zu haben *(Wo habe ich das denn her? Was macht das denn hier? Das brauche ich doch gar nicht!)* und das meiste dann wegzuwerfen. Welche Freiheit des Geistes, wenn ich schließlich all den Abfall wegräumen und zu einer einfacheren spartanischeren Daseinsweise zurückkehren kann. Das erinnert mich an die Wüste, wo sich der Geist

in der Abgeschiedenheit der Natur mit größerer Deutlichkeit
kundtut.

Ist Gott genug?

Das vielleicht radikalste Beispiel für diese geistige Armut erkennen wir in jenen Christen, die den Ruf erhalten, ein besonderes
Zeugnis in ihrem Leben für Gottes Größe abzulegen. Wie der
reiche junge Mann im Matthäusevangelium sind sie buchstäblich
dazu berufen, alles zu verkaufen, ihr Geld den Armen zu geben
und dann Jesus nachzufolgen (vgl. Matthäus 19,21). Indem sie das
tun, weihen sie sich ganz Gott und bieten damit ein besonders anschauliches Zeugnis für die Macht seiner Liebe, wie sie das Herz
des Menschen erfüllt. Sie predigen der Welt die Liebe Christi und
erbitten als Gegenleistung nichts außer Gott selbst. Wo wäre die
Welt ohne die Mönche, Nonnen und Priester, ohne die Missionare, die im Wandel der Zeiten Gott allein ihr Leben gegeben
haben? Und Jesus verspricht denen, die alles für ihn aufgegeben
haben, wunderbare Dinge. Er sagt: „Und jeder, der um meines
Namens willen Häuser oder Brüder, Schwestern, Vater, Mutter,
Kinder oder Äcker verlassen hat,
wird dafür das Hundertfache erhalten und das ewige Leben gewinnen" (Matthäus 19,29). Das
größte Geschenk von allen ist
jedoch nicht das Hundertfache,
das Jesus verheißt, sondern das
ist Gott selbst.

    Auch wenn nicht jeder zu dieser Stufe der evangelischen Armut berufen ist, sind doch alle
von uns dazu aufgefordert, daß

*Manchmal wünsche ich mir, ich
könnte die Welt hinter mir lassen. Ich würde mein Vertrauen
auf Gott gerne realer gestalten,
eher wie eine Lebensentscheidung als einen Versicherungsvertrag. Manchmal denke ich schon
darüber nach, aber das ist schon
nicht leicht, wissen Sie? Daher
habe ich das noch nicht getan,
Jedenfalls noch nicht jetzt.*
John, 28 Jahre

wir unser Leben von sinnlosen Ablenkungen und leichtfertigen Beschäftigungen entrümpeln. Weshalb bringen Christen eigentlich Opfer oder warum opfern sie Akte der Selbstverleugnung auf? Weshalb verzichten sie in der Fastenzeit auf ein Stück Schokoladenkuchen oder geben während dieser Zeit das Fernsehen ganz auf? Was ist der Zweck dieser jahrhundertealten christlichen Tradition?

Sie fungieren als Gedächtnishilfe. Diese Bräuche testen unsere Entschlossenheit und verweisen unsere Prioritäten wieder in ihre Schranken. Sie sichern unsere Armut im Geiste, indem sie uns ermöglichen, von Zeit zu Zeit ohne bestimmte unnötige Dinge auszukommen. Sie sagen etwas darüber aus, wie sehr wir den Herrn aus ganzem Herzen und mit ganzer Seele lieben, während wir bereit sind, ohne andere Dinge auszukommen. Jesus sagte: wenn irgend etwas ein Hindernis für unsere Beziehung zu ihm ist, sollten wir uns einfach losmachen davon. Nichts ist es wert, daß man Gott deswegen einbüßt. Wörtlich sagte er:

> Wenn dich deine Hand zum Bösen verführt, dann hau sie ab; es ist besser für dich, verstümmelt in das Leben zu gelangen, als mit zwei Händen in die Hölle zu kommen, in das nie erlöschende Feuer. Und wenn dich dein Fuß zum Bösen verführt, dann hau ihn ab; es ist besser für dich, verstümmelt in das Leben zu gelangen, als mit zwei Füßen in die Hölle geworfen zu werden. Und wenn dich dein Auge zum Bösen verführt, dann reiß es aus; es ist besser für dich, einäugig in das Reich Gottes zu kommen, als mit zwei Augen in die Hölle geworfen zu werden, wo ihr Wurm nicht stirbt und das Feuer nicht erlischt.
>
> (MARKUS 9,43–48)

Letztlich lehrt uns Jesus mit seiner Aussage, geistig arm zu sein, daß wir kluge Geschäftsmänner und -frauen sein sollen!

Werft nicht etwas weg, was ewigen Wert besitzt, für etwas, was bloß zeitlichen Wert hat, sagt er uns. Lernt das Solide vom Oberflächlichen zu unterscheiden! Manche Dinge gehen vorüber, und andere sind von Dauer und ewig. Ein Christ soll sein Haus auf das Felsgestein ewiger Dinge errichten und nicht auf die sandigen Fundamente vergänglicher Dinge wie irdischen Wohlstand und Erfolg.

Christliche Armut – als Tugend gelebt – ist nicht bloß die Abwesenheit überflüssiger Dinge. Wie alle christlichen Tugenden ist das kein Mangel an irgend etwas. Es ist eine Entscheidung für Gott. Wir machen uns von wertlosen Lappalien frei, um wahre Reichtümer anzuhäufen. Wir sammeln Schätze im Himmel, wo sie nie verlorengehen können, statt daß wir auf Erden Schätze anhäufen, wo sie schließlich zerstört werden (vgl. Matthäus 6,19–20). Indem wir auf die vergänglichen Dinge verzichten, die die Welt für kostbar hält, werden wir frei, unser Herz auf Schätze von weit größerem Wert zu setzen.

Im Lauf der Geschichte hatten die Heiligen Prioritäten, die sich von denen der „Welt" unterschieden. Sie erkannten, daß das, was wirklich erstrebenswert ist, dasjenige ist, das uns näher zu Gott bringt.

Jesus sagt uns das nicht, um uns traurig, sondern um uns glücklich zu machen, nicht, um uns herunterzuziehen, sondern um uns aufzurichten und uns dauerhafte Freude zu bescheren. Christus selbst hat sich für Armut im Geiste entschieden. Er wurde in einem Stall geboren und hatte keinen anderen königlichen Hofstaat als einige arme Hirten und einige Tiere. Er lebte so sehr frei von Bindungen an materielle Dinge, so daß das einzige, was er wirklich wollte, war: den Willen seines Vaters zu tun (vgl. Johannes 4,34). Er hatte keinen Ort, den er sein eigen nennen konnte, noch nicht einmal eine Stelle, auf die er sein Haupt legen konnte (vgl. Lukas 9,58). Und er starb auch arm, auf einem harten Kreuz aus Holz, umgeben von Dieben, und wurde schließlich in ein geliehenes Grab gelegt (vgl. Matthäus 27,60). Wenn wir Christus in seiner Armut nachahmen, haben wir auch an seinem Frieden teil. Einem Christen, der bei seinem Schatz im Himmel lebt, bleiben die Ängste und Sorgen erspart, die diese Welt oftmals mit sich bringt.

Natürlich will Gott nicht, daß wir verantwortungslos leben. Wir sind dazu berufen, gute Verwalter unserer Talente zu sein, um verantwortlich mit den uns anvertrauten umzugehen. Wir müssen arbeiten, Geld verdienen, sparen und uns für die Zukunft vorbereiten. Doch letztlich leben wir in der festen Überzeugung, daß wir hier „keine Stadt, die bestehen bleibt", haben (Hebräer 13,14). Die Welt und ihre Schätze werden uns nicht retten, noch wird ihr Mangel uns etwas anhaben. Die Welt – wie wir sie kennen – „vergeht" (1 Korinther 7,31).

Zum Glück hat er uns – um uns bei unseren Bemühungen, in der geistigen Armut zu wachsen und Gott allein zu vertrauen, behilflich zu sein – ein Lehrbuch hinterlassen. Sein Wort ist ein Licht auf unserem Weg, und auf dem Gebiet des Vertrauens ist das Buch der Psalmen besonders hilfreich. Werfen wir einen Blick hinein.

Die Psalmen: Ein Buch voll Vertrauen

Von allen Wegen, auf denen man sein Vertrauen mehren kann, haben sich zwei als besonders erfolgreich erwiesen. Der erste ist das Einüben von Vertrauen: dadurch handeln wir so, *als ob* wir schon mal *vertraut haben.* Viele Tugenden entwickeln sich am schnellsten dann, wenn wir vorgeben, sie schon zu besitzen. Jemand, der sich so benimmt, als ob er bescheiden sei, stellt bald – sehr zu seiner Überraschung! – fest, daß er tatsächlich bescheiden ist (oder zumindest bescheidener als vorher). Der zweite Weg ist das Gebet. Das bedeutet, daß man sowohl Gott um das Vertrauen *bittet,* das wir brauchen, als auch daß man Gott Gebete voll Vertrauen *darbringt.* Manchmal bedeutet es auch, daß man die Worte von anderen übernimmt und sie zu seinen eigenen macht.

Vertrauen findet sich zwar überall in der gesamten Heiligen Schrift, doch nirgends so offenkundig wie im Buch der Psalmen. Die Psalmen lesen sich wie eine Litanei des Vertrauens oder wie eine Antiphon der Zuversicht auf einen Gott, der die nie im Stich läßt, die an ihn glauben. Für den, der im Vertrauen wachsen möchte, gibt es kein besseres Lehrbuch (oder Gebetbuch!) als die Psalmen. Sie ermöglichen uns, unser Vertrauen einzuüben und um mehr Vertrauen zu bitten. Die Psalmen zu beten bedeutet, sich so zu verhalten, als ob wir bereits die Fülle des Vertrauens besäßen (auch wenn wir das vielleicht noch nicht spüren), und um noch mehr Vertrauen zu bitten.

Der Psalter war Israels Hymnenbuch oder – genauer formuliert – das Liederbuch des Tempels. Das Buch, dessen Urheberschaft oftmals zumindest König David zugeschrieben wird, enthält eine Sammlung von 150 Psalmen, die zuweilen in Lobgesänge (in denen die Ehre Gottes gepriesen wird), in Leidens- oder Klagepsalmen sowie in Dankpsalmen unterteilt werden. Diese Dreiteilung ist nicht absolut, und es ergeben sich dabei vielfältige Überschneidungen. Klar ist aber, daß sich durch alle das Motiv des Vertrauens zieht, wie ein roter Faden, der alles miteinander verbindet.

Die Psalmen sind echte Gebete. Es handelt sich bei ihnen nicht einfach nur um fromme Gedanken oder Reflexionen. Sie flehen Gott in direkter Ansprache an und denken nicht nur einfach über ihn nach, sondern sprechen *zu ihm*. Wenn wir also die Psalmen lesen, dann lesen wir nicht nur, wir beten. Wir verwenden die inspirierten Worte eines anderen zwar als Substanz für unser Gebet, doch das Gebet ist wahrhaftig unser eigenes. Die Psalmen lehren uns so zu beten, wie wir es sollten.

Das vielleicht Wichtigste, das wir beim Beten der Psalmen im Kopf behalten sollten, ist, daß sie einst das Gebetbuch Jesu waren. Es war sein eigenes Lehrbuch der Gebete, die er aufsagte und denen er vertraute. Die Psalmen waren Jesu tägliches Brot. Immer wenn wir sie beten, verwenden wir dabei exakt die gleichen Gebete, die Jesus sprach! Wir können ihn fast hören, wie er seinen Vater verherrlicht, wie er um Beistand für sein Volk bittet und Gott aus tiefstem Herzen für seine unendliche Barmherzigkeit und Freundlichkeit dankt. Wir sprechen genau die gleichen Worte, die er benutzte, und vereinen uns mit ihm im Gebet an den Vater.

Jesus zitierte die Psalmen häufig auswendig und zeigte damit, wie sie sich auf seine Mission bezogen, und er nutzte ihren Gehalt für sein eigenes Gebet. Als Jesus Psalm 118,22–23 anführte, stellte er fest: „Der Stein, den die Bauleute verworfen haben, er ist zum Eckstein geworden; das hat der Herr vollbracht, vor unseren Augen geschah dieses Wunder" (Matthäus 21,42). Um seine Vorrangstellung gegenüber König David zu zeigen, zitierte Jesus Psalm 110,1 und sagte: „Der Herr sprach zu meinem Herrn: Setze dich mir zur Rechten, und ich lege dir deine Feinde als Schemel unter die Füße. David nennt ihn also ‚Herr'. Wie kann er dann Davids Sohn sein?" (Lukas 20,42–44). Vom Kreuz herab stimmte Jesus zwei Psalmen an und machte sie damit zu seinem eigenen Gebet. Zunächst finden wir im Matthäusevangelium seinen Schmerzensschrei der Verlassenheit, bei dem er die erste Zeile von Psalm 22 zitiert. „Um die neunte Stunde rief Jesus laut: Eli, Eli, lema sabachtani?, das heißt: Mein Gott, mein Gott, warum hast du mich verlassen?" (Matthäus 27,46). Jesus bringt durch die Verwendung der Worte des Psalmisten seine Gefühle der Einsamkeit und der Verlassenheit zum Ausdruck. Statt sich selbst aufzugeben oder woanders nach Trost Ausschau zu halten, fleht er den an, der allezeit treu ist. Und so wie dieser schöne und vertrauensvolle Psalm weitergeht, endet er auch nicht in Verzweiflung, sondern in einem Gebet, in dem Gottes nie enden wollende Liebe gepriesen wird.

Kurz bevor Jesus stirbt, setzt er einen ausdrücklichen Akt des Vertrauens, indem er Psalm 31,5 zitiert: „In deine Hände lege ich meinen Geist". Er überantwortet seinen Geist, wie er sein gesamtes Leben seinem gütigen und liebenden Vater anvertraut hat. Doch hier weicht Jesus leicht vom Originaltext ab, indem er ein einziges Wort hinzufügt, das nur er als der eingeborene Sohn von sich geben konnte. *Abba! Vater!* Jesus, der mit lauter Stimme ruft, sagt: „*Vater,* in deine Hände lege ich meinen Geist. Nach diesen Worten hauchte er den Geist aus" (Lukas 23,46, meine Hervorhebung). Bis zuletzt wußte Jesus, daß er Gottes Sohn war, und so sprach er zu seinem Vater mit dem Vertrauen, das nur ein vertrauensvolles Kind haben konnte.

Natürlich findet sich Jesus selbst ebenfalls in den Psalmen wieder. Die Psalmen sagten die Ankunft des Messias voraus und gaben den Israeliten präzise Informationen über das, was sie zu erwarten hatten. Sie sprachen von ihm als einem idealen Menschen (vgl. Psalm 1), als einem König (vgl. Psalm 2; 72), als einem leidenden Erlöser (vgl. Psalm 22), als einem königlichen Bräutigam (vgl. Psalm 45) und als unserem hohenpriesterlichen König (vgl. Psalm 110). Als Jesus also die Psalmen betete, fand er viel Stoff zur Besinnung im Hinblick auf seine eigene Identität und Mission. Aber er betete zugleich als gläubiger Israelit, als er über die Geschichte seines Volkes und darüber meditierte, daß Gott diesem die ganze Zeit über die Treue bewahrt hatte.

Obwohl die Vorstellung vom Vertrauen im Mittelpunkt des gesamten Psalters steht, ist damit nicht irgendeine Art von Vertrauen gemeint. Der Psalmist tritt ausdrücklich für *Gottvertrauen* ein, und nicht für irgendein anderes Vertrauen als mögliche Quelle von Geborgenheit. Die Psalmen machen deutlich, daß letztendlich nur der Herr unser absolutes und grenzenloses Vertrauen verdient. Und sonst niemand.

DIE RICHTIGE WAHL TREFFEN

Ein Großteil der Botschaft der Psalmisten dreht sich um das zentrale Thema der freien Wahl. Dabei geht es insbesondere um die Frage, wem wir dienen wollen und auf wen wir unser Vertrauen setzen werden. Wen erkennen wir als Gott an? Wen verehren wir? Wen beten wir an? Zu wem nehmen wir unsere Zuflucht, bei wem suchen wir Trost und Heil? Diese Entscheidung erweist sich selbst besonders grundlegend als Entscheidung zwischen dem einen wahren Gott und falschen Idolen. Vergessen wir nicht, daß die Entscheidung für einen „Gott" mehr bedeutete, als daß man sich noch für etwas entschied, das man anbetete. Ebenso wichtig war, daß man sich damit seinen Beschützer auswählte. Betrachten wir einmal, wie die

Psalmisten den einen wahren Gott mit falschen Idolen vergleichen.

Die Sinnlosigkeit, auf derartige sogenannte Götter zu vertrauen, wird dadurch hervorgehoben, indem die Leser daran erinnert werden, woraus man sie hergestellt hatte. „Die Götzen der Heiden sind nur Silber und Gold, ein Machwerk von Menschenhand ... Die sie gemacht haben, sollen ihrem Machwerk gleichen, alle, die den Götzen vertrauen" (Psalm 135,15). Was leisten diese Idole? Was können sie in Aussicht stellen? Überhaupt nichts. Wenn wir auf menschliches Machwerk vertrauen, bauen wir auf Sand, und unser Gebäude wird alsbald hinweggefegt werden. Doch der Psalmist schreibt: „Dir sind alle verhaßt, die nichtige Götzen verehren, ich aber verlasse mich auf den Herrn" (Psalm 31,7). Der Verfasser ist sich also bewußt, daß das Vertrauen zu Idolen nicht nur ein *vergebliches* Unterfangen ist; zudem *mißfällt* es Gott, der der einzige ist, der Vertrauen verdient.

Auf der anderen Seite bittet der Psalmist Gott, ihn für sein unerschütterliches Vertrauen zu belohnen. „Verschaff mir Recht, o Herr", sagt er, „denn ich habe ohne Schuld gelebt. Dem Herrn habe ich vertraut, ohne zu wanken" (Psalm 26,1). Anders ausgedrückt: Wenn wir diese Worte beten, erinnern wir Gott an seine Versprechen und bitten ihn, uns weiterhin zu unterstützen. Es ist richtig zu erwarten, daß Gott jene entschädigen wird, die ihm vertrauen, indem er sich dieses Vertrauens als höchst würdig erweisen wird.

Durch diese Entscheidung für Gott finden wir in ihm unsere Stärke, unseren Felsen und unseren Schutz. Und diese Zuversicht bringt der Psalmist dann auch zum Ausdruck:

Herr, mein Gott, du bist ja meine Zuversicht,
meine Hoffnung von Jugend auf.
Vom Mutterleib an stütze ich mich auf dich,
vom Mutterschoß an bist du mein Beschützer;

dir gilt mein Lobpreis allezeit.
Für viele bin ich wie ein Gezeichneter,
du aber bist meine starke Zuflucht.

(PSALM 71,5–7)

Im Unterschied zu falschen Göttern, die keinen Schutz bieten können, steht der Herr treu zu seinem Wort und verdient unser ganzes Vertrauen. Aber die Psalmisten reden über Idole nicht nur auf abstrakte Weise. Sie kommen auch direkt zur Sache, wenn es um ganz besondere „Idole" geht, zu denen wir womöglich Vertrauen fassen. Eines dieser Idole ist das „Fleisch".

GOTT ODER „FLEISCH"?

Wir alle vertrauen anderen Menschen, besonders denen, die wir lieben und die sich um uns kümmern. Und das ist auch richtig so. Doch der Psalmist erinnert uns daran, daß Menschen, so gut sie auch sein mögen, niemals die sichere und anhaltende Unterstützung bieten können, die wir brauchen. Andere sind Normalsterbliche wie wir selbst, und sie sind den gleichen Beschränkungen unterworfen wie wir.

Ich habe eigentlich gelernt, Gott zu vertrauen, als er mir dabei geholfen hat, das Rauchen aufzugeben. Ich hatte mehrmals versucht es aufzugeben und es nie geschafft. Am Ende dachte ich, es sei unmöglich, doch dann legte ich alles in seine Hände und probierte es noch einmal. Und irgendwie hat er es dann möglich gemacht. Für mich war es unmöglich, für ihn aber nicht.
SUSAN, 39 JAHRE

Manchmal versagt der gute Wille des Menschen, und dann tritt sein Egoismus in den Vordergrund. Der Mensch ist bekanntermaßen wechselhaft und launisch, und trotz tausender Versprechen läßt er andere im Stich. Andere Male können Menschen die besten Absichten haben, sind dann aber einfach *unfähig,* uns zu helfen. Wenn wir beispielsweise todkrank sind, können uns andere mit ihrer Aufmerksamkeit und Liebe trösten, aber sie *können* nicht unsere Leiden heilen, unseren Geist stärken oder unser Herz verwandeln. Der Psalmist zeichnet die vielen Hindernisse auf, denen wir in unserem Leben als „dem Feind" begegnen, und er schreibt: „Bring uns doch Hilfe im Kampf mit dem Feind! Denn die Hilfe von Menschen ist nutzlos. Mit Gott werden wir Großes vollbringen; er selbst wird unsere Feinde zertreten" (Psalm 108,13–14).

Manchmal kommen unsere Feinde von außen wie jene, die sich gegen uns verschwören, uns betrügen oder uns in den Rükken fallen. Sehr, sehr oft kommen unsere Feinde von innen heraus, wie unsere Laster oder Versuchungen, oder die Probleme, denen wir in unseren Beziehungen, unserem Job oder unserem Privatleben begegnen. Dagegen stärkt Gott uns in einem spirituellen Sinne, so daß „wir Großes vollbringen werden." Wenn wir Feinden gegenüberstehen, die wir nicht bezwingen können, zertritt er sie.

Der Psalmist drückt es sogar noch deutlicher aus:

Verlaßt euch nicht auf Fürsten,
auf Menschen, bei denen es doch keine Hilfe gibt.
Haucht der Mensch sein Leben aus
und kehrt er zurück zur Erde, dann ist es aus mit all seinen Plänen.
Wohl dem, dessen Halt der Gott Jakobs ist
und der seine Hoffnung auf den Herrn, seinen Gott,
setzt.
Der Herr hat Himmel und Erde gemacht,
das Meer und alle Geschöpfe;
er hält ewig die Treue.

(PSALM 146,3–6)

Manchmal sind wir versucht zu meinen, daß die Lösung für die Probleme der Welt in einer besseren Politik oder in besseren Sozialprogrammen zu finden sei. Obwohl so etwas tatsächlich helfen kann, wird der Menschheit nicht das gegeben, was sie letztendlich braucht. Nur Gott kann das geben.

Mit seiner ganz typischen Weisheit stellt der Psalmist fest, daß Prinzen ebenso begrenzt sind wie Sie und ich. Sowohl sie als auch wir kehren „zurück zur Erde", und mit unseren Plänen ist es oftmals „aus", trotz unserer guten Absichten. Gott allein läßt uns nie im Stich, seine Pläne gehen immer auf. Er hat Himmel und Erde gemacht und alles, was darin ist. Er ist der Herr von allem. Darüber hinaus hält er „ewig die Treue". Er wechselt nicht ständig seine Meinung. Er verspricht nicht ewige Liebe und Treue und verläßt uns dann fünf Jahre später, wenn er einen Sinneswandel durchmacht. Seine Versprechen sind ewig gültig.

Daß wir nicht auf das „Fleisch" oder auf Sterbliche vertrauen sollen, bezieht sich nicht nur auf *andere* Menschen. Damit ist auch gemeint, daß wir unser letztes Vertrauen nicht auf uns setzen sollten! Auch unsere Kraft wird eines Tages nachlassen, und auch unsere Pläne und Projekte werden scheitern. Hier bietet das Buch der Sprichwörter eine willkommene Ergänzung zu den Psalmen. Auch in diesem Buch der Bibel lesen wir: „Wer auf seinen eigenen Verstand vertraut, ist ein Tor" (Sprichwörter 28,26). „Mit ganzem Herzen vertrau auf den Herrn, bau nicht auf eigene Klugheit" (Sprichwörter 3,5). Im Endeffekt verdienen also weder persönliche geistige Fähigkeiten (einschließlich Intelligenz und Esprit!) noch Klugheit (einschließlich Weisheit und Erfahrung!) unser Vertrauen. Eines Tages werden wir alt sein, unser Verstand wird nachlassen. Nur Gott verdient unser beständiges Vertrauen.

Ein weiteres „Idol", das unsere Treue und unser Vertrauen in Versuchung führt, ist materieller Wohlstand. Im letzten Kapitel haben wir gesehen, daß Reichtum ein Hindernis für jemanden sein kann, der Gott von ganzem Herzen lieben möchte. Wir fühlen uns mächtiger, sicherer und stärker – und manchmal sogar anderen überlegen –, wenn wir Geld auf der Bank haben. Das ist ganz natürlich. Wenn man viel davon hat, kann man ruhig schlafen, weil man sich keine Sorgen machen muß, wovon man am nächsten Tag sein Essen bezahlt. Geld kann, vielleicht mehr als alles andere, unsere Loyalität gegenüber Gott ernsthaft herausfordern und damit auch unser Vertrauen in seine Vorsehung. *Wer braucht Gott, wenn ich American Express habe?*

Der Psalmist greift diese Frage in mehreren Passagen auf, wenn er feststellt, daß der gottlose Mann, der sich auf seinen Reichtum verläßt, am Ende betrogen wird. Seine Hoffnungen werden sich zerschlagen. Gute Männer und Frauen werden sein Ende sehen, wenn er vom Land der Lebenden entwurzelt wird, so daß sie ihn nicht um seine Lage beneiden werden. Und so schreibt er:

> Gerechte werden es sehen und sich fürchten;
> sie werden über ihn lachen und sagen:
> Seht, das ist der Mann, der nicht zu Gott seine Zuflucht nahm;
> auf seinen großen Reichtum hat er sich verlassen
> und auf seinen Frevel gebaut.
>
> (PSALM 52,8–9)

Im Endeffekt kann irdischer Reichtum nicht genügen. Er kann kein Ersatz für Gott sein. Der kluge Investor investiert in Gott.

Der wichtigste Grund dafür, daß man sich auf Reichtum nicht verlassen kann, ist der Tod. Wie das Sprichwort so schön sagt: *Das letzte Hemd hat keine Taschen.* Das ist eine biblische Weisheit, wie sie von den Psalmisten ständig wiederholt wird. So schreiben beispielsweise die Korachiter: „Denn man sieht: Weise sterben; genauso gehen Tor und Narr zugrunde, sie müssen andern ihren Reichtum lassen" (Psalm 49,10). Im Augenblick des Todes geht es dem Reichen auch nicht besser als dem Armen; beide verlassen sie diese Welt, ohne etwas mitzunehmen. So daß die Psalmisten diejenigen, die Gott fürchten, erneut daran erinnern, gelassen zu sein. Ihre Lage ist nicht schlechter als die der Reichen. „Laß dich nicht beirren, wenn einer reich wird und die Pracht seines Hauses sich mehrt; denn im Tod nimmt er das alles nicht mit, seine Pracht steigt nicht mit ihm hinab" (Psalm 49,17–18).

Was geschieht demnach, wenn Christen reich werden? Welchen Rat gibt der Psalmist jenen, die viel haben? Er rät uns, nicht alles aufzugeben, was wir besitzen, sondern wir sollen statt dessen die Gefahr vermeiden, unser Vertrauen auf weltlichen Reichtum zu setzen, der nicht von Bestand sein kann. Daher:

> Wenn der Reichtum auch wächst,
> so verliert doch nicht euer Herz an ihn!
> Eines hat Gott gesagt,
> zweierlei habe ich gehört:
> Bei Gott ist die Macht;
> Herr, bei dir ist die Huld.
> Denn du wirst jedem vergelten, wie es seine Taten verdienen.
>
> (PSALM 62,11–13)

Wir sollten uns mehr Gedanken darüber machen, ein gutes Leben zu leben, als irdischen Vergnügungen nachzugehen, die Reichtum uns bieten kann, so daß wir würdig vor dem Richterstuhl Gottes erscheinen können. Er wird uns nicht nach unserem Wohlstand oder unserer gesellschaftlichen Stellung richten, sondern danach, *wie* wir gelebt haben.

All das wird auch von Jesus in den Evangelien wiederholt. So erzählt er etwa das Gleichnis von einem reichen Mann, der seine ganze Aufmerksamkeit darauf richtet, seinen Wohlstand zu mehren. Er hat eine besonders gute Ernte eingebracht und überlegt nun, was er tun kann, um all seine Vorräte aufzubewahren. Letztlich beschließt er, seine Getreidespeicher niederzureißen, um größere zu bauen, und er war damit hochzufrieden und sagte zu sich selbst: „Nun hast du einen großen Vorrat, der für viele Jahre reicht. Ruh dich aus, iß und trink und freu dich des Lebens!" Doch was in den Augen der Welt ein Erfolg zu sein scheint, hält Jesus für einen totalen Mißerfolg. Er verkündet, daß Gott zu diesem Mann sagen wird: „Du Narr! Noch in dieser Nacht wird man dein Leben von dir zurückfordern. Wem wird dann all das gehören, was du angehäuft hast?" Und er fügt hinzu: „So geht es jedem, der nur für sich selbst Schätze sammelt, aber vor Gott nicht reich ist" (Lukas 12,19–21). Wir müssen uns selbst fragen: Wem werden wir unsere Aufmerksamkeit schenken? Oder was wird für uns das wichtigste sein? Wird es weltlicher Reichtum sein oder das „Reichwerden gegenüber Gott"?

Statt dessen rät Jesus seinen Jüngern, sich eher wie die Raben und die Lilien auf dem Feld zu verhalten (vgl. Lukas 12,22–34). Arbeiten – ja, aber ohne sich Sorgen zu machen

Meine größte Vertrauenskrise in bezug auf Gott hatte ich vor einigen Jahren, als ich meinen Job in der Fabrik verloren hatte. Ich arbeite in der Autoindustrie, und in meiner Firma wurden die Arbeitsplätze ziemlich stark abgebaut. Mir wurde klar, daß es einfach war, Gott dann zu vertrauen, wenn alles gut ging, besonders in wirtschaftlicher Hinsicht. Doch als ich merkte, daß ich meine Familie nicht mehr unterhalten konnte, war auch die Talsohle meines Gottvertrauens erreicht.
JORDAN, 53 JAHRE

und ohne sein Herz an das zu hängen, was man essen, trinken oder womit man sich kleiden soll, oder wieviel Geld man auf der Bank hat. Um diese weltlichen Dinge kümmern sich weltlich gesinnte Menschen, doch das sind nicht die Schätze, die Christen anstreben. Letztendlich ist es eine Frage der Prioritäten. Und das, was an der Spitze steht, verleiht allem übrigen Sinn. Und so sagt Jesus zum Schluß: „Euch jedoch muß es um sein Reich gehen; dann wird euch das andere dazugegeben" (Lukas 12,31). Das Reich Christi ist es – und es sind nicht die Belange dieser Welt –, worum es uns gehen muß, was uns begeistern, erfüllen und beflügeln muß.

EIN PSALM VOLL ZUVERSICHT

Mein Lieblingspsalm, den ich bete, um mein volles Vertrauen zu Gott wiederherzustellen, ist Psalm 91. In ihm kommt nicht nur bedingungslose Zuversicht zum Ausdruck; er spricht zudem die tiefsinnigsten Wahrheiten hinsichtlich der Frage an, *wer* Gott ist und *warum* wir ihm an erster Stelle vertrauen.

In gewisser Weise ist Psalm 91 eine Zusammenfassung aller anderen Psalmen. Er stellt Gott in den Mittelpunkt unseres Daseins als unseren Schöpfer, Verteidiger, Beschützer und vor allem: als unseren Vater. Manchmal müssen wir einfach daran erinnert werden, wie groß Gott ist und was er für uns tut. Diese Gedächtnishilfe ist für mich Psalm 91.

PSALM 91

Wer im Schutz des Höchsten wohnt und ruht im Schatten des Allmächtigen, der sagt zum Herrn: „Du bist für mich Zuflucht und Burg, mein Gott, dem ich vertraue."

Er rettet dich aus der Schlinge des Jägers und aus allem Verderben. Er beschirmt dich mit seinen Flügeln, unter seinen Schwingen findest du Zuflucht, Schild und Schutz ist dir seine Treue.

Du brauchst dich vor dem Schrecken der Nacht nicht zu fürchten, noch vor dem Pfeil, der am Tag dahinfliegt, nicht vor der Pest, die im Finstern schleicht, vor der Seuche, die wütet am Mittag.

Fallen auch tausend zu deiner Seite, dir zur Rechten zehnmal tausend, so wird es doch dich nicht treffen.

Ja, du wirst es sehen mit eigenen Augen, wirst zuschauen, wie den Frevlern vergolten wird.

Denn der Herr ist deine Zuflucht, du hast dir den Höchsten als Schutz erwählt.

Dir begegnet kein Unheil, kein Unglück naht deinem Zelt.

Denn er befiehlt seinen Engeln, dich zu behüten auf all deinen Wegen. Sie tragen dich auf ihren Händen, damit dein Fuß nicht an einen Stein stößt; du schreitest über Löwen und Nattern, trittst auf Löwen und Drachen.

„Weil er an mir hängt, will ich ihn retten; ich will ihn schützen, denn er kennt meinen Namen. Wenn er mich anruft, dann will ich ihn erhören. Ich bin bei ihm in der Not, befreie ihn und bringe ihn zu Ehren. Ich sättige ihn mit langem Leben und lasse ihn schauen mein Heil."

Auch wenn ich nicht immer so lebe, erinnert mich das Beten dieser Worte doch daran, wie mein Vertrauen zu Gott sein sollte. Sie spornen mich an, erleuchten und besänftigen mich. Ich glaube, wir alle müssen daran erinnert werden, wie sehr Gott uns liebt und für uns sorgt.

Wie bei allen Tugenden und guten Eigenschaften eines Menschen ist es auch beim Vertrauen nicht damit getan, es *einmal* zu erwerben und dann zu meinen, man besäße es nun für alle Zeiten. Sie denken dann vielleicht, Sie hätten den Gipfel des Vertrauens erklommen und damit schließlich Ihr Ziel erreicht, nur um eine Woche oder einen Monat später festzustellen, daß Sie das vermeintlich erworbene Vertrauen verloren haben. Vertrauen muß jeden Tag aufs neue eingeübt und vom Vater aller guten Gaben erbeten werden. Das Vertrauen von heute ist nicht das gleiche von gestern, da sich unsere Situation verändert hat und auch unsere Beziehung zum Herrn sich weiterentwickelt. Wichtig ist nur, daß wir das Ziel dabei im Auge behalten, daß wir wissen, was Gott von uns verlangt, und auf seine Gnade zählen, um es zu erreichen.

1 „Vom Teufel versucht, ließ der Mensch in seinem Herzen das Vertrauen zu seinem Schöpfer sterben, mißbrauchte seine Freiheit und gehorchte dem Gebot Gottes nicht. Darin bestand die erste Sünde des Menschen. Danach wird jede Sünde Ungehorsam gegen Gott und Mangel an Vertrauen auf seine Güte sein" *(Der Katechismus der Katholischen Kirche,* § 397, http://www.vatican.va/archive/DEU0035/_P1J.HTM#WC).

2 Rachael Bell: „The Tylenol Terrorists", in: True Crime Library, http://www.trutv.com/library/crime/terrorists_spies/terrorists/tylenol_murders/index.html

3 C. S. Lewis: *Pardon, ich bin Christ – Meine Argumente für den Glauben* (Basel: Brunnen Verlag 1977), S. 65.

4 Papst Johannes Paul II.: *Enzyklika Fides et Ratio* (14. September 1998), Nr. 32, http://www.vatican.va/edocs/DEU0074/__P8.HTM

5 Alfred Lord Tennyson, *In Memoriam* (1850), Strophe 27, www.bartleby.com

6 Samuel Johnson, Rambler essays Nr. 79, in: *Selected Essays* (New York: Penguin Classics 2003), S. 169.

7 Vgl. Aristoteles, Nikomachische Ethik 2.7.

8 Thomas Merton: Life and Holiness (New York: Herder and Herder 1963), S. 21.

9 http://www.thomasvonaquin.de/Gebete/Allmachtiger_Gott/body_allmachtiger_gott.html

10 Nancy N. Potter: *How Can I Be Trusted? A Virtue Theory of Trustworthiness* (Lanham, Maryland: Rowman & Littlefield 2002), S. 25.

11 Richard Dawkins: *Der Gotteswahn* (Berlin: Ullstein 2007, 3. Aufl.), S. 45.

12   Robert Stofel: *God, How Much Longer? Learning to Trust God's Timing in Your Life* (Colorado Springs: CCM 2005), S. 86.

13   Vgl. u. a. neben vielen anderen Belegstellen: Katharina von Siena: *The Dialogue* (New York: Paulist Press 1980), Kapitel 58 und 59.

14   „Um die praktische Bedeutung der Tugend der Hoffnung zu verstehen, sollten wir nicht das häufigste und gefährlichste Hindernis auf dem Weg zur Vollkommenheit vergessen. Es handelt sich um die Entmutigung, die sich aus den Irrtümern, den Versuchungen und den trockenen Perioden ergibt, wie sie in jedem geistlichen Leben anzutreffen sind. Sie mindert den Eifer und den Edelmut und erschwert es, in der Vollkommenheit voranzukommen. Solange wir zuversichtlich sind, kann jedes Hindernis überwunden, jedes Opfer gebracht werden, und unser Ringen wird von Sieg gekrönt sein. Doch wenn Entmutigung die Seele befällt, hat sie keine Energie und Unterstützung mehr und kann so leicht beirrt, irregeführt und irritiert werden" (Luis María Martínez: *The Sanctifier,* übers. M. Aquinas [Paterson, NJ: St. Anthony Guild Press 1957], S. 59).

15   Mutter Teresa (Hg.: Brian Kolodiejchuk, übers. von Katrin Krips-Schmidt): *Komm, sei mein Licht! – Die geheimen Aufzeichnungen der Heiligen von Kalkutta* (München: Pattloch 2008).

16   Augustinus: *Kommentar zum Ersten Johannesbrief,* vierter Traktat,   http://books.google.de/books?id=6A09AAAAcAAJ&pg =PA166&dq=augustinus++%22gott+ist+die+liebe%22&hl=de&e i=hZysTdK4OoX5sgabrc2VCA&sa=X&oi=book_result&ct=resu lt&resnum=2&ved=0CDUQ6AEwAQ#v=snippet&q=guten%20 christen&f=false

17   Hieronymus: *Kommentar zu Joel,* PL 25, 967–968.

18   Luis María Martínez: *Secrets of the Interior Life,* übers. von H. J. Beutler (Harrison, NY: Roman Catholic Books 1949), S. 49–50.

19   Zitiert von Bernard Nodet: *Jean-Marie Vianney,* hrsg. von Xavier Mappus (Le Puy: Xavier Mappus 1958), S. 132.

20   Zitiert bei Francis Arthur Jones: *Famous Hymns and Their Authors* (1902, Kessinger Publishing 2008), S. 28.

21 Zitiert bei Lawrence Rainey (Hrsg.): *Modernism – An Anthology* (Oxford: Blackwell Publishing 2007), S. 704.

22 Siehe http://wilderdom.com/games/TrustActivities.html

23 Papst Benedikt XVI.: Päpstliches Rundschreiben *Spe Salvi,* Nr. 33, http://www.vatican.va/holy_father/benedict_xvi/encyclicals/documents/hf_ben-xvi_enc_20071130_spe-salvi_ge.html

24 Hl. Johannes vom Kreuz (sent. 57)

25 Papst Benedikt XVI.: Päpstliches Rundschreiben *Spe Salvi,* Nr. 43 http://www.vatican.va/holy_father/benedict_xvi/encyclicals/documents/hf_ben-xvi_enc_20071130_spe-salvi_ge.html

Thomas D. Williams

Gott ist größer als ihr glaubt
Antworten auf atheistische Argumente

Es sind immer wieder die gleichen „Argumente", mit denen Atheisten den Glauben in Frage stellen und verächtlich machen. Der Theologe und Journalist Thomas Williams hat sich die gängigsten Argumente vorgeknöpft – und widerlegt sie sachlich und fundiert. Ein Standardwerk für Christen.

ISBN: 978-3-86744-100-1
Geb., 176 Seiten

www.sankt-ulrich-verlag.de

Scott Hahn

Gott der Barmherzige
Der Weg zur Beichte

Barmherzigkeit, Sünde, Vergebung – das klingt fremd und
ist doch aktueller denn je. Der
amerikanische Bibelwissenschaft-
ler Scott Hahn führt seine Leser
zu einer Wiederentdeckung der

Beichte, die in der persönlichen
Begegnung mit Gott auch den
Menschen mit sich selbst ver-
söhnt.

ISBN: 978-3-936484-46-5
Geb., 200 Seiten

Sankt Ulrich Verlag

George Weigel

Die Wahrheit
Lehre und Streitfragen der Kirche von heute

Schränkt Glaube ein? Sind Katholiken körperfeindlich? Ist die Kirche antidemokratisch? Papst-Biograph George Weigel setzt sich mit den wichtigsten Fragen auseinander und beweist:

Die katholische Kirche lebt nicht von Verboten, sondern schenkt dem Gläubigen die wahre Freiheit.

ISBN: 978-3-86744-122-3
Geb., 192 Seiten

www.sankt-ulrich-verlag.de

Sankt Ulrich Verlag